象棋古谱残局精粹

白宏宽 编著

中原出版传媒集团
中原传媒股份公司
河南科学技术出版社

图书在版编目(CIP)数据

象棋古谱残局精粹/白宏宽编著. —郑州：河南科学技术出版社，2020.1
ISBN 978-7-5349-9162-2

Ⅰ. ①象… Ⅱ. ①白… Ⅲ. ①中国象棋-残局（棋类运动）-古谱（棋类运动） Ⅳ. ①G891.2

中国版本图书馆CIP数据核字（2019）第079503号

出版发行：河南科学技术出版社
地址：郑州市郑东新区祥盛街 27 号　　邮编：450016
电话：(0371) 65737028
网址：www.hnstp.cn
策划编辑：董　涛
责任编辑：姚翔宇　董　涛
责任校对：金兰苹
封面设计：刘　雷
责任印制：张艳芳
印　　刷：河南文华印务有限公司
经　　销：全国新华书店
开　　本：720 mm×1020 mm　1/16　　印张：19　　字数：250 千字
版　　次：2020 年 1 月第 1 版　　2020 年 1 月第 1 次印刷
定　　价：38.00 元

前　言

象棋是中国的传统竞技游戏，具有益智功能，深受群众喜爱。

古棋谱《适情雅趣》《橘中秘》《竹香斋象戏谱》等，均强调初学者多研读残局书谱，有利于提高棋艺。

“古谱残局”指古棋谱中所刊的各种残局，有“棋局”“棋势”“变形”等称谓，大致有三种类型：①红胜残局，其着法一般是先走方着着连照或步步要杀（隔一步将死）而构成的胜局；②实用残局，对局中自然形成的残局，即明朱晋桢《橘中秘》所谓“局中时见，不可不知者”；③棋局，综合上述两种残局的特点，经过缜密构思、精心编排，棋路深奥复杂、曲折多变，以和局为主，即近代称为“排局”（大型排局又称为“高级残局”）者。

从南宋《事林广记》到清末的《蕉竹斋象棋谱》，共有十几部象棋谱，记载的棋局（“棋势”）数以千计，给广大象棋爱好者留下了珍贵的学棋资料。

象棋历来有“残局见功夫”之论，古人教学残局的方法是以奇巧的棋势为主（上千局），以残局定式为辅（近百局）。这样，能使学习残局时兴趣盎然，没有乏味之感，真乃聪睿之举。

《象棋古谱残局精粹》就是从南宋《事林广记》、明代《梦入神机》《适情雅趣》及清代《韬略元机》《心武残编》《竹香斋象戏谱》《棋谱秘录》《蕉窗逸品》等古谱中精选出的经典残局作品的汇编，以红方兵、马、炮、马炮、车、车马、车炮、车马炮的顺序，同型棋局相连的形式编排撰写的。这些棋局，有双兵巧胜单缺象、车高兵必胜双高卒士象全等实用残局，有千古绝唱“大将当关”，有棋局之王“七星聚会”，有江湖妙局“孔明借箭”，等等，巧夺天工，精妙绝伦，其中多为短小精悍、实用性强的棋局，很容易引起人们的兴趣。

承蒙钟志康、王方权、龚伟、余俊瑞、赵殿忠、陆俊杰、孙立、沈通声、王忠志先生及许多朋友大力相助，谨致谢意！

白宏宽

目　录

车马炮类

阅谱常识

一、棋盘竖线编号

请看图一，棋盘九条竖线，红方从右到左用汉字一、二、三、四、五、六、七、八、九来编号，相向而坐的黑方从右到左用阿拉伯数字1、2、3、4、5、6、7、8、9来编号（请注意，红方的一路，黑方为9路；红方的三路，黑方为7路；红方的八路，黑方为2路，以此类推）。这个编号能起到说明棋子所在竖线位置的作用，为棋谱的标准记录打好了基础。图一中，红车在八路，称为“红八路车”；黑马在6路，称为“黑6路马”；黑卒在5路，称为“黑5路卒”；等等。

二、棋盘横线名称

棋盘十条横线，从红方（棋盘下方）数起依次为：红底线、红下二线（俗称下二路）、红宫顶线、兵线（俗称上二路）、红河界线、黑河界线、卒林（俗称上二路）、黑宫顶线、黑下二线（俗称下二路）、黑底线。要说明棋子的准确位置，就必须用上棋盘的横线，以图一为例，红二路炮从红方底线算起是在第十条横线（黑底线）上，叫作“红二·十位炮”，红八路车是在第六条横线（黑河界线）上，叫作“红八·六位车”，黑6路马从黑方底线算起是在第8条横线（红宫顶线）上，叫作“黑6·8位马”，黑3路车在第9条横线

黑 方

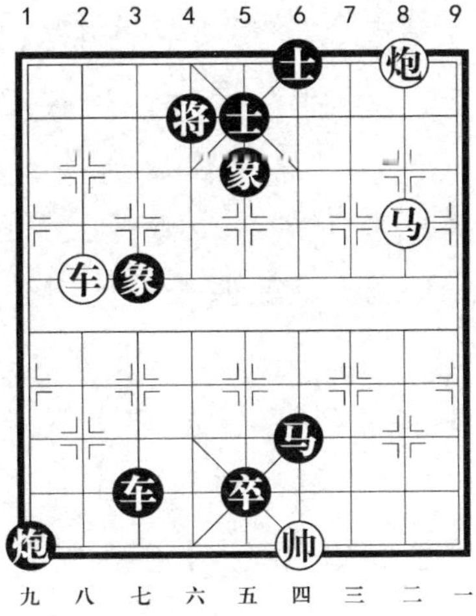

红 方

图一

（红下二线）上，叫作“黑3·9位车”，黑5路士在第2条横线（黑下二线）上，叫作“黑5·2位士”，等等。

三、标准记录

棋谱记录的方法有多种，本书采用的是标准记录，也是现代象棋书谱普遍采用的记录方法，通常每步棋用四个字来表示。比如常见的炮二平五、马8进7、马二进三、车9平8等，每四个字为一着，前两个字是指棋子所在的位置，“炮二”即“红二路炮”，“马8”即“黑8路马”；第三个字是棋子行动的方向，朝对手方向走谓“进”，向已方撤回谓“退”，横走谓“平”；第四个字则说明棋子所到达的位置。马、士（仕）、相（象）是斜行棋子，第四个字是棋子到达的竖线编号，例如，马二进三是红二路马进到了三路，象5退7是黑5路象退到了7路。帅（将）、车、炮、兵（卒）是直行棋子，横走时第四个字是棋子到达的竖线编号，进退时第四个字是走动的数量，例如，车二进六是红二路车向前走了六条横线，将5平4是黑5路将横走到了4路。再以图一为例，介绍一下棋谱标准记录的方法。

着法：红先胜（接图一）

1. 车八进三　将4进1

红方起手用八路车前进三条横线到黑下二线“将军”，即“车八进三”。黑老将在4路，向前进一步躲避，即“将4进1”。

2. 车八退一　将4退1

红八路车往后退一步到黑宫顶线“将军”，即“车八退一”。黑老将后撤一步避开，即“将4退1”。

3. 炮二退一　士5进6

红二路炮撤一步到黑下二线“将军”，即“炮二退一”。黑5路士前进到6路，即“士5进6”。

4. 马二进三　士6进5

红二路马向前跳到三路，即“马二进三”。黑6·1位士走到5路，即“士6进5”。

5. 车八平六（图二）　将4进1

红八路车横走到六路弃车“将军”，即“车八平六”，形成图二的局面。如果从图一开始按棋谱记录走到图二，就是正确的，否则，还须复习。棋谱记录非常简单，顷刻间即可学会，但须动手摆过十几局才能得心应手。

6. 马三退四　红胜

红方三路马往回跳到四路，即“马三退四”。

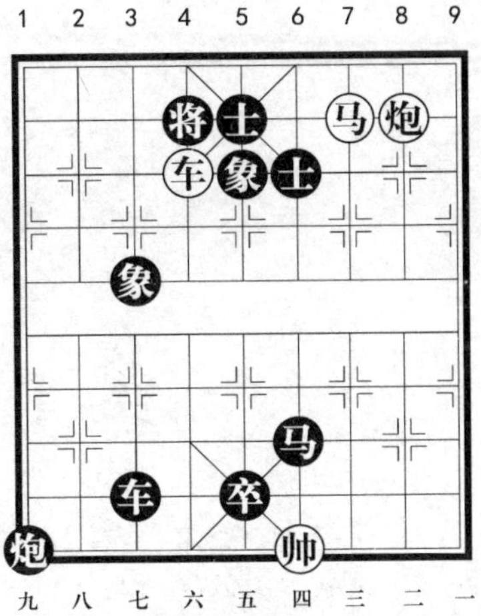

图二

四、特殊情况下的记录

两个相同的棋子在同一条竖线时，用前、后来区分，比如前炮、后炮、前车、后车、前兵（卒）、后兵（卒）等。三个兵（卒）在同一条竖线时，用前兵（卒）、中兵（卒）、后兵（卒）来区分。四个兵在同一条竖线时，从前到后依次用前一兵、前二兵、后二兵、后一兵来区分，例如四个红兵都在七路，处在前数第二个横走到六路，记录是“前二兵平六”五个字（用五个字记录一着棋的情况只出现在兵卒上）。五个卒在同一条竖线时，从前到后依次用前一卒、前二卒、中卒、后二卒、后一卒来区分，例如五个黑卒都在4路，处在中间的往前走，记录是“中卒进1”。

图一棋局采自《适情雅趣》第238局“长鲸授首”，是车马炮的一种精彩杀着。

《适情雅趣》刊印于明隆庆四年（1570），徐芝编著。全书十卷，分为八册，由棋势篇（551局）与全局篇（51局）两大部分组成（棋势篇还有550局、539局与442局的版本。本书所介绍的内容都采自551局本）。前六卷是棋势图式，着法载于卷七、卷八，其中有多局选自较早的明代古谱《梦入神机》。最后两卷是全局谱，卷九标有“《金鹏十八变》前集”字样，共21局，都是红先胜局；卷十标有“《金鹏十八变》后集”字样，是饶先（让先）及饶子（让子）局，共30局，都是让先让子方获胜。《适情雅趣》有“象棋教科书”“象棋杀法大全”“古谱巨无霸”等美誉。

兵　类

第 1 局　双孙扶老

《适情雅趣》第446局“双孙扶老”（图1-1），是双兵巧胜单缺象的精巧残局。

着法：红先胜

1. 兵三进一[①]　象 1 退 3
2. 兵三进一　象 3 进 5
3. 兵三进一　士 5 退 6[②]
4. 兵三平四　士 6 进 5
5. 后兵平五　士 5 退 6
6. 帅五进一　士 4 进 5
7. 兵五进一　士 6 进 5
8. 兵四平五　将 5 平 4
9. 帅五进一　红胜

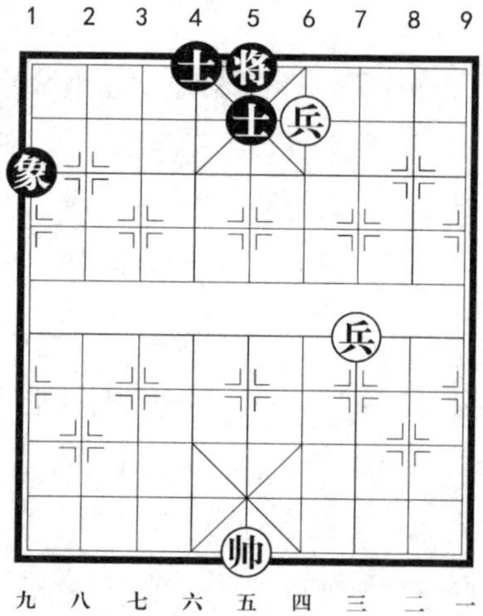

图1-1

注释：

①原谱着法仅此一着即作红胜。

②如改走象 5 进 7，则兵三进一，象 7 退 9；帅五进一，象 9 进 7；兵三进一，象 7 退 5；帅五进一，士 5 进 6；兵三平四，红胜。

本局至第6局是兵（卒）在残局中的生动写照。

兵（卒）虽是象棋攻子当中力量最弱的，但在残局中，往往成为决定胜负的关键，如高低兵仕胜高卒象、三兵胜高卒单缺士、三高兵胜士象全或炮双象等。古谱已经探索到兵卒残局的一些定式与攻防妙法，如独兵擒王、高兵和炮士、高兵和炮卒、高兵单缺相和三卒、双高兵胜双士或单炮、双兵双仕和单车、三低兵和炮卒双士、三兵和单车等。现仅举四例予以介绍。

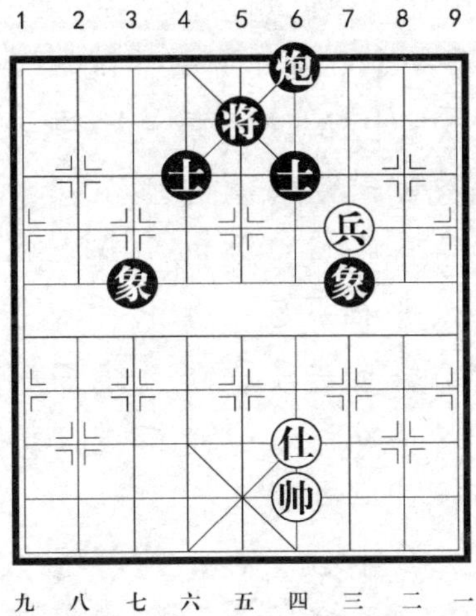

图1–2 （红先和）

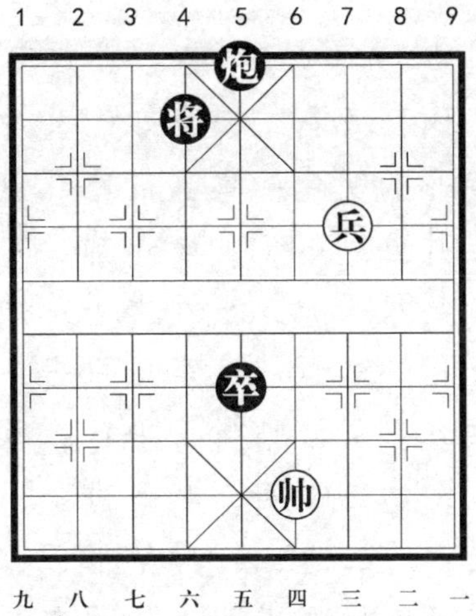

图1–3 （红先和）

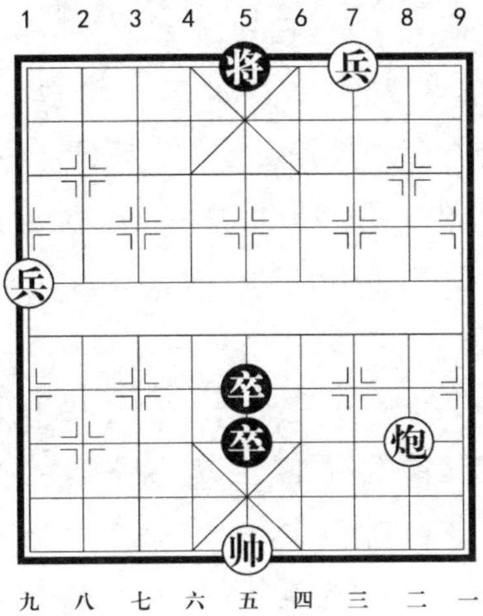

图1–4 （黑先胜）

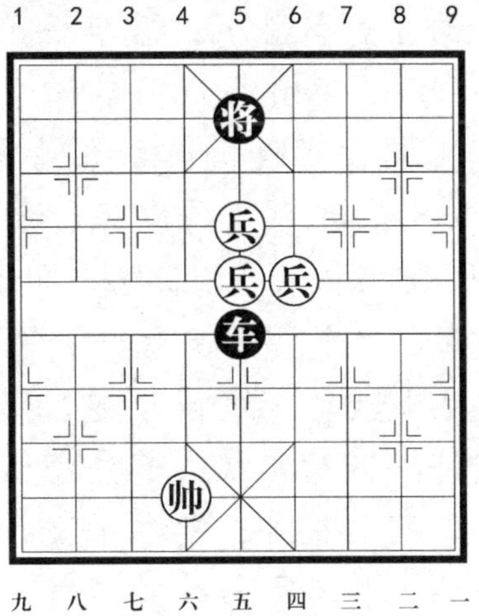

图1–5 （红先和）

图1–2是《适情雅趣》第477局“一兵解危”，红高兵仕和黑炮士象全的实用残局。着法（红先和）：兵三平二，象3退1；兵二平三，将5平6；仕四退五（关键之着），象1退3；兵三平二，和局。

图1–3是《适情雅趣》第548局“彼此无碍”，实用残局，红高兵和黑炮高卒的残局定式。着法（红先和）：帅四退一，将4平5；帅四平五（重要之着），将5平6；帅五平六，卒5平4；帅

六平五，炮5平6；帅五进一，将6进1；帅五退一，卒4平5；帅五进一，炮6平5；帅五平六，将6平5；帅六平五，和局。

图1-4是《蕉竹斋象棋谱》97局本第13局“过昭关”中一个非常精彩的变化：黑高低卒巧胜红炮双兵。着法（黑先胜）：前卒平4，帅五进一（如改走帅五平四，则卒5平6；兵九平八，将5进1；兵八平七，卒4进1；炮二平八，卒4平5；兵七平六，卒6进1；炮八退一，卒5平6，黑胜），将5进1；帅五平四（如改走兵九平八，则将5平6；帅五退一，卒4进1；炮二进二，卒5进1；炮二平四，卒5进1；帅五平四，卒4进1，黑胜），卒4平5；炮二退二，后卒平6；炮二平五，卒5平6；帅四退一，将5平4；炮五进四（如改走炮五平八，则前卒平5；帅四平五，卒6进1；炮八进三，卒6进1；炮八平六，卒5进1；帅五平六，卒6进1，黑胜），后卒平5；帅四平五，卒6进1；炮五平六，卒5进1；兵九平八，卒5进1；帅五平六，卒6进1，黑胜。

《蕉竹斋象棋谱》系清末手抄本，有97局本、52局本、37局本、33局本、21局本等，辑著者佚名。97局本是清宣统庚戌年（1910）所成，以江湖棋局为主，棋局质量和艺术性绝不逊于《蕉窗逸品》《竹香斋象戏谱》等任何名谱。

图1-5是《适情雅趣》第525局“鼎足三立”，红三兵和黑单车的一种残局定式。着法（红先和）：前兵平四，车5平4；帅六平五，将5平4；前兵平五，将4退1；帅五退一，车4平5；帅五平四，将4平5；帅四进一，将5平6；前兵平四（“铃铛兵”可和单车），车5进1；帅四退一，车5进2；兵五平六，车5退3；兵六平五，和局。

第2局　众不敌寡

《韬略元机》卷三第41局“众不敌寡”，是双兵胜炮卒的实用残局。现将原棋图中的黑7路卒前移一格（图2），使红方的胜法具有唯一性。

《韬略元机》是古谱中唯一可与《适情雅趣》媲美的象棋教科书，刊于清康熙四十六年（1707），由王相、张自文、张惠春等9人汇选同校，全谱六卷，有棋势204局（其中20对左右棋局相同，实际上是180多局）、全局46局。棋势以和局为主体，其中有不少江湖棋局。全局绝大部分选自明谱《金鹏十八变》（现已失传）两卷本。

着法：红先胜

1. 后兵平六　炮8退5
2. 帅五平六[①]　卒2平3
3. 帅六进一　卒3进1
4. 帅六退一　卒8平7
5. 兵五平六　将4平5
6. 后兵平五　前卒进1
7. 兵六平五　将5平6
8. 后兵平四　红胜

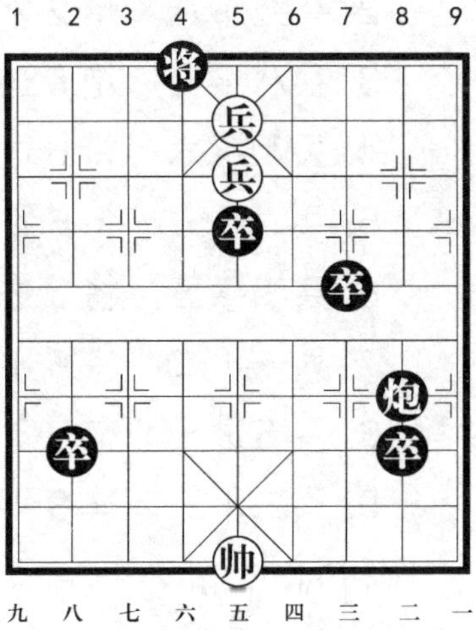

图2

注释：

①原谱棋图中黑方7路卒是摆后一格在7·4位，红方走帅五平四（如改走帅五平六亦是红胜），卒8平7；帅四进一，卒5进1；兵五平六，将4平5；后兵平五，炮8平6；兵五进一，将5平6；兵五平四，红胜。

第3局　夜出昭关

《渊深海阔象棋谱》（以下简称《渊深海阔》）第101局“夜出昭关”（图3-1），江湖小型棋局，设有红方起手用兵吃车可以轻易取胜的假象。

《渊深海阔》成稿于清嘉庆十三年（1808），陈文乾辑著。全书16卷371局，以红方攻子的种类及数量分卷编排。《渊深海阔》是陈文乾手抄所成，一直未能正式印刷，直至1988年，蜀蓉棋艺出版社正式出版了由刘国斌、朱宝位先生诠注的《渊深海阔象棋谱》。

着法：红先和

1. 兵五进一　炮2退2
2. 兵九平八[①]　炮2平5
3. 兵八平七　炮5退6
4. 兵七平六　将6进1
5. 兵六平五　将6平5
6. 兵四平五　将5进1
7. 兵一平二　将5平4
8. 兵五进一　卒7平8
9. 兵二平三　卒8平7

和局

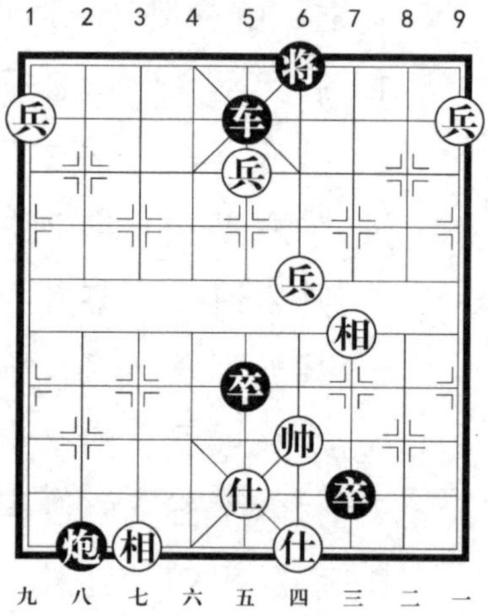

图3-1

注释：

①如改走兵一平二，则炮2平5，形成图3-2的局面，以下红方有五种着法均负，变化如下：

甲：兵五平六，将6平5；兵四平五，炮5退3；兵二平三，炮5进4；兵三平四，卒5平6，黑胜。

乙：兵二平三，炮5退6；兵九平八，将6平5；仕五退六，炮5平4；兵四平五，将5进1；兵三进一，炮4进6；兵八平七，炮4平5，黑胜。

丙：兵四进一，炮5退6；兵四进一，将6平5；仕五退六，炮5平6；兵四平五，炮6进8；兵二平三，炮6平5；兵三平四，炮5退7；兵九平八，炮5平6，黑胜。

丁：仕五退六，炮5退6；兵二平三，将6平5；兵三平四，炮5进1；兵九平八，炮5平6；后兵平五，炮6进7；兵八平七，炮6退8；兵七平六，炮6平8；相三退一，炮8进8；相一退三，炮8平4；兵五进一，炮4平5，黑胜。

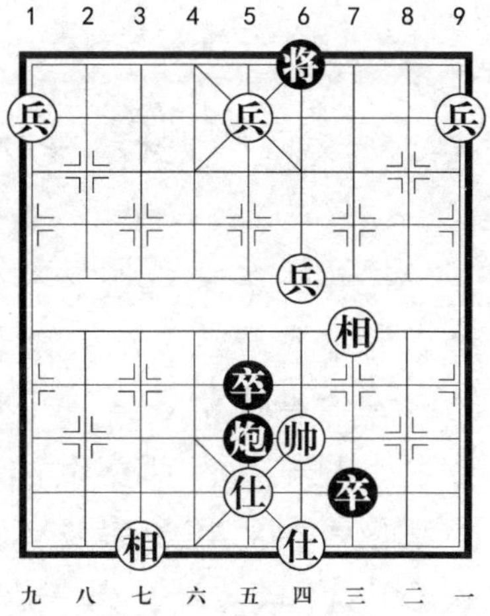

图3-2

戊：兵九平八，炮5退6；兵二平三，将6平5；仕五退六，炮5平4（原谱着法此时是误走炮5平6；兵四平五，炮6进8；兵八平七，炮6平5；兵七平六，炮5退5；兵三平四，炮5平6；兵四平五，将5平6；兵六进一，卒5平6；帅四平五，炮6平5；兵六平五，炮5退4；兵五进一，将6进1，和局）；兵四平五，将5进1；兵三进一，炮4进6；兵八平七，炮4平5，黑胜。

源于民间的江湖棋局，构思非凡，排拟奇巧，类型多样，内容丰富。“夜出昭关”是玲珑小局，大型江湖棋局则巧夺天工，诡谲难测。

江湖棋局的特点是看上去红方可连照速胜或势强必胜，其实是以假象诱人入彀。由于黑方设计的“陷阱”既非常隐蔽又极其巧妙，着法扑朔迷离，所以深受江湖棋人、象棋爱好者的喜爱。

江湖棋局特征鲜明，具有引人入胜的艺术魅力，淋漓尽致地彰显了象棋精深、有趣、严谨、美妙的特征，是象棋艺术的结晶。

江湖棋局极其惊险的初始局面是象棋实战中不可能弈出的形势，好像没有实用价值。其实，这些精妙的设有红方速胜迷人假象的局面起到了引起观者强烈兴趣的作用，其中许多局躲过“陷阱”之后可以出现多种多样鲜活的残局形势，具有非常高的实用价值。象棋名家屠景明前辈（《中国象棋辞典》编著者）认为：“研究这类棋局，可以提高实战运子技巧，加强对局势的判断分析能力。”

第 4 局　入穴探子

《竹香斋象戏谱》初集第50局“入穴探子”（图4-1），挺难解拆的小残局，能给人以启迪。

《竹香斋象戏谱》于清嘉庆九年（1804）出版初集、二集，多为中小型棋局，两集共160局，张乔栋辑著。后来，张乔栋又将另外变化复杂的48局编成第三集，删改了前两集中的部分棋局。张乔栋于1812年去世，其子张景煦于清嘉庆二十二年（1817）将《竹香斋象戏谱》三集出全，初集78局，二集70局，三集48局，共计196局，有多种翻印版本，后人给予很高的评价。

本书介绍的《竹香斋象戏谱》棋局均为1817年版本。

着法：红先和

1. 后兵平四[1]　将6平5
2. 炮九进七[2]　士6进5
3. 后兵平五　将5平6
4. 兵四平五　象7进9
5. 炮九退一[3]　卒3进1[4]
6. 后兵平四　将6平5
7. 兵五平四　卒3平4
8. 炮九平五　将5平4[5]
9. 后兵平五　卒4进1
10. 炮五退七　卒7平6[6]
11. 炮五平二　卒6进1
12. 帅六平五　卒4平5
13. 兵五平六　将4平5
14. 炮二进八　卒5进1[7]
15. 帅五平六　卒6进1
16. 兵六平五　将5平6
17. 炮二平四　将6退1
18. 炮四退九　和局

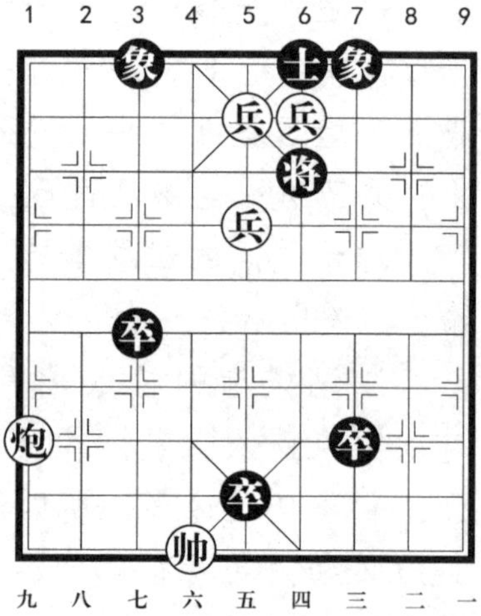

图4-1

注释：

①红方另有两种着法，结果不同，变化如下：

甲：炮九平八，卒3进1；炮八进五（如改走炮八进七，则士6进5；兵四平五，象7进9；炮八退二，卒7平6；炮八平五，卒6进1，黑胜），卒7平6；炮八平六，卒3进1；炮六进二，卒3平4；前兵平六，卒6平5，黑胜。

乙：炮九进七，士6进5；兵四平五，象7进9；与主着法弈完第4回合时的形势相同。

②如改走兵五平六，则象7进9；炮九进七，士6进5；炮九退一，士5退6；后兵平五，将5平6；炮九进一，士6进5；兵六平五，卒3进1；炮九退一，卒3进1；炮九平六，卒3进1，黑胜。

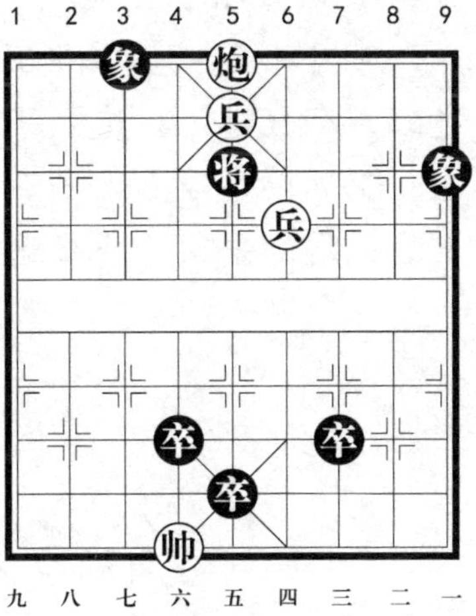

图4–2

③如改走炮九退四，则卒3进1；炮九平六，卒3进1；炮六进四，卒3平4；后兵平四（如改走前兵平六，则卒7平6；炮六退七，卒6平5；炮六进五，后卒平4；兵五平六，卒4平3；炮六平八，卒3进1，黑胜），将6平5；炮六平五，将5平4（图4-2形势，原谱1本着法是走将5退1，黑方错失胜机，结果和局）；炮五退八，卒4进1；帅六平五，卒7进1；兵四平五，卒7平6；后兵平六，将4平5；炮五进一，将5平6；炮五平四，卒6平5；帅五平四，卒4进1，黑胜。

④如改走卒7平6，则炮九平六，卒6平5；炮六进一，后卒平4；后兵平四，将6平5；炮六平五，将5退1；炮五退八，和局。

⑤图4-3形势，黑方另有两种着法亦和，变化如下：

甲：卒7进1；炮五退七，卒7平6；后兵平五，将5平6；

炮五退一，卒6平5；兵四平五，卒5进1；帅六平五，卒4平5，和局。

乙：卒5平6；炮五进一，卒4进1；后兵平五，将5平4；帅六平五，卒4平5；炮五退七，卒7平6；炮五退一，象9进7；兵四平五，象3进1；前兵平四，和局。

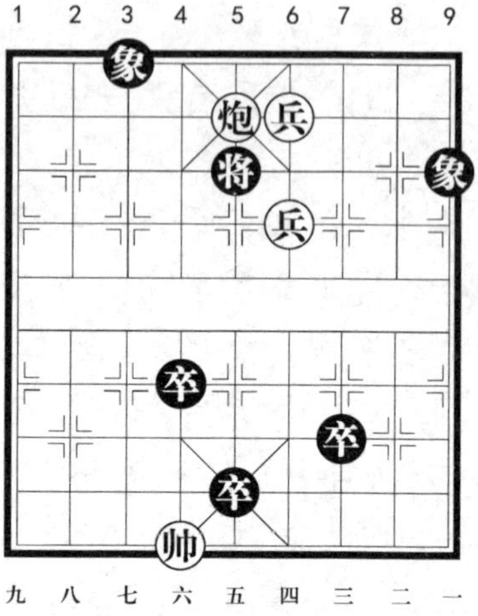

图4-3

⑥如改走卒7进1，则炮五平六，卒4平5；兵五平六，将4平5；炮六平八，卒5平4；炮八进六，象9进7；炮八平六，将5平6；兵四平五，将6平5；兵五平六，卒4平5；后兵平五，将5平6；兵六平五，卒7平6；炮六进二，卒5进1；炮六平五，红胜。

⑦如改走卒6平5，则帅五平四，后卒平6；兵六平五，将5平6；炮二平四，将6退1；炮四退七，和局。

第5局　虾戏骊龙

《韬略元机》卷四第8局“虾戏骊龙”（图5-1），是古典“四大棋局王”之一“蚯蚓降龙”的早期蓝本。原谱着法为红胜，结论错误，实际上是非常巧妙的和局。

着法：红先和

1. 兵三进一　卒2平3	2. 兵三平四　车4进1①
3. 兵四平五　卒3进1	4. 相九进七　车4进1②
5. 后兵进一　车4退2	6. 后兵进一　车4退1
7. 相七退九③ 车4进1	8. 相九进七④ 车4进2

9. 相七退九　车4退1

10. 相九进七　车4进1

和局

注释：

①黑4路车必须躲开红四路兵，如果误走卒3进1，则仕五进六，卒3平4；兵五进一，红巧胜。

②图5-2形势，原谱着法是误走卒3进1；仕五进六，卒3平4（如改走车4进2，则后兵平六，红巧胜）；仕六进五，红胜。

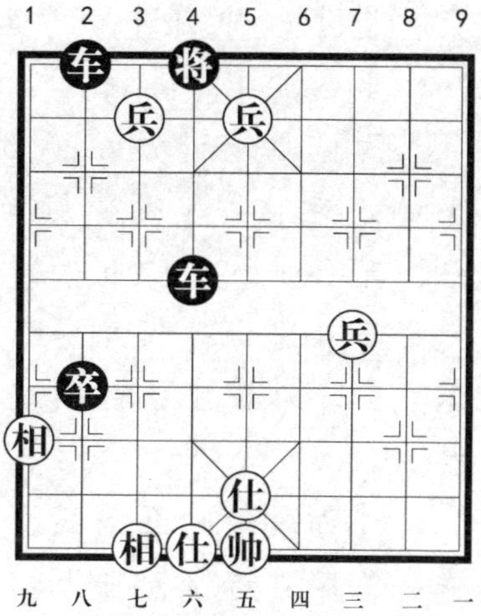
图5-1

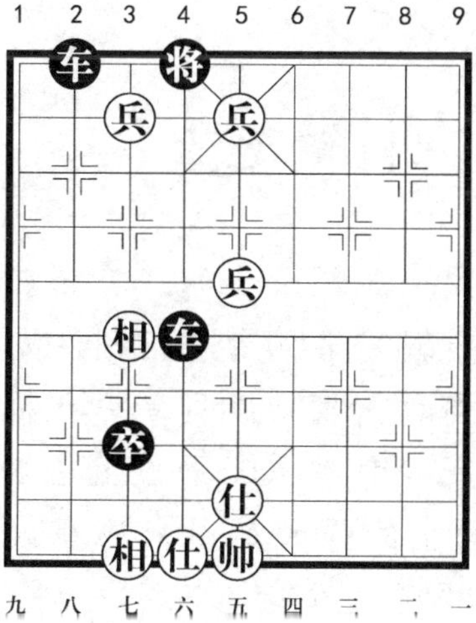
图5-2

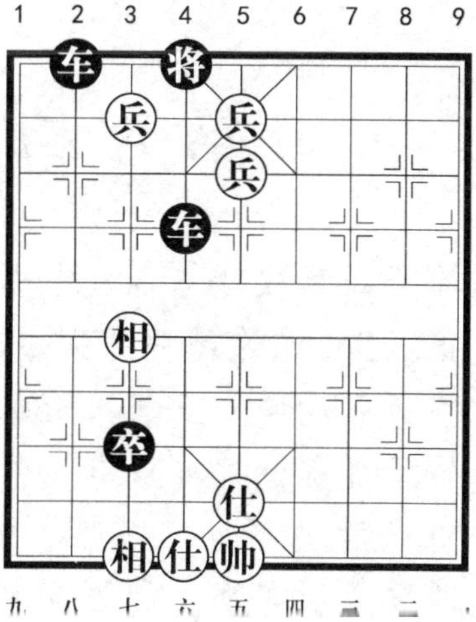
图5-3

③图5-3形势，红方飞相正确，另有三种着法均负，变化如下：

甲：后兵平四，卒3进1；帅五平四，卒3进1；兵四进一，卒3平4；仕五退六，车4进6；帅四进一，车2进8；帅四进一，车2退1；帅四退一，车4退1；帅四退一，车2进2，黑胜。

乙：相七退五，卒3进1；后兵平四，卒3平4；帅五平四，卒4进1；帅四进一，车4平6；仕五进四，车2进8；帅四退一，车6进4，黑胜。

丙：相七进九，卒3进1；帅五平四，卒3平4；帅四进一（如改走后兵平四，则车4平6；帅四平五，卒4平5；帅五进一，车6平5；帅五平四，车5退2，黑胜），卒4进1；仕五退六，车4进6；相九退七，车4退2；帅四退一，车4进1；相七退九，车4进1；帅四进一，车2进8；帅四进一，车2平3，黑胜。

④如改走帅五平四，则卒3进1；后兵平四，卒3平4；兵四进一，卒4进1；仕五退六，车4进5；帅四进一，车2进8；帅四进一，车2平3，黑胜。

第6局　蚯蚓降龙

《百局象棋谱》第8局“蚯蚓降龙”（图6-1），与《渊深海阔》第222局“诡越阴平”、《心武残编》第69局“蚯蚓降龙”、《竹香斋象戏谱》三集第35局“尺蚓降龙”实质相同，变化极其细微，妙不可言！红方双车一兵对黑方三卒单缺象，子力上占绝对优势，好像胜利可期，其实，红棋表面上的强大是用来诱惑人的假象，黑方似弱实强，红方走到最好的程度也只能“一将一杀”而无法变着了。因此，《心武残编》特作说明：惟“降龙”（即“蚯蚓降龙”）、“独行”（指“千里独行”）之类，则局中已无别着，乃作纷和论。

“蚯蚓降龙”与“七星聚会”“野马操田”“千里独行”被誉为“四大棋局王”。

着法：红先纷和

1. 兵一进一① 卒3进1　　2. 兵一平二　象5退7

3. 兵二平三　卒3平4　　4. 兵三平四　士5退6②

5. 兵四平五　士4进5
6. 兵五进一　卒4平5③
7. 车四进一　后卒进1
8. 兵五平四　后卒进1
9. 车一平二　将5平4
10. 车四退一④　象7进5⑤
11. 车四平六⑥　士5进4
12. 车六平四　象5退7⑦
13. 兵四平五　士4退5
14. 兵五平四　后卒平4
15. 兵四进一　士5进4
16. 兵四平五　士4退5

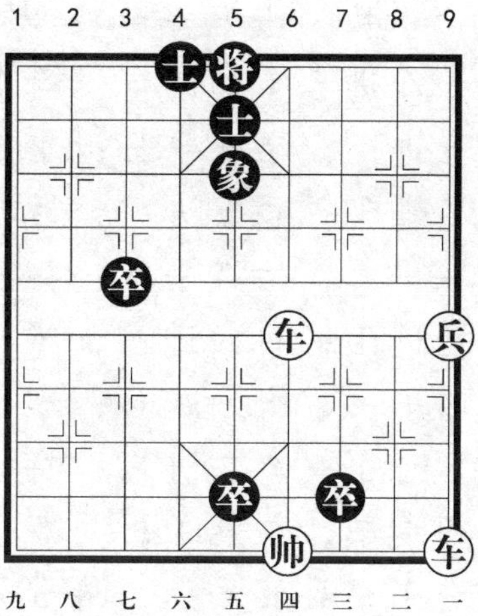

图6-1

17. 兵五平四　士5进4
18. 兵四平五　士6进5
19. 兵五平六　卒4进1
20. 兵六进一　将4进1
21. 车四平六　士5进4
22. 车六平四　将4退1
23. 车四进五　将4进1
24. 车四退三⑧　将4退1
25. 车四进三　将4进1
26. 车四退三　将4退1
27. 车四进三　将4进1
28. 车四退三　将4退1

红方“一将一杀”无法变着，按《心武残编》的说明作纷和。

注释：

①红方进兵正确，另有两种着法均负，变化如下：

甲：车一平二，象5退7；兵一进一，卒3进1；兵一进一，卒3平4；车四进一（如改走兵一平二，则士5进6；车四进三，卒5进1，黑胜），卒4进1；兵一平二，卒4进1；兵二平三，卒4进1；兵三进一，卒4进1，黑胜。

乙：车四进四，士5进6；车四退一，象5退7；车四进二，将5进1；车一平二，卒5进1，黑巧胜。

②图6-2形势，黑方士5退6正着！另有三种着法均负，变化如下：

甲：士5进4；兵四平五，士4进5（如改走士4退5，则兵五进一，卒4平5；车四进一，后卒进1；兵五进一，后卒进1；车一平二，后卒平4；兵五平四，卒4进1；兵四进一，卒4进1；兵四进一，士5退6；车四进四，将5进1；车二进八，将5进1；车四退二，红胜）；兵五进一，卒4进1；兵五平六，将5平4；兵六进一，卒4进1（如改走士5进4，则车四进五，将4进1；车一进八，士4退5；车一平三，红胜）；兵六平五，象7进5；车一进九，将4进1；车四平六，士5进4；车六进三，将4平5；车一退一，将5退1；车六平五，将5平4；车五退六，红胜。

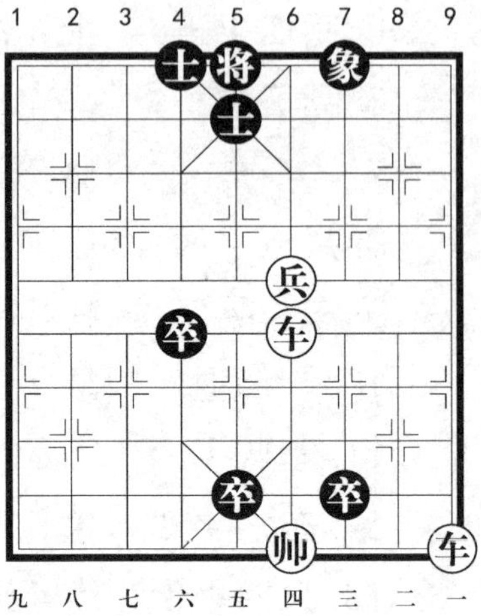

图6-2

乙：士5进6；兵四平五，士4进5；兵五进一，卒4平5；车四进一，后卒进1；兵五平四，后卒进1；车一平二，将5平4；兵四进一，将4进1；兵四进一，士5进4；兵四进一，后卒平4；车二进八，将4退1；兵四平五，将4平5；车四进四，红胜。

丙：卒4平5；车四退一，后卒进1；车四进一，士5退6（如改走士5进4，则兵四进一，士4进5；兵四平五，后卒进1；兵五进一，将5平4；兵五平六，士5进4；车四进五，将4进1；车一进八，士4退5；车一平三，红胜）；兵四进一，士4进5；兵四平三，后卒进1（如改走士5进6，则兵三进一，士6进5；车一平二，后卒进1；车四进一，将5平4；兵三平四，后卒平4；兵四平五，象7进5；车二进九，将4进1；车四平六，士5进4；车二退一，将4退1；车六进二，将4平5；车六平五，将5平4；车五退六，红胜）；兵三进一，后卒平4；兵三进一，卒4进1；兵三进一，将5平4；兵三平四，将4进1；车四平六，士5进4；车一进八，红胜。

③如改走卒4进1，则兵五平四，将5平4；兵四进一，士5进4；兵四平五（如改走兵四进一，则士6进5；车四退二，卒4平3；车一平二，卒3进1；车二平一，卒3进1；车一平二，卒3平4；兵四平五，士4退5；车四平六，将4平5；车六平四，卒4进1，黑胜），士4退5；兵五平四，士5进4；兵四平五，士4退5；兵五平四，士5进4；兵四平五，士4退5；兵五平四，和局。

④如改走车四平六，则士5进4；车六平四，后卒平4；兵四进一，卒4进1；兵四平五，士4退5；兵五平六，卒4进1，黑胜。

⑤图6-3形势，黑方另有四种着法，结果不同，变化如下：

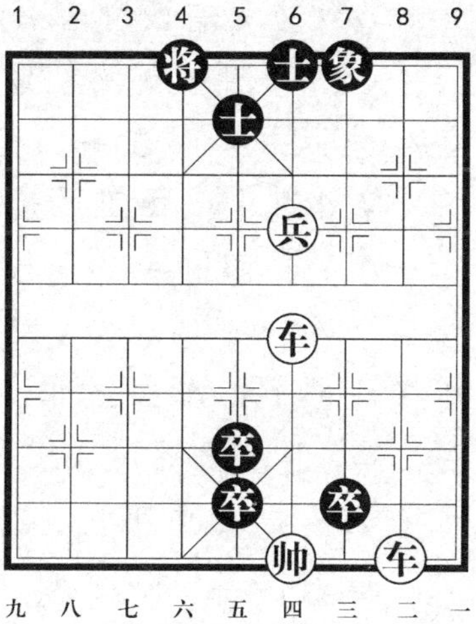

图6-3

甲：士5进4；兵四平五，士6进5；兵五平六，后卒平4；兵六进一，卒4进1（如改走士5进4，则车四进五，将4进1；车二进八，士4退5；车二平三，卒7进1；车三退八，士5退6；车三进一，和局）；兵六进一（如改走兵六平五，则卒4进1；车四平六，士5进4；车六进三，将4平5，黑胜），将4进1；车四平六，士5进4；车六平四，将4退1（如改走卒4进1，则车二进八，士4退5；车四平六，红胜）；车四进五，将4进1；车四退三，将4退1；车四进三，将4进1；车四退三，红方“一将一杀”无法变着，按《心武残编》的说明作纷和。

乙：后卒平4；兵四进一，士5进4；兵四平五，士6进5；兵五平六，卒4进1；兵六进一，将4进1；车四平六，士5进4；车六平四，士4退5；车四平六，士5进4；车六平四，士4退5；车四平六，红方“一将一杀”无法变着，纷和。

丙：将4进1；兵四进一，后卒平4；兵四进一，卒4进1；兵四进一，士5退6；车四进五，红胜。

丁：象7进9；车四退一（如改走兵四进一，则士5进6；车四进三，士6进5；车四退一，象9退7；车四退二，将4平5；车四进一，后卒平4；车四退一，卒4进1；车四进一，卒4进1，黑胜），象9退7；车四进一，象7进9；车四退一，象9进7；兵四进一（如改走车四进一，则后卒平4；兵四进一，卒4进1；兵四进一，士5进4；兵四进一，卒7进1；车二平三，卒4进1，黑胜），士5进6；车四进四，士6进5；车四退一，后卒平4；车四平六，士5进4；车六平四，红方“一将一杀”无法变着，纷和。

⑥红方另有两种着法均负，变化如下：

甲：兵四平五，象5进7；兵五平四，后卒平4；兵四进一，卒4进1；兵四进一，士5进4；兵四进一，卒7进1；车二平三，卒4进1；兵四平五，将4进1，黑胜。

乙：兵四进一，士5进6；车四进三，士6进5；车四进一，后卒平4；车四退六，卒4平3；车四进六（如改走车二进九，则将4进1；车二退九，象5退7；车四进二，将4退1；车四退一，卒3进1，黑胜），卒3进1；车二进九，将4进1；车二退九（如改走车二平三，则卒7平6；车四退七，卒5平6；帅四进一，象5退7，黑胜），象5进7；车四退二，卒3平4；车四平六，士5进4；车六平四，卒7进1；车二平三，卒4进1，黑胜。

⑦图6-4形势，黑如改走士6进5，则兵四平五（如改走兵四进一，则象5退7；兵四进一，后卒平4；兵四平五，士4退5；车四平六，将4平5；车六平四，卒4进1，黑胜），象5退7（如改走

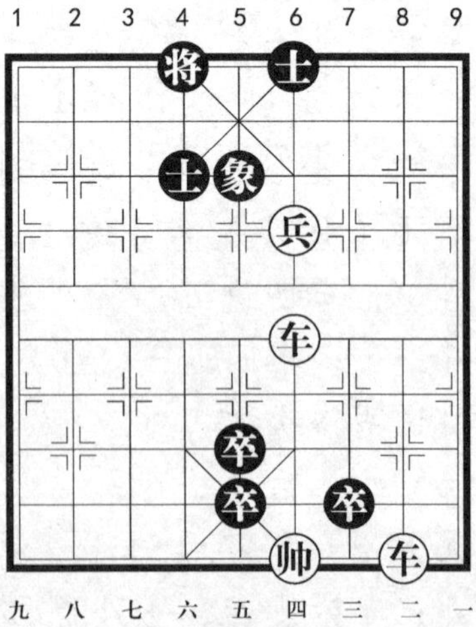

图6-4

象5进7，则兵五平六，后卒平4；车二进九，将4进1；兵六进一，士5进4；车二退一，士4退5；车四平六，红胜）；兵五平六，后卒平4；兵六进一，卒4进1；兵六进一，将4进1；车四平六，士5进4；车六平四，士4退5；车四平六，士5进4；车六平四，将4退1；车四进五，将4进1；车四退五，红方“一将一杀”无法变着，纷和。

⑧如改走车二进八，则士4退5；车二平三，卒4进1；黑胜。

《心武残编》刊印于清嘉庆五年（1800），由当时的象棋名家薛丙（橘隐氏）辑著，吴绍龙校阅。全书分六卷，共148局，多为江湖棋局，相同类型的棋局编排在一起。还有“凡例”16条，其中简述了当时的象棋规则（这是最早用文字表达的棋规，十分珍贵）。1806年再版，增订补遗。

《百局象棋谱》初版于清嘉庆六年（1801），三乐居士辑著。全书八卷共107局（其中两个棋局相同，实为106局），绝大多数是江湖棋局，各卷首尾两局变化复杂，卷中各局着法简洁清晰。该谱被多次翻印，流传甚广，与《心武残编》《竹香斋象戏谱》《渊深海阔》被现代人并称为“象棋排局四大名谱”。

从研究残局的角度来讲，“蚯蚓降龙”如按照现行规则也能成和，应是正规的棋局。历时多年，笔者终于索得图6-5的形势，既能不以原局结尾红方“一将一杀”的违规着法作纷和，又能成为江湖味更浓烈的正和之局，令人比较满意。

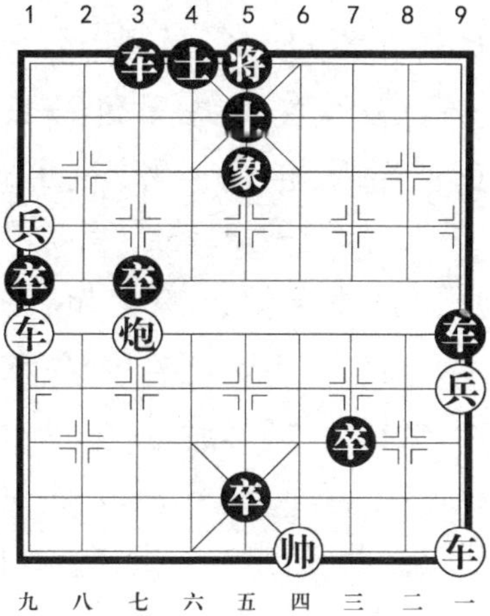

图6-5

着法：红先和（接图6-5）

1. 炮七进五　象5退3
2. 兵一进一[①] 卒7进1
3. 车九平四　象3进5[②]
4. 兵一进一　卒3进1
5. 兵一平二　象5退7
6. 兵二平三　卒3平4
7. 兵三平四[③] 卒4平5[④]

8. 车四退二　后卒进 1　　9. 兵四进一　后卒进 1
10. 车四进三　卒 1 进1⑤　　11. 兵九平八⑥　卒 1 平 2⑦
12. 兵八平七　卒 2 平 3　　13. 兵七平六⑧　卒 3 进 1
14. 兵六平五　卒 3 进 1　　15. 兵四进一　士 5 进 6
16. 车四进二　士 4 进 5　　17. 车四进一⑨　将 5 平 4
18. 车四退五⑩　卒 3 平 4　　19. 兵五进一　卒 4 进 1
20. 兵五进一　卒 7 平 6　　21. 车四退二　前卒平 6
22. 帅四进一　卒 4 平 5　　23. 帅四退一　后卒平 6
24. 车一进一　卒 6 进 1　　25. 车一平四　卒 5 平 6
26. 帅四进一　象 7 进 5　　和局

注释：

①如改走车九平一，则卒 7 进 1；前车平四（如改走前车进五，则士 5 退 6；前车平四，将 5 进 1；车四退一，将 5 退 1；车一平二，卒 5 进 1，黑胜），象 3 进 5；车一平二（如改走车四进四，则士 5 进 6；车四退一，象 5 退 7；车一平二，卒 5 进 1，黑胜），象 5 退 7；兵九平八，卒 3 进 1；兵八平七，卒 3 平 4；车四进一，卒 4 进 1；兵七平六，卒 4 进 1；兵六平五，卒 4 进 1；兵五平四，卒 4 进 1，黑胜。

②如改走卒 3 进 1，则车一平二，士 5 进 6；车四平五，将 5 平 6；车五退三，红胜。

③如改走兵三进一，则士 5 进 6；车四进三，卒 5 进 1；黑胜。

④图6–6形势，黑方另有三种着法，结果不同，变化如下：

甲：士 5 进 4；兵四平五，士 4 进 5（如改走士 4 退 5，则兵五进一，卒 4 平 5；车四进一，后卒进1；兵五进一，后卒进 1；兵九平八，卒 1 进 1；兵八平七，卒 1 平

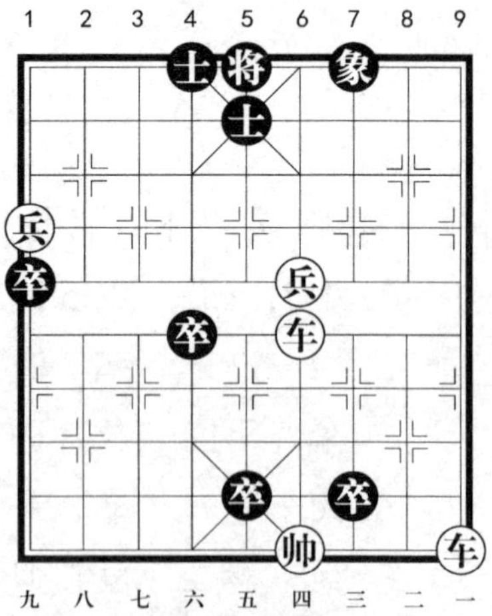

图6–6

2；兵七进一，卒2平3；兵七进一，卒3进1；兵七平六，卒3进1；兵五进一，士4进5；兵六平五，将5进1；车一进八，将5退1；车四进四，红胜）；兵五进一，卒4进1；兵五进一，卒4进1；兵五平六，将5平4；兵六平五，象7进5；车一进九，将4进1；车四平六，士5进4；车一退一，将4退1；车六进三，将4平5；车六平五，将5平4；车五退六，红胜。

乙：士5进6；兵四平五，士4进5；兵五进一，卒4平5；车四进一，后卒进1；兵五平四，后卒进1；兵九平八，卒1进1；兵八平七，卒1平2；兵七进一，卒2平3；兵七进一，后卒平4；兵四进一，卒4进1；兵四平五，卒4进1；兵五进一，将5进1；车一进八，将5退1；车四进四，红胜。

丙：士5退6；兵四平五，士4进5；兵五进一，以下黑方又有两种着法，结果不同，变化如下：

第一种：卒4平5；车四进一，后卒进1；兵五平四，后卒进1；兵九平八，将5平4；兵八平七，象7进5（如改走后卒平4，则兵四进一，士5进4；兵七进一，士6进5；兵四平五，卒4进1；兵七平六，卒4进1；兵六进一，将4进1；车四平六，士5进4；车六进二，红胜）；车一平二，后卒平4；兵四进一，士5进6；车四进二，士6进5；车四进一，象5进7；车四退二，卒4进1；兵七进一，卒4进1；车二进九，将4进1；兵七进一，将4进1；车二退二，士5进6；车二平四，红胜。

第二种：卒4进1；兵五平四，将5平4（如改走卒4进1，则兵四进一，将5平4；兵四进一，卒4进1；兵四进一，将4进1；车四平六，士5进4；车一进八，将4退1；车六进三，红胜）；兵四进一，士5进4；兵四平五（如改走兵四进一，则士6进5；兵九平八，卒4进1；兵八平七，卒4进1；兵四平五，士4退5；兵七进一，卒4进1，黑胜），士4退5（如改走士6进5，则兵五平六，卒4进1；兵六平五，象7进5；车四平六，士5进4；车一进九，将4进1；车六进三，将4平5；车一退一，将5退1；车六平五，将5平4；车五退六，红胜）；兵五平四，士5进4；兵四平五，士4退5；兵五平四，和局。

⑤如改走后卒平4，则兵四进一，卒4进1；兵四进一，士5

进6；兵四进一，将5平6；车四进二，将6平5；车四进二，将5进1；车一进八，将5进1；车四退二，红胜。

⑥如改走兵四进一，则士5进6；车四进二，后卒平6；车四退五，卒5进1，黑胜。

⑦如改走士5进4，则兵四进一，士4进5；兵四平五，后卒平4；兵五平六，将5平4；兵六平五，象7进5；车一进九，将4进1；车四平六，士5进4；车一退一，将4退1；车六进二，将4平5；车六平五，将5平4；车五退六，红胜。

⑧图6-7形势，红如改走兵七进一，则卒3进1；兵七进一，卒3平4；兵七平六，卒4进1；以下红方有两种着法，结果不同，变化如下：

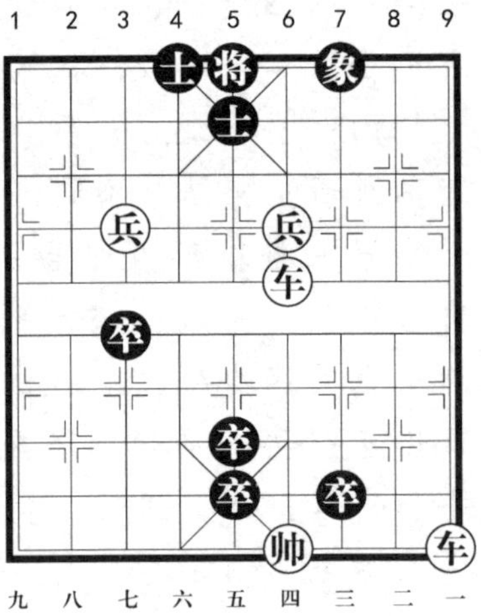

图6-7

甲：兵四进一，士5进6；兵六进一（如改走车四进二，则前卒进1；帅四平五，卒5进1；帅五平四，卒5进1，黑胜），将5平4；车四进二，卒4进1；车四进二，将4进1；车一平二，卒4进1；车二进八，将4进1；车四退二，象7进5，黑胜。

乙：兵四平五，卒4进1；兵五进一，前卒平6；车四退四，卒7平6；帅四进一，卒4平5；帅四退一，后卒平6；兵五进一，士4进5；车一进一，卒6进1；车一平四，卒5平6；帅四进一，和局。

⑨如改走车四退四，则将5平4；车四平六，将4平5；车六平四，将5平4；车一平二，卒3平4；兵五进一，卒4进1；兵五进一，前卒平6；车四退二，卒7平6；帅四进一，卒4平5；帅四退一，后卒平6；车二进一，卒6进1；车二平四，卒5平6；帅四进一，象7进5，和局。

⑩如改走兵五进一，则后卒平6；车四退六，象7进5；车四进六，卒3进1，黑胜。

马 类

第 7 局　士卒威服

《适情雅趣》第440局“士卒威服”（图7-1），与《橘中秘》残局谱第101局“马兵攻双士卒”相同，是马低兵巧胜卒双士的实用残局。因原谱着法不精确，现介绍的是李浭、陶诒谟先生发现的新胜法。

《橘中秘》于明崇祯壬申年（1632）刊印，朱晋桢辑著，全书四卷，前两卷是全局，后两卷是实用残局（140局），大多数选自《适情雅趣》，是明清两代版本最多的象棋谱，影响颇大，流传甚广。

着法：红先胜

1. 兵七进一　将4退1
2. 兵七平六　将4平5
3. 马八退六　将5平6
4. 马六退四　卒9进1①
5. 马四进三　将6平5②
6. 马三退一　将5平6
7. 马一进二　将6进1
8. 帅五平四　士5退4
9. 马二退三　将6退1
10. 马三进五　将6平5
11. 马五进六　红胜

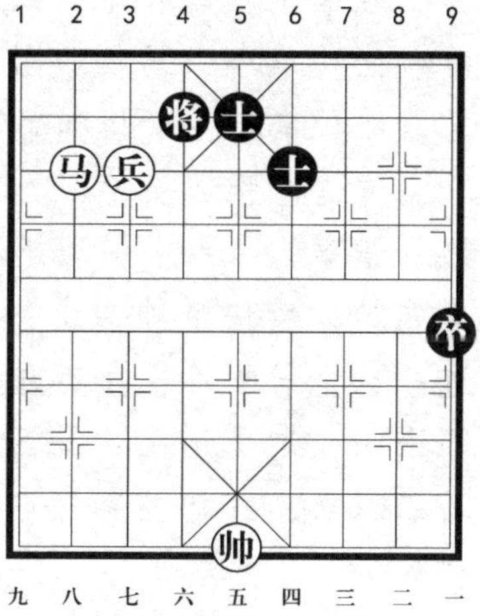

图7-1

注释：

①如改走将6进1，则马四进三，卒9平8；马三退一，卒8平7；马一进二，卒7进1；帅五平四，士5退4（如改走卒7平6，

则马二退三，将6退1；马三退五，卒6进1；马五退六，红胜）；马二退三，将6退1；马三进五，将6平5；马五进六，红胜。

②如改走将6进1，则帅五平四，士5退4；马三退一，卒9平8；马一退三，卒8平7；马三进五，将6退1；马五进七，红胜。

本局至第15局是马（包括马兵、双马兵）在残局中的“八面威风”。

马在象棋攻子中属于短兵器，残局中攻击力大于炮（例如马能胜将士而炮不能胜孤将，马低兵胜双象而炮低兵不能胜单象，马与车联合能胜车士而炮与车难胜车士，车马双相胜车双象而车炮双相不能胜车双象，等等），防守能力不如炮（例如单炮可和马低卒而单马难敌马低卒，炮双仕和单车而马双仕则防不住单车的攻击，炮仕相全可和车卒而马仕相全抵挡不住车兵的攻势）。马兵残局定式有马底兵胜单象或双士，马高兵胜马士或炮士及炮象，马双兵胜马单缺象或单缺士，马双兵胜炮单缺士或炮单缺象，双马低兵胜马士象全，双马高兵胜炮士象全，双马高兵胜双马士或双马象，双马高兵胜炮双士或炮双象，双马高兵胜马炮士或马炮象，双马高兵双相胜单车，等等。古谱已经探索到马残局的一些定式与攻防妙法，如马必胜单士、马和炮士象全、马双相和单车、马单缺相和单车、马单缺仕和单车、马低兵胜马但难胜炮、马兵胜炮象、马兵胜炮卒、马双兵和单车、双马和单车，等等。现仅举四例予以介绍。

《适情雅趣》第487局“扣马苦谏”（图7-2），与《橘中秘》残局谱第127局“一马能和士象炮”相同，是单马和炮士象全的实用残局，着法是帅四退一，炮7退1；马三进二，将5进1；帅四进一，炮7平4；帅四退一，炮4进1；马二退三，炮4平1；帅四进一，炮1退1；马三进二，炮1平7；帅四退一，炮7进1；马二退三，红马控制黑炮到6·1位与6·2位，以老帅走“闲着”，和局。

《竹香斋象戏谱》初集第63局“马取单象”（图7-3，黑象如果在中路则是和局），红方利用黑象在边路的弱点，抓住稍纵即逝的机会，巧妙取胜，着法是马六退四（如改走马六退八亦佳），以下黑有三种着法：

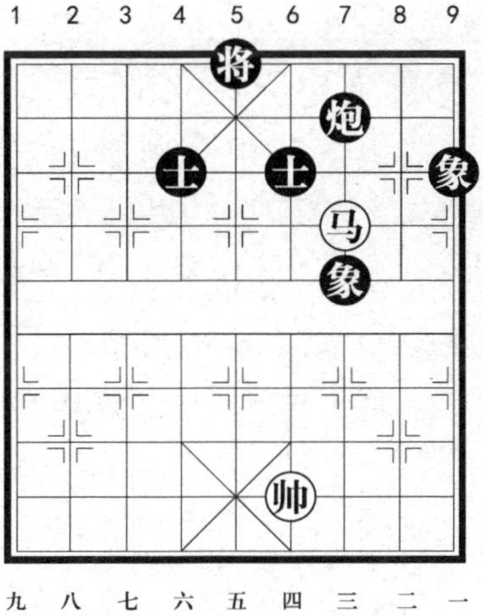

图7–2 （红先和）

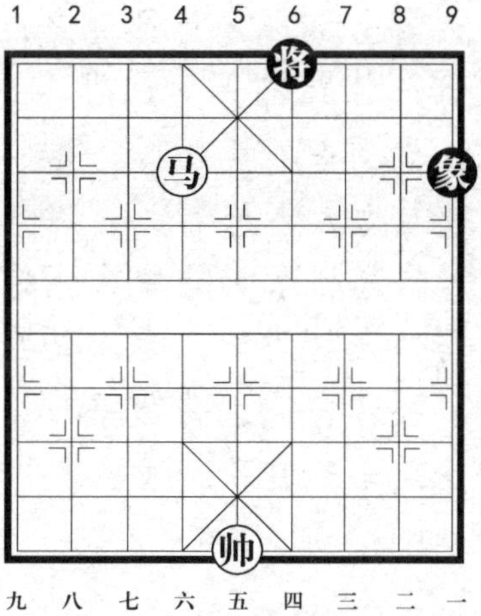

图7–3 （红先胜）

甲：将6进1；马四进二，将6进1；帅五进一，红胜。

乙：象9进7；帅五进一，象7退9；马四进二，红胜。

丙：象9退7；马四退六，将6进1（如改走象7进9，则马六退四，象9退7；马四进三，红胜）；马六退四，将6退1；马四进三，红胜。

《适情雅趣》第460局“单驹随牝”（图7–4），与《橘中秘》残局谱第106局“马兵易胜马”相同，红方胜法是帅五进一，马5

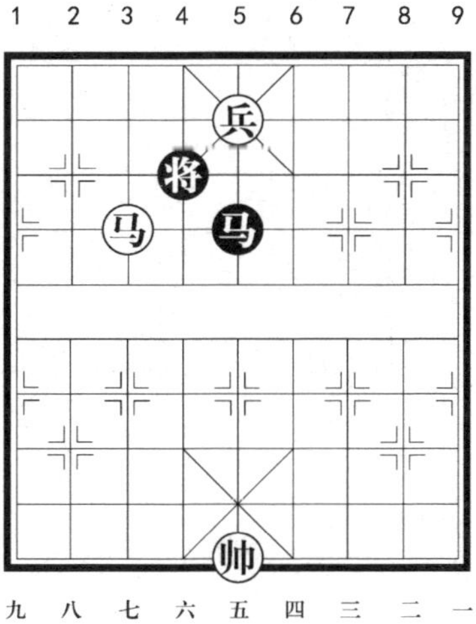

图7–4 （红先胜）

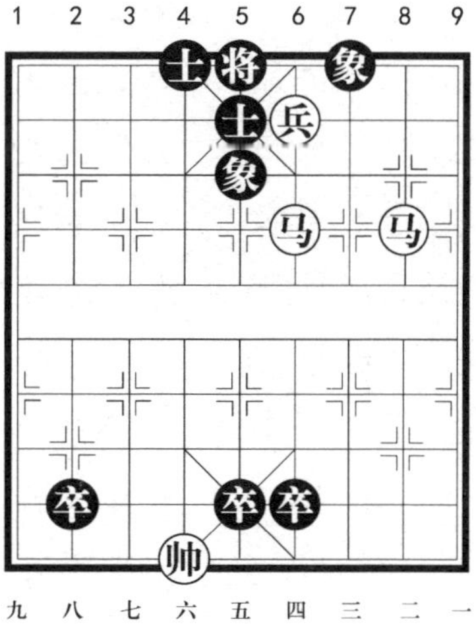

图7–5 （红先胜）

退3；马七退八，马3进2；马八进六，马2进4；马六进八，马4退3；帅五进一，红胜。另外，《适情雅趣》第545局“居中秉权”，棋图中的黑马改为炮，原谱指出“炮不离中”则是和局（炮的防守能力大于马）。

《棋谱秘录》乾集第65局（图7-5），与《适情雅趣》第401局“双马饮泉”类同，是双马兵的精彩杀法。着法是马二进四，卒2平3，兵四进一，将5平6，前马进二，将6平5，马四进三，将5平6，马三退五，红胜。

第8局　二郎搜山

《适情雅趣》第404局“二郎搜山”（图8），与《韬略元机》卷三第31局“束手待毙”及《棋谱秘录》乾集59局类同，红马压住黑马，再兵进底线横扫取胜。

着法：红先胜

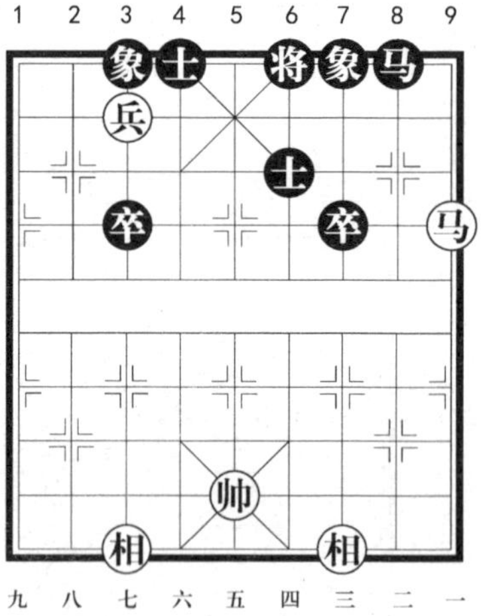

图8

1. 马一进二　将6进1
2. 兵七进一　士6退5
3. 相三进一　卒3进1
4. 相七进九　卒7进1
5. 帅五退一　士5进4
6. 兵七平六　士4退5
7. 兵六平五　士5进4
8. 兵五平四　士4退5
9. 兵四平三　士5进4
10. 兵三平二　士4退5
11. 兵二平三　士5进4
12. 兵三平四　士4退5
13. 兵四平五　士5进4
14. 马二退一

红胜（原谱着法）

《棋谱秘录》由傅万钟辑著，全书共有棋势207局，分成乾集、坤集与和集。乾集72局与坤集68局都是红胜局，和集67局的结论全是和局，各局均无局名。该谱没有标明成书时间，棋局绝大多数采自《适情雅趣》《韬略元机》《百变象棋谱》等古谱，估计是晚于《韬略元机》印成的清代象棋谱。

第9局　秣马潜戈

《适情雅趣》第423局“秣马潜戈”（图9），红帅牵住黑炮，马巧妙地从老帅身后绕到左翼擒将。

着法：红先胜

1. 仕五进四　卒6平7
2. 仕六进五　卒7平6
3. 马五进三　卒6平7
4. 马三退四　炮4进3
5. 马四退三　炮4退3
6. 仕五退四　炮4退1
7. 马三退五　卒7平6[①]
8. 马五退六

红胜（原谱着法）

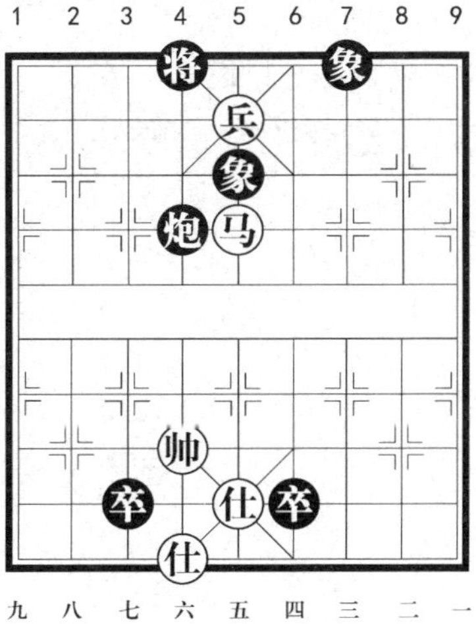

图9

注释：

①如改走卒3进1，则帅六退一，炮4进5；仕四退五，红胜。

第10局　踏雪寻梅

《适情雅趣》第403局“踏雪寻梅”（图10），与《橘中秘》残局谱第94局“马兵能攻炮卒士象全”、《韬略元机》卷四第51局“铁骑追风”、《竹香斋象戏谱》初集第78局“马兵胜象士”、《渊深海阔》第53局“假途灭虢”及《棋谱秘录》乾集第52局类同，红方兵进底线，天马行空妙胜。

着法：红先胜

1. 兵三进一　将6退1
2. 兵三进一　将6平5
3. 马二退四　炮2退1
4. 马四进六　炮2平4
5. 马六退八　卒1平2
6. 马八进七　卒2平3
7. 马七退六

红胜（原谱着法）

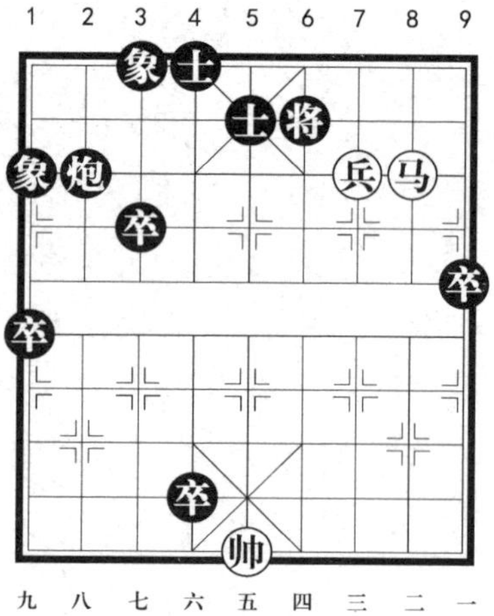

图10

第11局　回马金枪

《蕉竹斋象棋谱》97局本第68局“回马金枪”（图11-1），根据《百局象棋谱》第33局“回马金枪”加工而成，江湖棋局，以红方起手退马吃掉黑车后形成马相护帅，然后用雄厚的兵力从容取胜的假象吸引人。

着法：红先和

1. 马六退五[①]　将6平5　　2. 前兵平四　士5进6[②]

3. 兵九平八③　象3退1④
4. 兵八平七　卒1平2
5. 后兵进一⑤　象5进3⑥
6. 兵六进一⑦　将5平4
7. 兵四平五　士6退5
8. 兵三进一　将4平5
9. 兵三平四　士5退6
10. 兵四平五　将5进1
11. 兵七平八　象3退5
12. 兵八平七

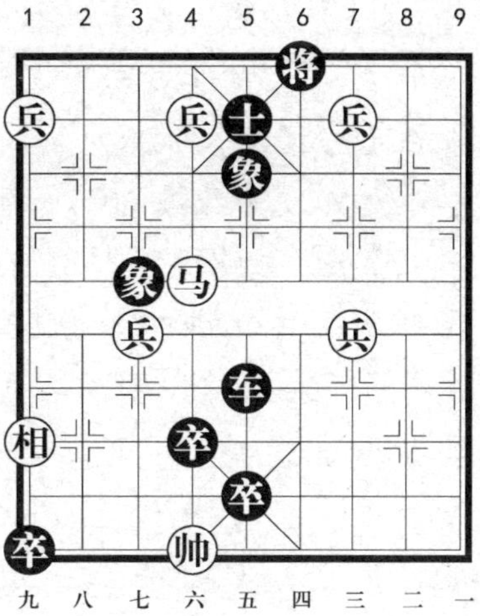

图11-1

和局（原谱着法，红兵遮中和）

注释：

①如改走前兵平四，则将6进1；马六退五（现代有的棋书认为这样走可以成和，其实黑方能胜），象3退1；兵九平八，士5进4；兵八平七，将6退1；后兵进一（如改走前兵进一，则象1退3；兵七进一，象5进3；兵六平五，象3退5；兵五平六，将6平5；兵六平七，象5进3，黑胜），象5进3；兵三进一，将6平5；兵六进一，将5进1；兵七平六，将5平4；兵三平四，将4退1；兵四平五，将4平5；相九进七，卒1平2；相七退九，象1退3；兵五进一，将5进1，黑胜。

②如改走士5退6，则兵四进一，将5平6；兵六平五，象3退1；兵九平八，红胜。

③如改走兵四进一，则将5平6；兵六平五，象3退1；兵九平八，士6退5；兵八平七，将6平5；前兵平六，士5进6；兵六平七，象5进3，黑胜（原谱变6着法）。

④如改走象5进7，则兵六进一，将5平4；兵四平五，象3退5；兵三进一，象5进7；兵七进一，士6退5；兵七平六，将4平5；兵六进一，士5进4；兵六平五，将5进1；兵八平七，和局（原谱变2着法）。

⑤如改走前兵平八，则象5进7；兵六进一，将5平4；兵四

平五，象7退9；兵八平七，士6退5；前兵平八，将4平5；兵八平七，士5进6；前兵平六，卒4进1；马五退六，卒5进1，黑胜（原谱变3着法）。

⑥如改走象1进3，则兵七进一，红胜（原谱变4着法）。

⑦图11-2形势，红方兵六进一，佳着！如改走兵四进一，则将5平6；兵六进一（原谱变5着法是兵六平五，象3退5；兵七平六，象1退3；兵六平七，士6退5；兵七平六，士5进6；兵六平七，将6平5；兵七平六，象5进3，黑胜），象3退5；兵七平六，将6进1；前兵平五，士6退5；兵六平七，将6进1；兵七平六，象5退7；兵三进一，将6平5；马五进四，将5平4；马四退五，将4退1；兵三平四，士5进6；兵五平四，象7进9；后兵进一，将4平5；后兵平五，象1退3，黑胜。

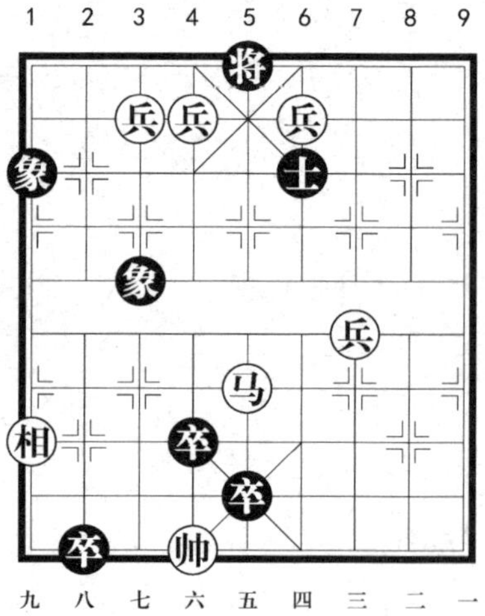
图11-2

第12局　单骑救主

《蕉竹斋象棋谱》97局本第72局“单骑救主”（图12-1），与上局“回马金枪”是同类型的江湖棋局。

着法：红先和

1. 前兵平六①	将5平4②	2. 马七退五	卒8平7
3. 相三退一	将4平5	4. 前兵平六	士5进6
5. 兵三进一③	象5进7	6. 兵四进一	将5平6
7. 兵六平五④	卒7平6	8. 马五退四	士6退5

9. 兵三平四　卒2平3[5]

10. 马四进五　后卒进1[6]

11. 兵四进一　将6平5

12. 相一进三[7]　前卒平4

13. 马五退六　卒5平4

14. 相三退五　卒4平5

15. 兵七进一　象7退5

16. 兵七平六　士5进6

和局（原谱着法）

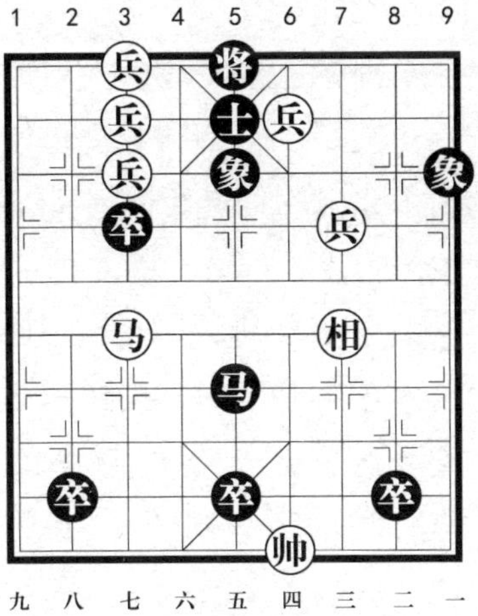

图12-1

注释：

①如改走马七退五，则卒8平7；相三退一，象5退3；前兵平六（原谱变8着法是兵三平四，士5进6；后兵平五，卒2平3；前兵平六，前卒平4；兵五进一，卒7平6；马五退四，卒4进1，黑胜），士5进6；兵四进一，将5平6；兵六平五，卒2平3；兵三进一，卒7平6；马五退四，士6退5；兵三平四，前卒平4；马四进五，卒4进1，黑胜（原谱变9着法）。

②如改走士5退4；则兵四进一，将5进1；马七进六，红胜（原谱变10着法）。

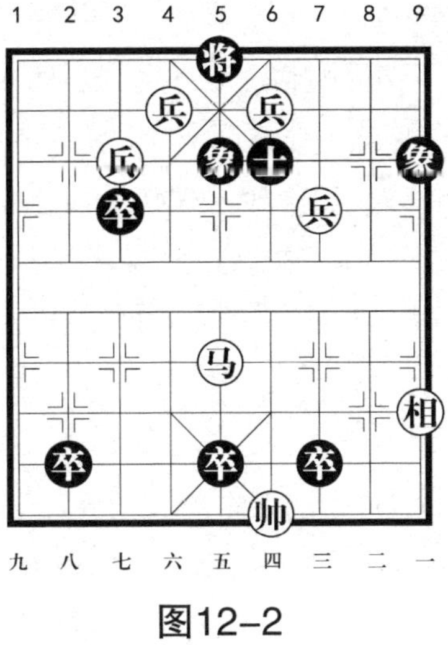

图12-2

③图12-2形势，红方兵三进一正确，另有两种着法均负，变化如下：

甲：兵七平六，象5进3；后兵平五，象3退5；兵三进一，象5进7；兵四进一，将5平6；兵六平五，卒7平6；马五退四，士6退5；兵三平四，卒5平6；帅四进一，士5进6；相一进三，卒3进1；相三退五，卒2平3；帅四平五，将6平5；帅五平四，前卒平4；帅四进一，卒4平5；相五进三，卒3进1，黑胜（原谱变4着法）。

乙：兵三平四，象5进3；后兵平五，象9进7；兵七进一，象3退1；兵四进一，将5平6；兵六平五，卒2平3；兵七平六，前卒平4；兵六进一，卒7平6；马五退四，士6退5；兵五平四，卒4进1，黑胜（原谱变5着法）。

④如改走兵六进一，则将6进1；兵三平四（如改走兵七平六，则卒7平6；马五退四，士6退5；后兵进一，卒5平6；帅四平五，士5退4，黑胜），将6平5；兵四进一，将5平4；兵七平八，卒2平3；兵八平七，前卒平4，黑胜。

⑤图12-3形势，黑如改走卒5平6，则帅四进一，卒3进1；兵四进一，将6平5；帅四平五，象7退5；兵七进一，卒3进1；兵七平六，士5进6；帅五平六，卒2平3；帅六进一，后卒平4；帅六平五，卒4平5；相一进三（原谱变6着法是帅五平六，卒5平4；帅六平五，象9进7；相一进三，卒4平5；帅五平六，卒5平4；帅六平五，卒4进1；相三退一，卒4平5；帅五平六，卒5平4；帅六平五，和局），象5进7；帅五退一（原谱变7着法是帅五平六，卒5平4，黑胜），卒5进1；兵四平三，将5平6；帅五平四，卒5平6；帅四平五，象9退7；兵三平二，卒6平5；兵二平三，卒5平4；相三退一，卒4进1；相一进三，卒3平4；帅五退一，象7退9；帅五平四，将6平5；帅四进一，前卒平5；帅四进一，象9进7；兵三平四，象7退9；兵四平三，和局。

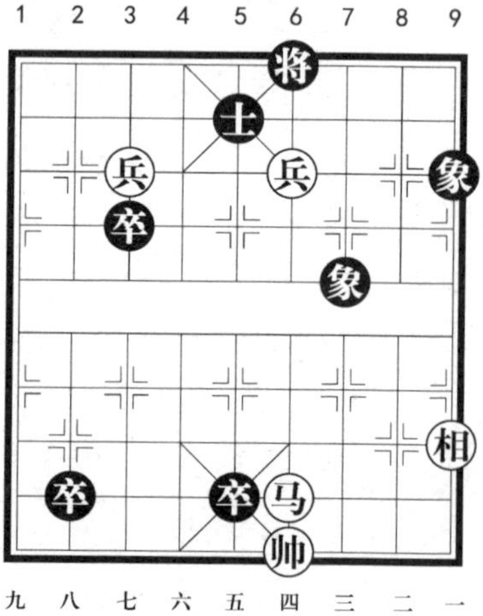

图12-3

⑥如改走士5进6，则马五退三，前卒平4；相一进三，卒3进1；相三退五，和局。

⑦如改走兵七进一，则前卒平4；马五退六，卒5平4；帅四平五（原谱变3着法是帅四进一，卒3进1；帅四进一，士5进6；兵七平六，卒3平4，黑胜），象7退5；兵七平六，士5进6；相一进三，卒3进1；帅五平四，卒4平5，黑胜（原谱变2着法）。

第13局　双蝶戏梅

《百变象棋谱》第40局“双蝶戏梅”（图13），是江湖系列棋局“双马保宫”的雏形，原谱和局，结论正确但着法不对。

着法：红先和

1. 兵四平五[①]　将5进1
2. 兵七平六　将5退1
3. 兵六进一　将5平6
4. 马三退四　卒2平3
5. 相七退九　象5进7
6. 相一进三　和局

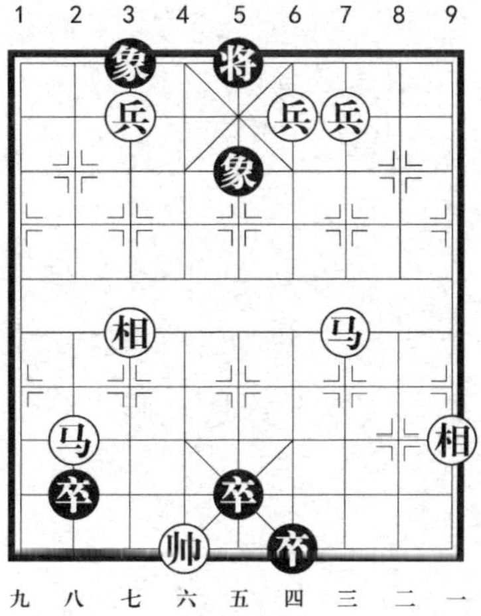

图13

注释：

①花心弃兵是现代排局家发现的唯一求和之着。红方另有两种着法均负，变化如下：

甲：兵四进一，将5平6；马三退四，卒2平3；相七退九，将6平5；相一进三，象5进3；相三退五，以下黑方有两种胜法：第一种：卒3平4；马八退六，将5平4；兵七进一，将4进1；相五进七，卒6平5；马四退五，卒5平4，黑胜。第二种：将5进1；原谱着法至此结束，误作和局，其实黑方还是胜局，红如接走兵七平六，则将5进1；兵三平四，卒3平4；马八退六，将5平4；相五进三，卒6平5；马四退五，卒5平4，黑方以一卒闷杀巧胜。

乙：马三退四，卒2平3；以下红方有三种着法均负，变化如下：

第一种：兵七平六，卒6平5；马四退五，卒5平4；马八退六，卒3进1，黑仅剩的一卒下底巧胜。

第二种：相七退九，象5进7；兵四进一，将5进1；兵三平四，将5进1；兵七平六，卒5进1；马四退五，卒6平5，黑胜。

第三种：兵四平五，将5进1；兵三平四（如改走兵七平六，则将5退1；兵六进一，将5进1；兵三平四，将5平6；相七退九，将6平5；相一进三，象5进3；相三退五，卒3平4；马八退六，将5平4；相五进三，卒6平5；马四退五，卒5平4，黑胜），将5退1；兵四进一，将5平6；相七退九，将6平5；相一进三，象5进3；相三退五，卒3平4；马八退六，将5平4；兵七进一，将4进1；相五进三，卒6平5；马四退五，卒5平4，黑胜。

《百变象棋谱》是于明朝嘉靖元年（1522）“按式重刊”的（成书的确切时间不详），祖龙氏编，收录了棋势70局，其中62局是和局，8局是红胜。

第14局　双马保宫

《蕉竹斋象棋谱》97局本第24局“双马保宫”（图14-1），江湖棋局，看上去红方双马一相三子防守严密，首着吃掉黑车，红方兵强马壮，必胜无疑。其实黑方三卒集结待命，只需老将一声令下即可发动总攻。红双马相难以保帅，全靠子弟兵浴血奋战，彻底阻挡黑将的助攻才保住家园。

着法：红先和

1. 相五进七① 卒2平3
2. 相七退九② 将6平5③
3. 前兵平四 士5进4
4. 兵七进一④ 象3进1⑤
5. 兵九平八⑥ 象5进7
6. 兵四进一⑦ 将5平6
7. 兵六平五 象7退5⑧
8. 兵三进一⑨ 象5进7
9. 兵七进一 士4退5
10. 兵七平六 将6平5
11. 兵八平七 士5退6
12. 兵六平五 将5进1
13. 兵五进一 象1进3
14. 兵七平六

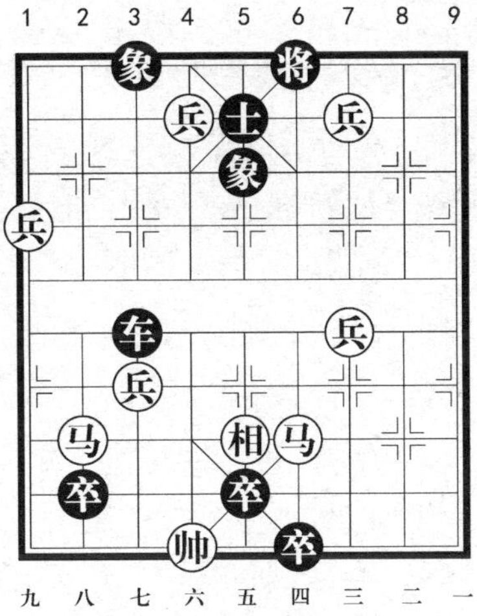

图14-1

和局（原谱着法，红兵遮中和）

注释：

①如改走兵七进一，则卒2平3；兵六平五，卒5平4；马八退六，卒3进1，黑巧胜。

②如改走兵六平五，则卒6平5；马四退五，卒5平4；马八退六，卒3进1，黑巧胜（原谱变9着法）。

③黑方另有两种着法，结果不同，变化如下：

甲：士5进4；兵六进一，士4退5；兵九平八，士5退4；兵八平七，象5进7；前兵平六，象7退9；兵七进一，象3进1，和局。

乙：士5进6；兵七进一，象5退7；前兵平四，将6进1；兵三进一，将6退1；兵三平四，将6平5；兵四平五，象7进5；兵五进一，象5进7；兵七进一，红胜。

④如改走兵九平八，则象5进7；兵四进一（如改走兵六进一，则将5平4；兵四平五，卒3平4；马八退六，士4退5；兵三进一，卒6平5；马四退五，卒5平4，黑胜），将5平6；兵六平五，士4退5；兵八平七（如改走兵三进一，则将6平5；兵

三平四，卒3平4；马八退六，将5平4；兵四平五，卒6平5；马四退五，卒5平4，黑胜），士5进6；前兵平六，将6平5；兵六平五，象7退9；兵七进一，象3进1；兵五进一，士6退5；兵五进一，将5进1，黑胜（原谱变5着法）。

⑤如改走象5进7，则兵四进一，将5平6；兵六平五，象7退5；兵三进一，象5进7；兵七进一，士4退5；兵七平六，将6平5；兵六平五，士5进6；兵九平八，和局（原谱变2着法）。

⑥图14-2形势，红方兵九平八正确，如改走兵九进一，则象5进3；兵四进一，将5平6；兵六平五，象3退1；兵三进一，士4退5；兵三平四，将6平5；兵四平五，士5退6；兵五进一，将5进1；兵五平六，卒6平5；马四退五，卒5进1，黑胜（原谱变6着法）。

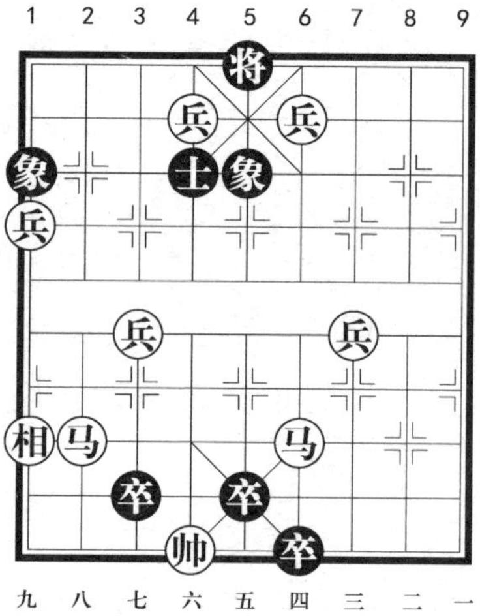

图14-2

⑦如改走兵六进一，则将5平4；兵四平五，卒3平4；马八退六，士4退5；兵三进一，卒6平5；马四退五，卒5平4，黑胜（原谱变7着法）。

⑧如改走士4退5，则兵七进一（原谱变4着法是兵三进一，将6平5；兵三平四，卒3平4；马八退六，将5平4；兵四平五，卒6平5；马四退五，卒5平4，黑胜），将6平5；兵七平六，士5退6；兵六平五，象7退9；兵八平七，和局（原谱变3着法）。

⑨如改走兵八平七，则士4退5；前兵平六，将6平5；兵六平五，士5进6；兵五进一，象1退3；兵七进一，象3进5；兵七平六，象5进7；兵六平五，象7退9；兵五进一，将5进1，黑胜（原谱变8着法）。

第15局　双马保家

《蕉竹斋象棋谱》97局本第36局“双马保家”（图15-1），与《湖涯集》第20局“一字长蛇”相同，是“双马保宫”类型的江湖棋局，红方起手弃车砍士不是一般人所能舍得的。

着法：红先和

1. 车六平五①　将5进1
2. 兵三平四②　将5退1
3. 相三退一③　象5进3
4. 兵四进一　将5进1
5. 前兵平六　将5进1
6. 前兵平六　将5平4
7. 兵七平六　将4退1
8. 兵四平三④　将4平5
9. 兵六平五　象3退1
10. 兵三平二　象7退9
11. 兵二平一　将5退1
12. 兵一平二

和局（原谱着法）

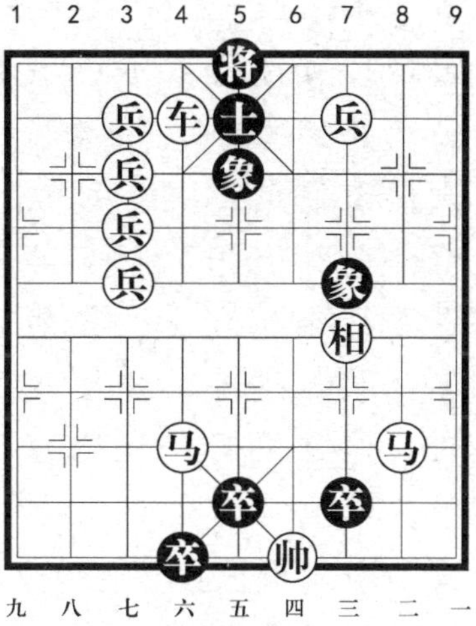

图15-1

注释：

①红方起手就弃车，佳着！另有两种着法均负，变化如下：

甲：兵三平四，卒4平5；马六退五，卒5平6；马二退四，卒7进1，黑巧胜（原谱变4着法）。

乙：相三退一，卒7平6；马二退四，将5平6；兵三平四，将6进1；车六平五，将6退1；车五进一，将6进1；车五退一，将6退1；车五退一，卒4平5；马六退五，卒5平6，黑巧胜（原谱变5着法）。

②红方另有两种着法，结果不同，变化如下：

甲：相三退一，将5退1；兵三平四，与原谱着法殊途同归，可以弈成和局。

乙：前兵平六，将5退1；兵六进一，将5平4；相三退一，将4平5；中兵平六，卒7平6；马二退四，将5平6；兵六平五，卒4平5；马六退五，卒5平6，黑胜。

③如改走兵四进一，则将5进1；前兵平六，将5平4；相三退一，将4平5；后兵平六，卒7平6；马二退四，将5平6；兵六平五，卒4平5；马六退五，卒5平6，黑胜（原谱变3着法）。

④图15-2形势，红方兵四平三正确，如改走兵六平五，则象7退9；兵四平五，将4平5；前兵平六，象3退1；兵六平五（原谱变2着法是兵五平六，卒4平5；马六退五，卒5进1，黑胜），将5退1；兵五进一，象1退3；兵五平六，卒4平5；马六退五，卒5进1，黑胜。

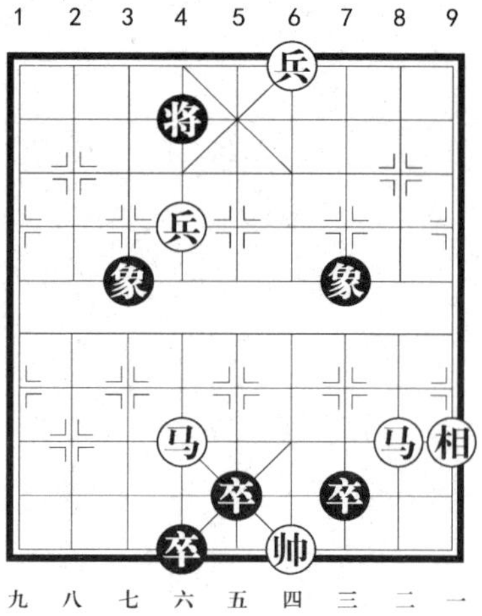

图15-2

《湖涯集》系手抄本，辑著者佚名，没有标明成书时间（应该略早于《蕉竹斋象棋谱》），内有残排局57局，以江湖棋局为主。杨明忠、魏子丹先生组织整理，于1976年油印成册。1991年河南科学技术出版社正式出版了《湖涯集象棋谱》（朱鹤洲、蒋权先生诠注）。

炮 类

第16局　私下三关

《适情雅趣》第416局“私下三关”（图16-1），与《橘中秘》残局谱第110局“炮兵攻单缺象”相同，红方巧运炮兵，以“铁门闩”杀着制胜。同型局有《韬略元机》卷一第36局“炮兵兴奇”、《百变象棋谱》第6局“各守封疆”、《百局象棋谱》第66局“单鞭救主”、《竹香斋象戏谱》三集第2局“倒卷珠帘”、《渊深海阔》第342局“临潼斗宝”及《神妙变化象棋谱》第25局“各守封疆”等。

清同治丙寅年（1866）出版的《神妙变化象棋谱》（辑著者佚名），收录棋势55局，其中36局与《百变象棋谱》中的棋局相同。

着法：红先胜

1. 炮二进二　卒2平3
2. 帅五进一　卒9进1
3. 兵六平七　卒9进1
4. 兵七进一　卒9平8
5. 炮二退二　象9退7
6. 炮二平八　象7进5
7. 炮八平五　前卒平7
8. 帅五进一　卒7平6
9. 帅五平六

红胜（原谱着法）

本局至第28局是炮（包括炮兵、双炮兵）在残局中的灵巧运用。

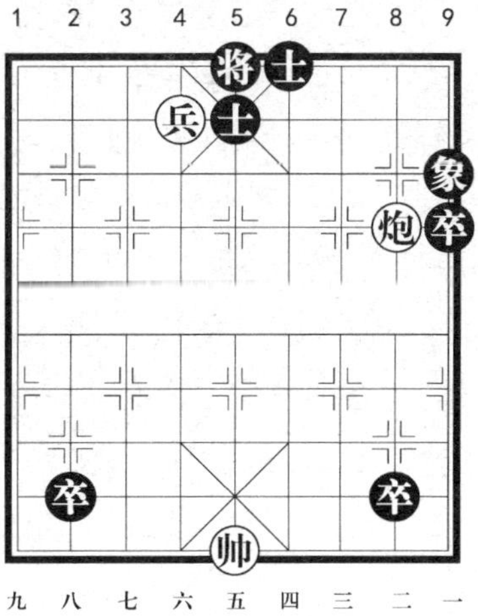

图16-1

炮在象棋攻子中属于长兵器，遥控力、攻击力与突击性强，残局中攻击力不如马，防守能力大于马。炮的残局定式有双炮仕或双炮双相胜士象全，双炮双仕胜马双士或马双象，双炮双仕能胜炮双士而难胜炮双象，炮低兵仕胜单缺士，炮低兵单缺仕胜单缺象，炮高兵单缺仕胜士象全，炮高兵双仕胜马士或马象，以及炮士或炮象、炮双兵仕相全胜炮双士，双炮兵胜马士象全或炮士象全，双炮高兵仕相全胜双马双士，双炮兵仕相全胜双马双象，双炮高兵双仕胜双炮双士，双炮高兵仕相全胜双炮双象，等等。古谱已经探索到炮残局的一些定式与攻防妙法，如单炮和炮双士、单炮和双炮、炮仕胜双士、炮双仕和车、炮双相和马卒、炮双相和车、炮双兵和车、炮高兵胜双士、炮高兵相胜双象、炮高兵相胜单炮、双炮和单车、双炮仕相全和双车等。现仅举四例予以介绍。

图16-2是《适情雅趣》第503局“兵马徒劳”及《橘中秘》残局谱第103局“马卒难胜炮双相”，实用残局。着法（红先和）：相五退七，原谱着法至此结束，黑如续走将5进1，则相七进五，马7退5；相五退七，马5退6；相七进五，马6进8；炮三退二，马8进9；炮三进一，马9进7；相五进七，马7退5；相七退五，马5进3；炮三退一，将5退1；相三退一，和局。

图16-3是《适情雅趣》第527局“守株待兔”的一个变化，炮双卒和单车的实用残局。着法（红先和）：帅四平五，将4退1；车五平八，将4进1；车八进二，将4退1；车八进二，卒4进1；车八平七，卒3平4；车七退一，将4进1；车七退一，将4退1；车七进二，前卒平5，和局。

图16-4是《蕉竹斋象棋谱》“小联吟” 的一个奇妙变化。着法（黑先胜）：炮7平5；炮二平三，象5退3；后炮进一，卒8进1；兵五平六，炮5平2；后炮平六，将4平5；炮六退四，卒2平3；炮六平五，将5平4；相九退七，炮2进4；炮五平六，将4平5，黑巧胜。

图16-5也是《蕉竹斋象棋谱》“小联吟” 的一个奇妙变化。着法（黑先胜）：卒8进1；后炮退二，炮5平2；兵五平六，炮2进3；前炮退二，卒2平3；后炮平六，将4平5；炮三平五，象

5退3；炮六平五，将5平4；后炮平六，将4平5；炮六平五，将5平4；前炮退五，卒8平7；帅四平五，炮2进1，黑巧胜。

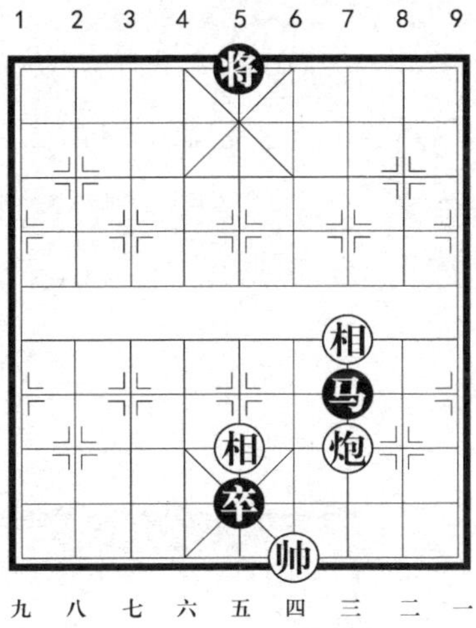

图16-2　（红先和）

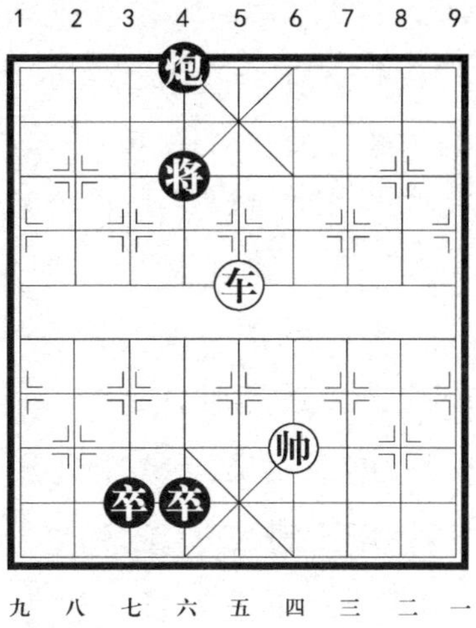

图16-3　（红先和）

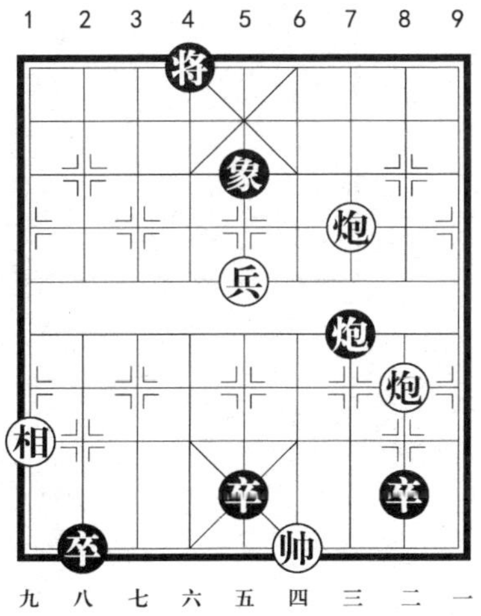

图16-4　（黑先胜）

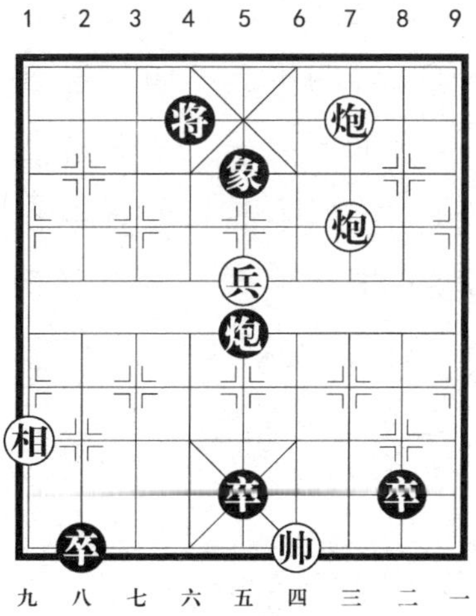

图16-5　（黑先胜）

第17局　一心向火

《适情雅趣》第429局“一心向火”（图17），与《橘中秘》残局谱第108局“炮兵能胜士象全（二）”、《韬略元机》卷三第43局“安用毛锥”、《竹香斋象戏谱》初集第76局“炮兵胜象士（一）”及《棋谱秘录》坤集第9局相同，红方先以“空头炮”控制黑方，最后形成“铁门闩”杀法。

着法：红先胜

1. 炮二平五　象1进3
2. 炮五进二　象3退1
3. 帅六平五　象1进3
4. 帅五平四　象3退1
5. 炮五平二　士6进5
6. 帅四平五　象1进3
7. 帅五退一　象3退1
8. 炮二平七　象3进5
9. 炮七平五　象1退3
10. 帅五平四

红胜（原谱着法）

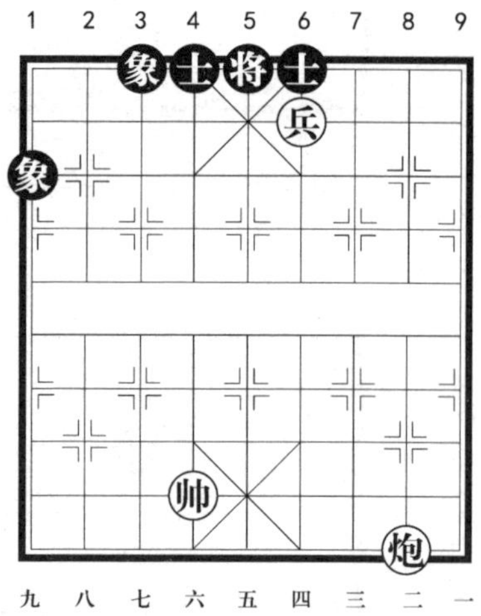

图17

第18局　踊跃用兵

《适情雅趣》第428局“踊跃用兵”（图18），与《橘中秘》残局谱第107局“炮兵能攻士象全（一）”、《竹香斋象戏谱》初集第77局“炮兵胜象士（二）”相同，黑方总是被“欠行”缠绕，红方巧胜。

着法：红先胜

1. 兵五进一　士5进4①
2. 炮二进九　士4退5
3. 帅六进一　士5进6②
4. 兵五平四　将5进1
5. 炮二退一　将5退1
6. 兵四进一　士6进5
7. 炮二平五　象7进9
8. 炮五退二　象9进7
9. 炮五平四　象7退9
10. 炮四平二　象9退7
11. 炮二进二

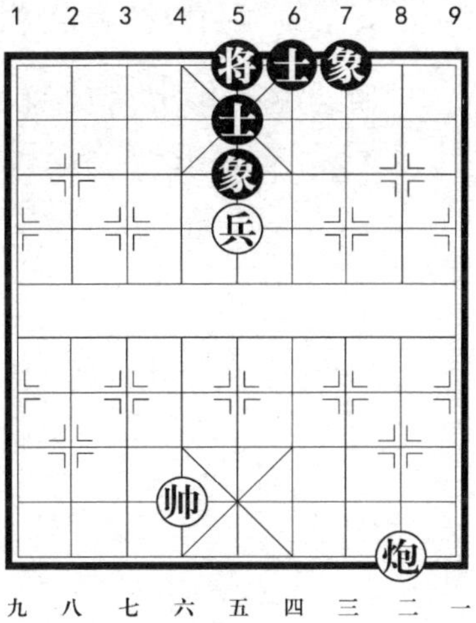

图18

红胜（原谱着法）

注释：

①如改走象7进5，则炮二平五，红巧胜。

②如改走士5退4，则帅六平五，士4进5；兵五进一，将5平4；帅五平四，红胜。

第19局　国富兵强

《适情雅趣》第442局“国富兵强”（图19），与《橘中秘》残局谱第120局“炮兵胜双士卒”、《竹香斋象戏谱》二集第52局“炮兵胜卒士”相同，红方智擒未过河之卒而胜。

着法：红先胜

1. 炮七平五　士6进5①　　2. 炮五平四　士5退6②
3. 炮四进一　将5进1　　4. 炮四平一　将5进1
5. 帅五平四　将5退1　　6. 兵五平六　将5退1

7. 兵六平七　士6进5
8. 兵七平八　士5进6
9. 炮一平七　士4进5
10. 炮七进二　将5平4
11. 炮七平九　将4平5
12. 兵八进一　卒1进1
13. 兵八平九　红胜

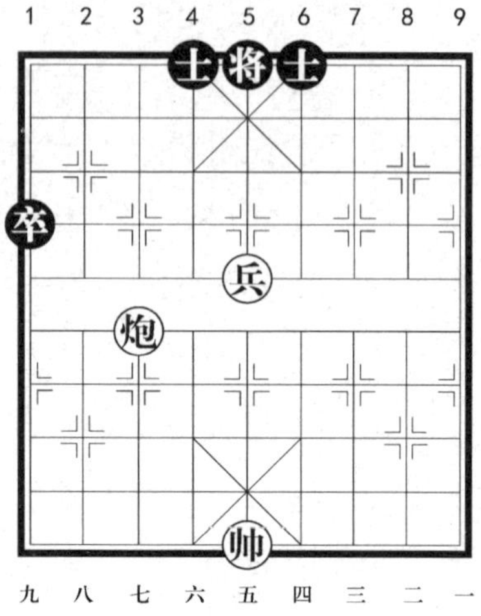

图19

注释：

①如改走士4进5，则炮五平三，士5退4（原谱变着是士5进4；炮三进一，红胜）；炮三进一，将5进1；帅五平四，将5退1；兵五平六，将5进1；兵六平七，将5退1；兵七平八，士6进5；炮三平七，士5进6；炮七进二，士4进5；炮七平九，将5平4；兵八进一，卒1进1；兵八平九，红胜。

②如改走卒1进1，则兵五平四，卒1进1；兵四进一（原谱着法是炮四退四，红也能胜），卒1平2；兵四进一，卒2平3；炮四进一，卒3平4；炮四平八，红胜。

第20局　孤生无倚

《适情雅趣》第456局“孤生无倚”（图20），与《橘中秘》残局谱第124局“炮兵相胜单炮”相同，红相助炮高兵建功。

着法：红先胜

1. 炮五平一　将6退1　　2. 相五进三[①] 将6进1
3. 炮一进六　将6退1　　4. 炮一平四　将6平5
5. 炮四退六　炮6进6[②]　　6. 兵五平四　将5退1
7. 兵四进一　炮6进1　　8. 兵四进一　炮6退1

9. 帅六退一　炮6平2
10. 相三退五　炮2平5
11. 炮四进一　炮5平4
12. 炮四平五　将5平4
13. 兵四平五　炮4进1
14. 炮五退一　炮4退3
15. 炮五平六　红胜

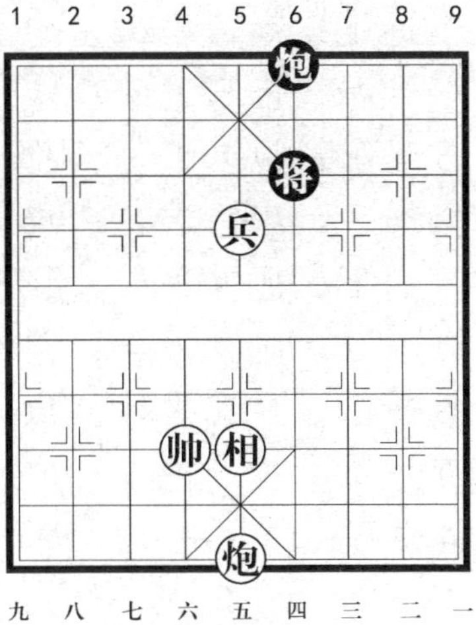

图20

注释：

①如改走炮一进二，则将6进1；相五进三，将6退1；帅六平五，将6平5（原谱着法是将6进1；炮一平四，炮6进7；兵五平四，将6退1；帅五平四，红胜）；帅五平六，将5平6；炮一退二，将6进1；炮一进六，与主着法弈至第3回合时的形势相同。

②如改走炮6进2，则炮四平五，将5平6；兵五平四，炮6平5；炮五平四，将6平5；兵四进一，炮5进4；炮四平五，炮5平6；帅六退一，将5退1；兵四进一，炮6平4；相三退五，将5平4；兵四平五，炮4退3；炮五平六，红胜。

第21局　华山隐士

《适情雅趣》第535局“华山隐士”（图21），与《橘中秘》残局谱第125局“炮卒有士难胜炮”相同，红方单炮游刃有余。

着法：红先和

1. 炮九平八[①]

和局（原谱着法）

注释：

①黑如接走炮4平1，则炮八平九，炮1进1；炮九平八，炮

1进1；炮八平七，炮1平2；炮七退一，士5进4；炮七平六，将5退1；炮六退一，将5退1；炮六进一，炮2退2；炮六平五，将5进1；炮五平六，将5退1；炮六平五，炮2平4；帅六平五，将5进1；帅五平四，炮4平6；炮五平一，将5进1；炮一进一，士4退5；炮一平二，和局。

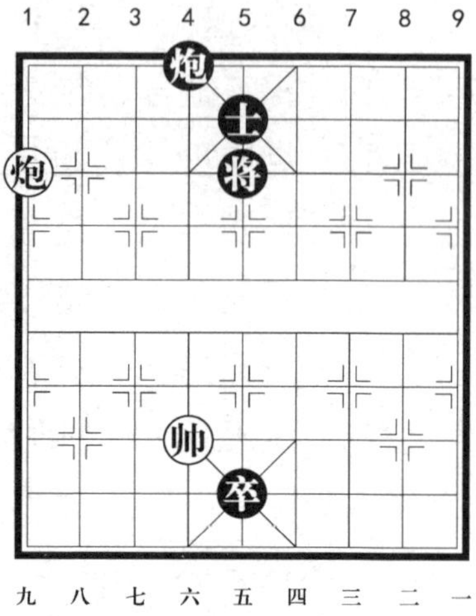

图21

第22局 残虏投降

《适情雅趣》第413局“残虏投降”（图22），与《棋谱秘录》坤集第17局类同，精巧残局，红方兵进底线再炮四进八，黑方立即瘫痪。

着法：红先胜

1. 兵八平七　将4退1
2. 兵七进一　将4进1
3. 炮四进八　卒7进1
4. 兵三进一　象9进7
5. 兵三进一　象7进9
6. 兵三平二　象9退7
7. 兵二进一　象7进9
8. 炮四平二[①]　红胜

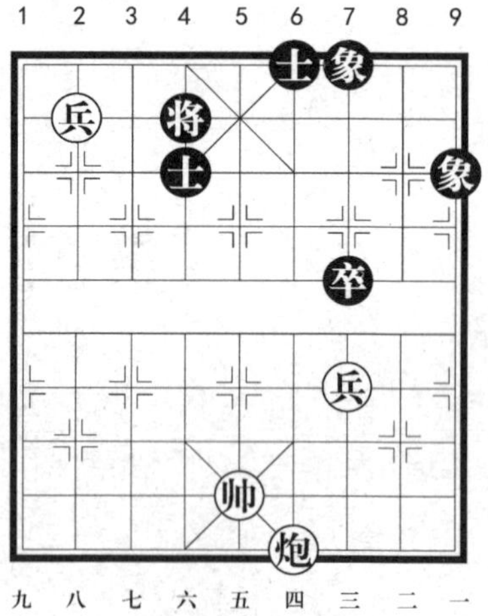

图22

注释：

①原谱着法是帅五进一，象9退7；兵二进一，象7进9；兵二平一，红缓胜。

第23局　良驹受困

《棋谱秘录》坤集第22局（图23），与《梦入神机》中的“良驹受困”类同，红方的杀法俗称“半边月”。

明代刊印的《梦入神机》，作者佚名，具体出版时间也不详，肯定早于《适情雅趣》，原为12卷，有800局左右，如今仅存卷一、卷二、卷三残本185局及卷七100局共285局，全是棋图，没有着法。残本中的285局有将近半数被《适情雅趣》收录。

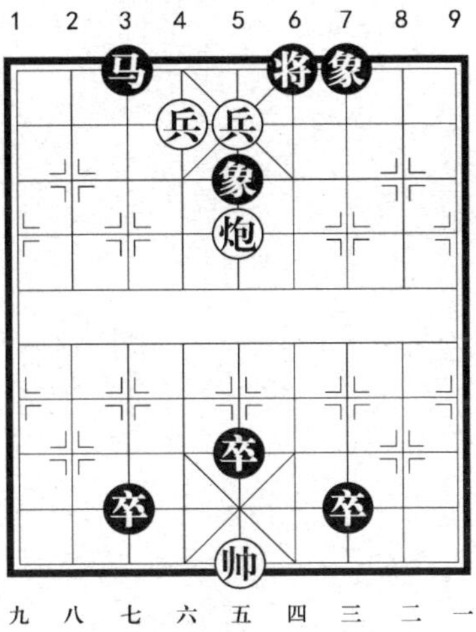

图23

着法：红先胜

1. 兵六进一　马3进4
2. 炮五平六　卒3平4
3. 兵六平五　马4退5
4. 炮六进三

红胜（原谱着法）

第24局　坐镇中军

《韬略元机》卷三第52局“坐镇中军”（图24），与《棋谱秘录》坤集第13局相同，源自《适情雅趣》第443局“济济多士”，红方兑炮后落仕，用老帅牵制黑方将与卒，红巧胜。

着法：红先胜

1. 炮八平四　炮 2 平 6
2. 炮四进二　卒 7 平 6
3. 仕四退五　将 6 退 1
4. 兵五进一

红胜（原谱着法）

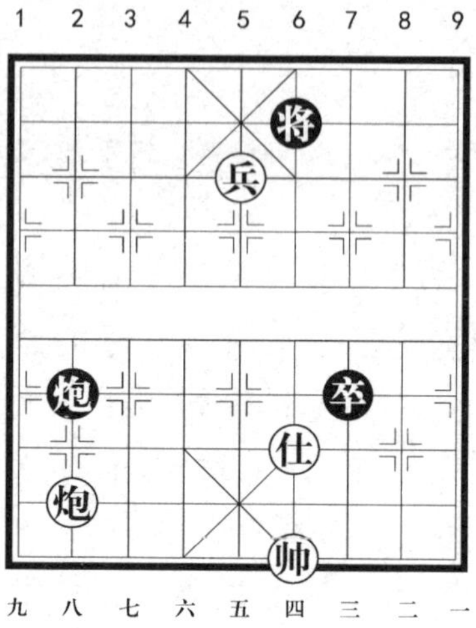

图24

第25局　老而不倦

《适情雅趣》第352局“老而不倦”（图25），炮双兵的杀法之一。

着法：红先胜

1. 炮二平四　士 6 退 5
2. 炮四平五　士 5 进 6
3. 兵六平五　将 5 平 4
4. 兵四进一　士 6 退 5
5. 炮五平六

红胜（原谱着法）

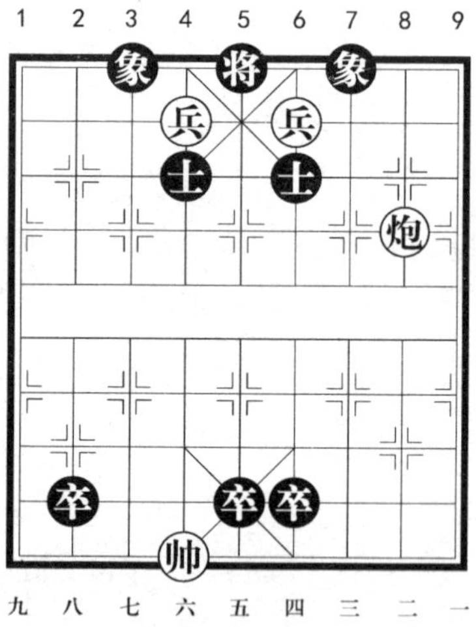

图25

第26局　观灯十五

《韬略元机》卷三第39局“观灯十五”（图26），与《渊深海阔》第343局“三刺焦兰”及《棋谱秘录》乾集第63局相同，红方炮双兵的运用很巧妙，同型局有《适情雅趣》第326局“退思补过”、《适情雅趣》第359局“四海一家”、《百变象棋谱》第62局“三箭定天山”、《竹香斋象戏谱》初集第40局“离钩半尺”、《渊深海阔》第180局“一醉岳阳”等。

着法：红先胜

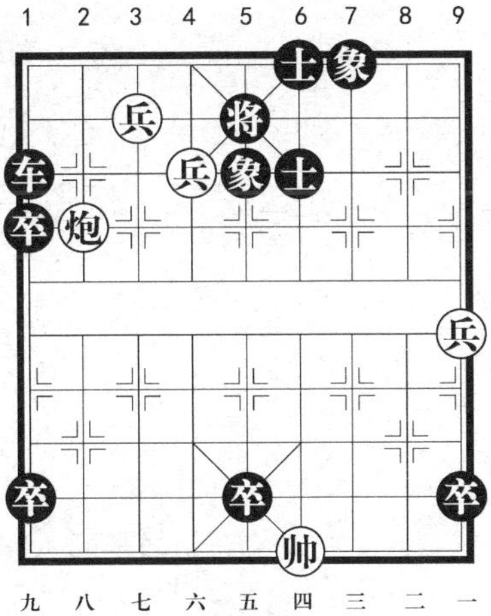

图26

1. 炮八平五　象5进3[1]
2. 兵七平六　将5退1
3. 后兵平五　士6进5
4. 兵五进一　将5平6
5. 兵六进一　车1退2
6. 兵六平五　车1平5
7. 炮五进三　象7进5
8. 炮五平六　卒9平8
9. 炮六退八　卒5平4
10. 帅四进一　后卒进1
11. 兵一进一　后卒进1
12. 兵一平二　后卒平2
13. 兵二进一　卒2平3
14. 兵二平三　卒3平4
15. 兵三进一　后卒平5
16. 兵三平四　卒5进1
17. 兵四进一　红胜（原谱着法）

注释：

①如改走将5平6，则兵七平六，象5进3（如改走车1平4，则兵六平五，士6进5；炮五平四，红胜）；后兵平五，车1平5；兵六平五，车5退1；炮五平四，红胜。

第27局　无路通垠

《梦入神机》中的“无路通垠”（图27），与《韬略元机》卷三第47局“晨星历落”类同，精彩的双炮兵杀局。

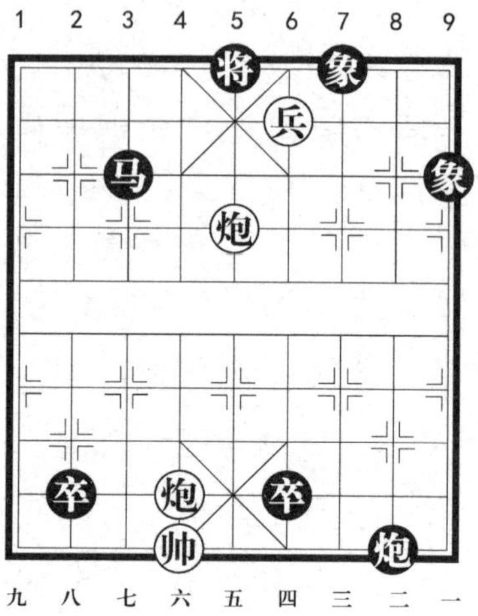

图27

着法：红先胜

1. 炮六平五　卒6平5
2. 炮五平二　卒5进1
3. 帅六进一　卒2平3
4. 帅六进一　马3进5
5. 炮二进三　红胜

第28局　时堪乘便

《适情雅趣》第370局“时堪乘便”（图28），精巧的双炮兵小杀局。

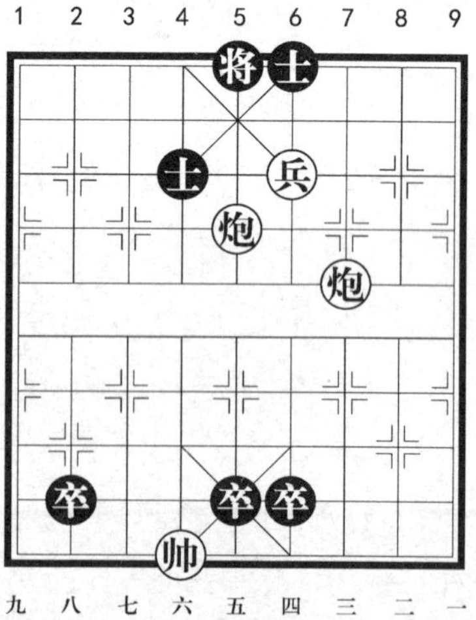

图28

着法：红先胜

1. 兵四进一　将5平4
2. 炮三进四　将4进1
3. 炮五平二　卒2平3
4. 炮三退一　将4退1
5. 炮二进三　士6进5
6. 兵四进一

红胜（原谱着法）

马炮类

第29局　仗剑鞭马

《适情雅趣》第493局“仗剑鞭马”（图29-1），原谱着法错误，林幼如前辈发现红方可以巧胜。

着法：红先胜

1. 马七进五　将4进1
2. 马五退四　将4退1
3. 马四进二　将4进1
4. 炮一退一　将4退1
5. 马二进四　红胜

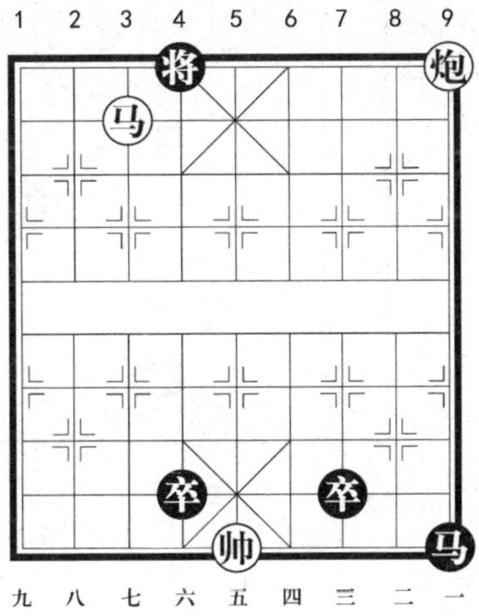

图29-1

本局至第44局介绍马炮（包括马炮兵、双马炮、双炮马、双马双炮等）在残局中默契配合所产生的作用。

马炮联手具有较强的攻击力，残局定式有马炮胜炮双士、马炮单缺仕胜炮单缺象、马炮仕相全胜马士象全但不能胜炮士象全、马炮单缺仕胜炮单缺士、马炮仕相全胜炮单缺象、马炮高兵仕相全胜马炮单缺士、马炮兵仕相全胜马双卒士象全、马炮低兵仕相胜双马双士、马炮兵仕相全胜炮双高卒士象全、马炮高兵仕相全胜双炮双士、马炮低兵仕相全胜马炮卒士，等等。古谱探索到的马炮残局有马炮和单车、马炮仕相全和车马、马炮仕相全和双车等定式与攻防妙法。现仅举四例予以介绍。

图29-2是《适情雅趣》第542局“野马脱绊”及《橘中秘》第

92局“一车难破马炮”，实用残局。着法是马三进四，原谱着法至此结束，黑方如续走车5退5，则马四退三，车5进6；帅六退一，将5平6；马三进四，车5平8；马四退三，车8平6；马三进二，和局。

图29-3是《适情雅趣》第471局“公私安堵”及《橘中秘》第3局“双车难破马炮仕相全”，实用残局。着法是炮六平七，原谱着法至此结束，黑方如续走车7平6，则炮七进一，车5进1；炮七平四，车5平4；炮四进五，车4平7；炮四平六，车7进2；帅五平六，车7退3；炮六退四，车7平4；帅六进一，和局。

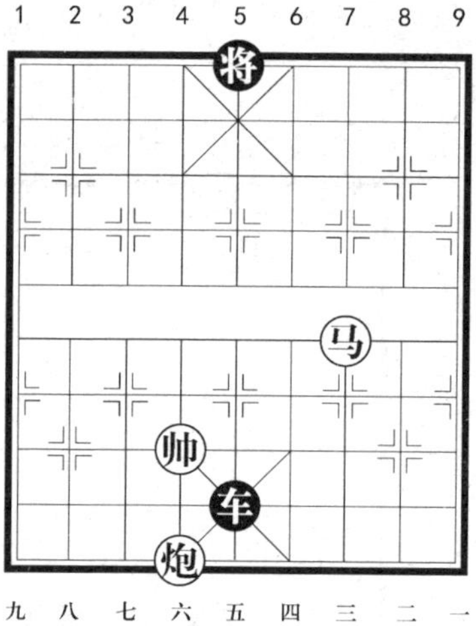

图29-2 （红先和）

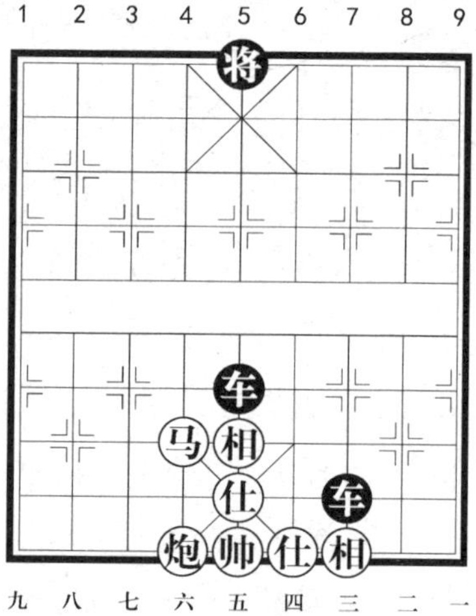

图29-3 （红先和）

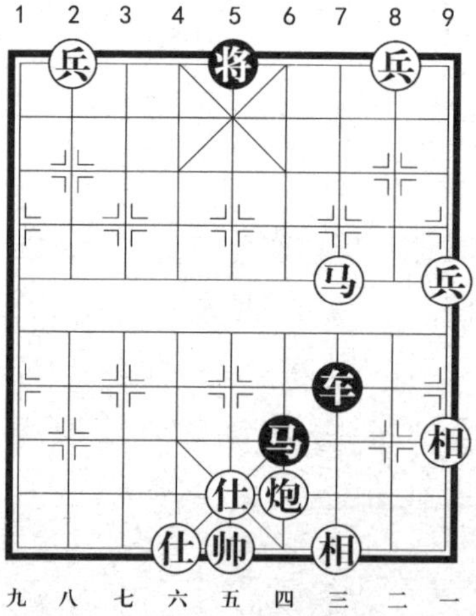

图29-4 （红先和）

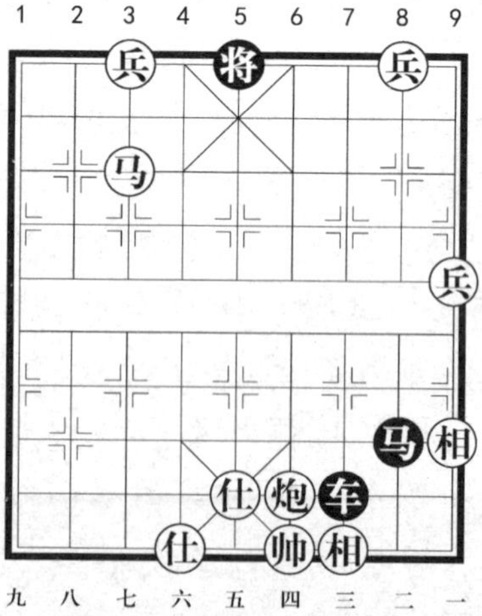

图29-5 （红先胜）

图29-4是《蕉竹斋象棋谱》“泥马渡康王”的一个变化，着法是马三进四，将5进1；马四退六，将5退1；兵二平三，车7平6（如改走车7退4，则兵三平四，将5平4；仕五进四，红胜）；兵八平七，马6退8；帅五平四，马8退9；马六退五，将5进1；马五退四，车6平3，和局。

图29-5也是《蕉竹斋象棋谱》“泥马渡康王”的一个变化，着法是炮四进一，将5平6；马七退五，车7退2；兵七平六，车7退5；炮四进六，马8退6；炮四平八，车7平2；兵二平三，红巧胜。

第30局　周旋中矩

《梦入神机》中的“周旋中矩”（图30），红方巧运马炮做成绝杀。

着法：红先胜

1. 炮九平三　将5平4
2. 炮三进五　将4进1
3. 马九退七　将4进1
4. 炮三退一　士5进6
5. 炮三平九　炮9进1
6. 马七进八　红胜

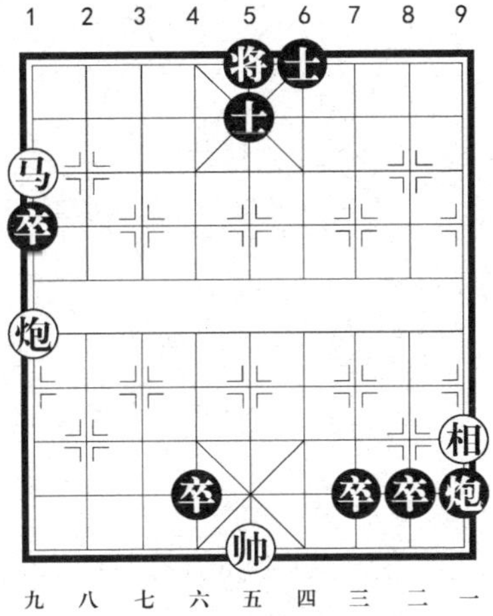

图30

第31局　一骑困魏

《适情雅趣》第285局“一骑困魏”，精巧小杀局，原棋图漏印黑方8路马，现已补正（图31）。

着法：红先胜

1. 马五进六①

红胜（原谱着法）

注释：

①黑如续走卒5平4，则帅六平五，车1进3；兵三进一，将6进1；炮五平四，车1平6；马六退五，红胜。

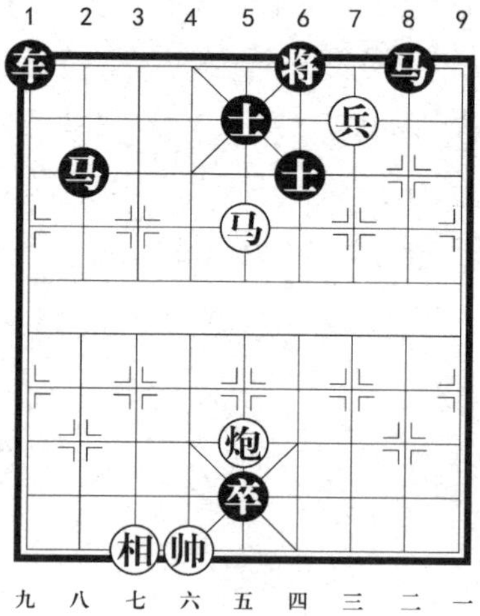

图31

第32局　退一步胜

《梦入神机》中的“退一步胜”（图32），红炮“以退为进”形成绝杀。

着法：红先胜

1. 马四退六　将5进1
2. 炮五退一　卒2平3
3. 兵四平五　将5平4
4. 炮五进一　红胜

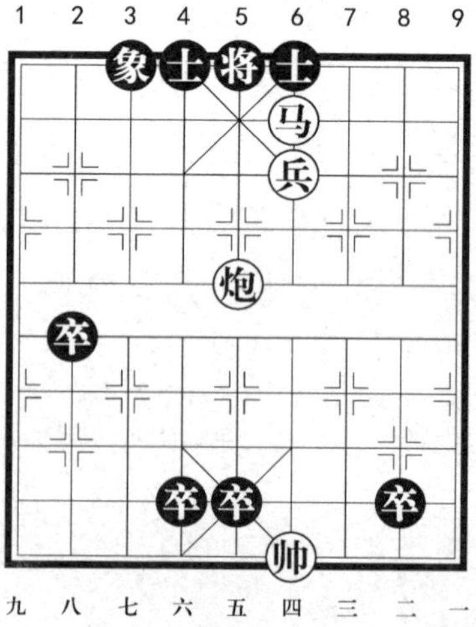

图32

第33局　石燕拂云

《适情雅趣》第346局“石燕拂云”，马炮兵小杀局，原棋图漏印黑方后卒，现已补正（图33）。

着法：红先胜

1. 炮二进三　象9退7
2. 兵四平五　将5平4
3. 炮二平四　后炮平8
4. 马三进五

红胜（原谱着法）

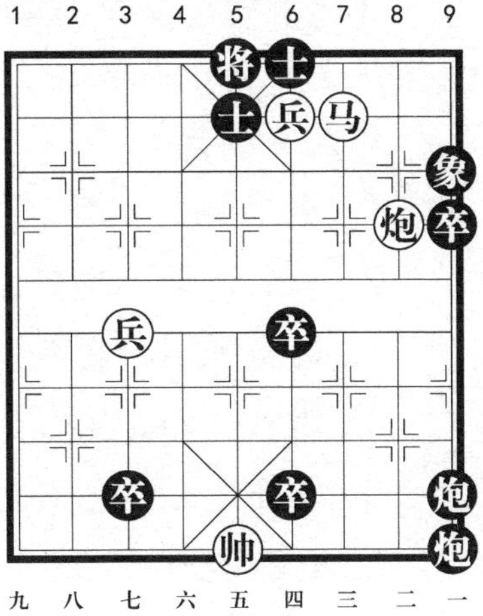

图33

第34局　动中有静

《适情雅趣》第417局“动中有静”（图34），红方首着平炮使黑方双士均不能动，乃是获胜关键之着。

着法：红先胜

1. 炮一平七　卒2平3
2. 兵二平三　卒3进1
3. 炮七平四　士6退5
4. 兵三平四

红胜（原谱着法）

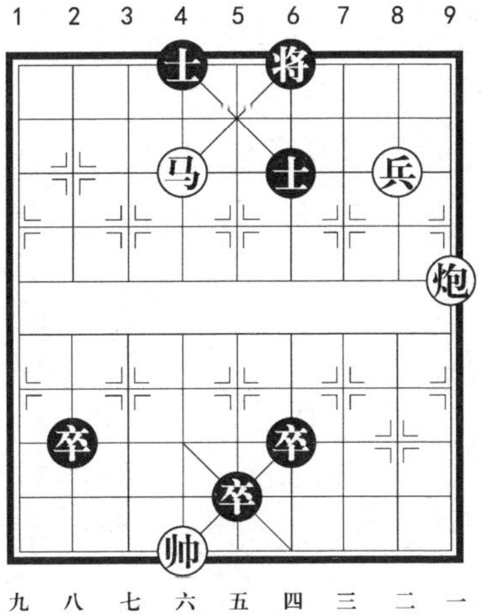

图34

第35局　四面设网

《适情雅趣》第374局“四面设网”（图35），红方马炮充分利用了黑士的弱点而奏凯。

着法：红先胜

1. 炮五平七　炮2平4[①]
2. 马七退五　将6退1
3. 马五进三　将6进1
4. 炮七进四　士6退5
5. 马三退五　将6进1
6. 马五退三　将6退1
7. 马三进二　将6进1
8. 炮七退一　士5退6
9. 炮七平一

红胜（原谱着法）

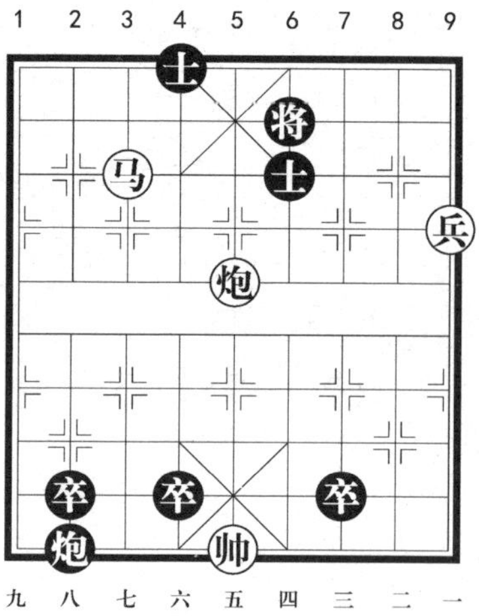

图35

注释：

①如改走士6退5，则马七退五，将6进1；马五退三，将6退1；马三进二，将6进1；炮七平四，红胜（原谱变着）。

第36局　三将夺关

《适情雅趣》第315局“三将夺关”（图36），红方首着超凡！同型局有《韬略元机》卷二第21局“香风穿柳”、《渊深海阔》第85局“负荆请罪”、《竹香斋象戏谱》初集第14局“竹外横枝”等。

着法：红先胜

1. 前兵平二　士5进4[1]

2. 炮一进五　将6进1

3. 兵二平三　将6进1

4. 马四退三　象5进7

5. 马三进五　将6平5

6. 炮一退五　将5退1[2]

7. 炮一进四　将5进1

8. 马五进三　将5平6

9. 炮一退四

红胜（原谱着法）

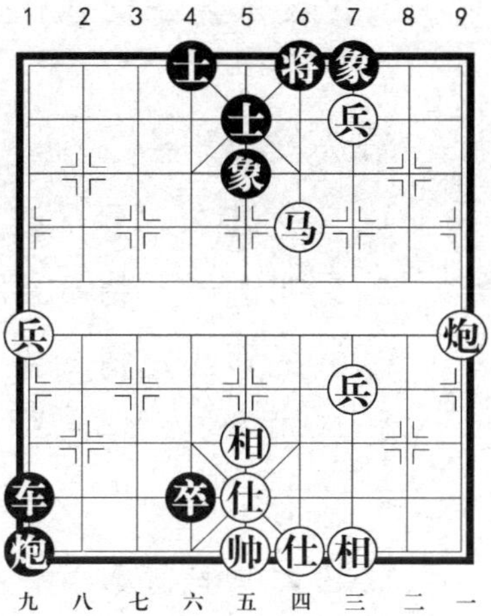

图36

注释：

①黑方另有三种着法均负，变化如下：

甲：将6平5；炮一进五，士5退6；马四进六，将5进1；炮一退一，红胜。

乙：象5退3；炮一进五，象7进5；兵二进一，象5退7；兵二平三，将6进1；马四进二，将6进1；炮一退二，红胜。

丙：士5进6；炮一进五，将6进1；马四进六，士6退5；兵二平三，将6进1；马六退五，红胜。

②如改走车1退3，则相五进七，车1退2；炮一平五，车1平5；炮五进二，红胜定。

第37局　匹夫逞志

此局名借用《韬略元机》中的局名“匹夫逞志”命名。《棋谱秘录》坤集第48局（图37），比《韬略元机》卷四第42局“匹夫逞志”棋图少红方四路底仕，红方起手马借帅力跳到黑将身旁是冷着。

着法：红先胜

1. 马八进六　卒6进1

2. 兵四进一　将5平6

3. 兵三平四　将6平5

4. 兵四平五　将5平6

5. 兵五平四

红胜（原谱着法）

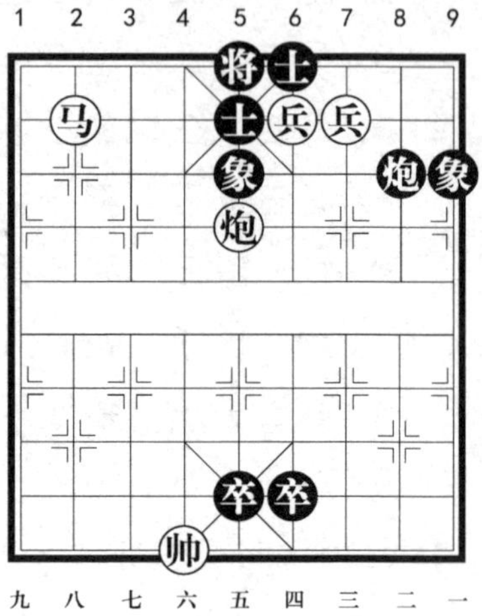

图37

第38局　良马六之

《韬略元机》卷四第3局“良马六之”（图38），马炮妙杀小局，红方堵塞黑炮闷宫杀。

着法：红先胜

1. 马四进二　炮6退2

2. 马二退四　炮6进3

3. 马四进二　炮6退3

4. 马二退四　炮6进9

5. 马四进二　炮6退9

6. 马二退四

红胜（原谱着法）

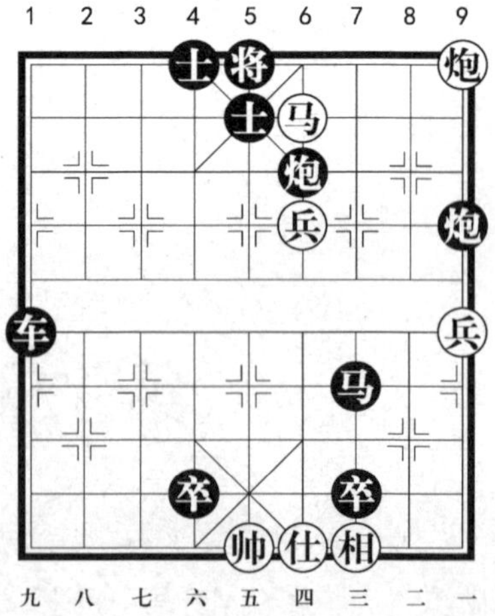

图38

第39局　狭路短兵

《韬略元机》卷四第27局“狭路短兵”（图39），与《适情雅趣》第19局“遁世不见”类同，红炮回头打卒，红仕建奇功。

着法：红先胜

1. 马九进八　将4进1
2. 炮九进四　马3退1
3. 马八退六　将4进1
4. 炮六退五　将4平5
5. 兵四平五　将5平6
6. 炮六平四　炮6平4
7. 仕五进四

红胜（原谱着法）

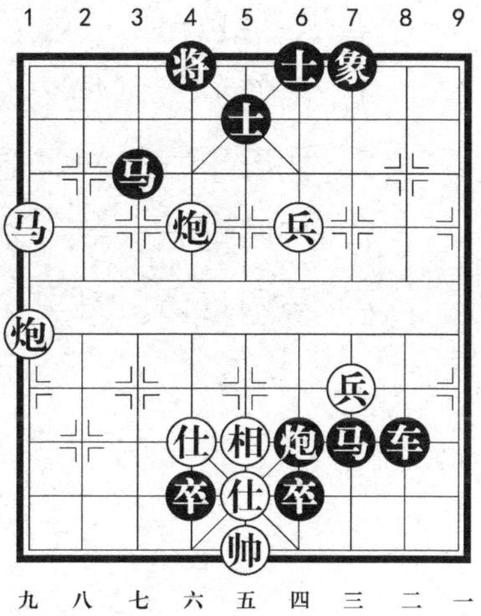

图39

第40局　追风莫御

《韬略元机》卷三第54局“追风莫御”（图40），与《棋谱秘录》坤集第15局相同，第2回合红方炮七平六贴黑将，此时黑方大势已去。

着法：红先胜

1. 炮七进二　炮2退2
2. 炮七平六　士5退4
3. 兵三平四　车9进7
4. 马九进七

红胜（原谱着法）

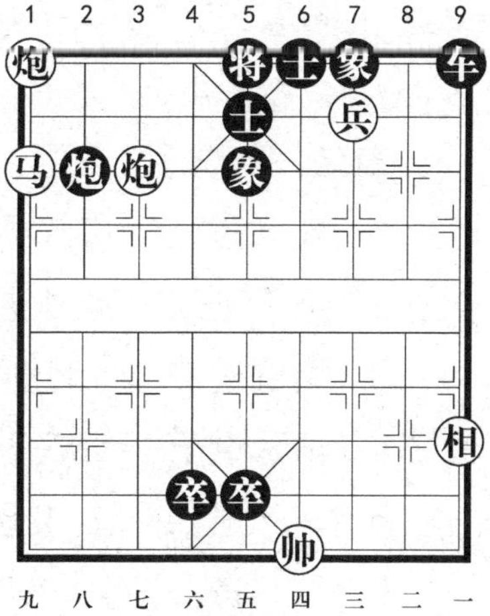

图40

第41局　劣马奔泉

《梦入神机》中的“劣马奔泉”（图41），红弃双兵闷杀黑将。

着法：红先胜

1. 兵四平五　炮5退2
2. 兵五平六　车4退7
3. 炮四进一　炮5进2
4. 马四进五　红胜

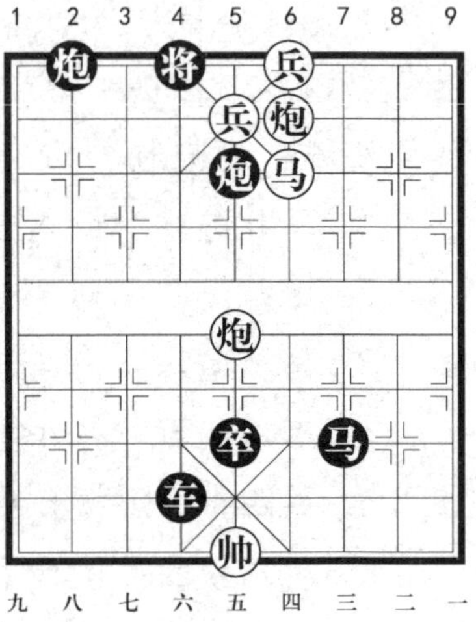

图41

第42局　深入虎穴

《韬略元机》卷四第46局“深入虎穴”（图42），与《渊深海阔》第348局“马跳围墙”相同，红炮进驻黑方大堂，红马奔袭，里应外合，势不可当。

着法：红先胜

1. 马八进六　将5平6
2. 炮五进三　士5进4
3. 炮五进二　士4退5
4. 马六进五　士5进4
5. 马五退四　士4退5
6. 马四进二

红胜（原谱着法）

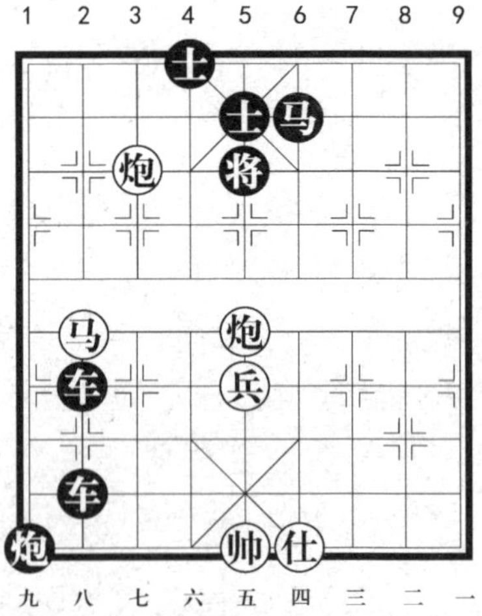

图42

第43局　骏骑追风

《适情雅趣》第72局“骏骑追风”（图43），红方双马双炮联合作杀，原谱着法不准确，象棋软件给出的精确胜法如下：

着法：红先胜

1. 马一退三　将5平4
2. 马九进八　将4进1
3. 马三退五　士5进6
4. 马五退七　将4平5
5. 马七退五　将5平4①
6. 马五进四　象7进5②
7. 马八退七　将4退1
8. 炮一进一　士6进5
9. 马四进三　士5退6
10. 马七进五　将4进1
11. 马五退七　将4平5③
12. 马七退五　将5平6
13. 马三退二　红胜

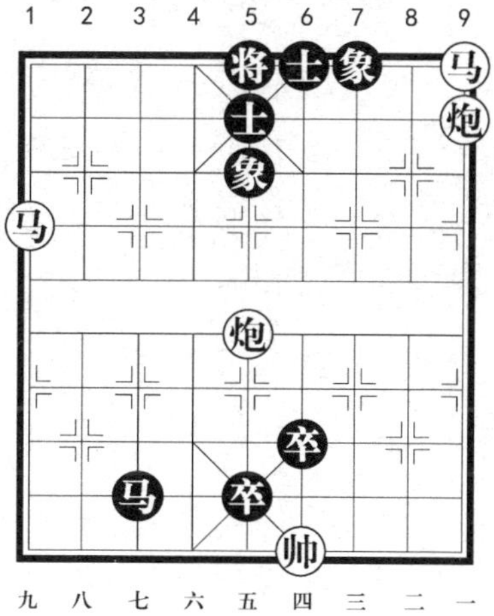

图43

注释：

①如改走象7进5，则马五进三，将5平4（如改走象5退7，则马三进二，将5进1；马八退七，将5平4；马七退五，红胜）；马八退七，将4退1；马三进五，士6进5；马七进八，将4平5；马八退六，将5平6；炮五平四，红胜。

②如改走将4平5，则马四退六，将5退1；炮一平五，象7进5；马六进四，红胜。

③如改走4进1，则马七退五，将4退1；马三退四，红胜。

第44局　双骥驱雷

《韬略元机》卷四第32局“双骥驱雷”（图44），与《适情雅趣》第79局“四七并列”、《渊深海阔》第98局“比射争袍”及《棋谱秘录》乾集第55局类同，是双马炮连照杀的佳作。

着法：红先胜

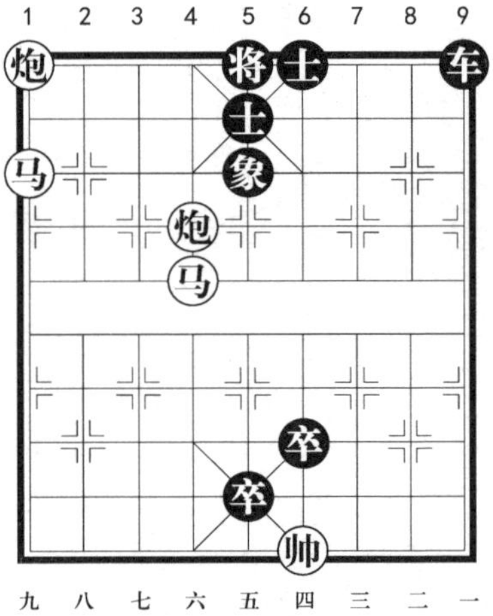

图44

1. 炮六进三　将5平4
2. 马九进八　象5退3
3. 马八退七　将4进1
4. 马七退五　将4进1
5. 马五退七　将4退1
6. 马七进八　将4进1
7. 马八进七　将4退1
8. 马七退八　将4退1
9. 马六进七　将4平5
10. 马八进七　士5退4
11. 前马退六　将5进1
12. 马六退五①　将5平6②
13. 马五进三　将6进1
14. 炮九退二

红胜（原谱着法）

注释：

①可以走马六退七，将5平6；后马进五，将6进1；炮九退二，红胜（《适情雅趣》“四七并列”着法）。

②如改走将5平4，则马五进四，将4进1；炮九退二，红胜。

车　类

第45局　束手就系

此局名借用《适情雅趣》中的局名“束手就系”命名。《棋谱秘录》坤集第23局（图45-1），与《适情雅趣》第434局“束手就系”、《橘中秘》第56局“一车能破士象全”、《竹香斋象戏谱》初集第73局“车破双士象”实质相同，红方抓住黑方老将在外与象位不正的弱点巧胜。

着法：红先胜

1. 车八进一　将4进1
2. 车八平九　将4进1①
3. 车九退一　士5进6②
4. 车九平八　士6退5
5. 帅五进一③　象3退5
6. 车八退一　将4退1
7. 车八平九　象5进7
8. 车九平三　红胜

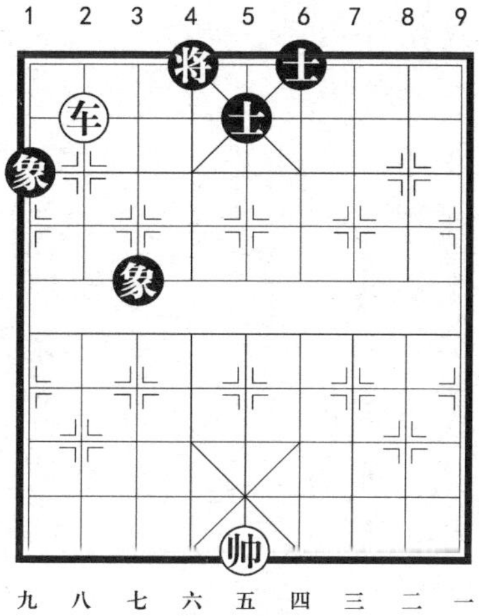

图45-1

注释：

①如改走士5退4，则车九退一，将4进1；车九平八，士4进5；帅五进一，红胜。

②如改走象1退3，则车九退二，将4退1；车九平六，士5进4；帅五平六，士6进5；车六平七，象3退1；车七进二，将4退1；车七平五，红胜。

③精妙的“等着”！原谱着法是车八退二，将4退1；车八平

六，士5进4；帅五平六，士6进5；车六平八，象1退3；车八进二，将4退1；车八平五，红缓胜。

本局至第64局展现的是车（包括车兵、双车、双车兵）在残局中的英姿。

车是象棋攻子当中力量最大的，为长兵器，在残局中，有“一车十子寒”之说。车的残局定式有车底兵胜双马或双炮及马炮，车低兵仕胜车双象，车高兵胜马士象全但难胜炮士象全，车高兵胜马炮双士或马炮双象，车高兵仕胜车士，车双高兵胜双马士象全或双炮士象全及马炮士象全，车双低兵胜车单缺士或车单缺象，双车胜双马士象全，双车胜车马双士但难胜车炮双士，双车胜车炮双象，等等。古谱已经探索到车残局的一些定式与攻防妙法，如单车胜马双士难胜炮双士、单车占中和车底卒或车炮、车仕和车卒、车相和车炮占中，车双仕和车马、车底兵占中胜单车、车高兵胜双卒士象全、车兵仕相全胜车卒、车仕相全和双车，双车难胜马炮士象全或双炮士象全，等等。现仅举四例予以介绍。

图45-2是《橘中秘》残局谱第14局“车马难胜车双仕”，实用残局。着法是车六进二，原谱着法至此结束，黑如续走马7进5，则车六退二，车5退1；车六进七，将5进1；车六退一，将5退1；车六退六，马5退4；车六进一，马4退2；车六进六，将5进1；车六退一，将5退1；车六退五，车5平3；车六平五，将5平6；帅六平五，马2进3；仕五进六，马3退5；仕六退五，马5退7；车五平三，将6平5；车三平五，将5平4；仕五退六，车3平4；仕四退五，黑方无士象，不能放手进攻，和局。

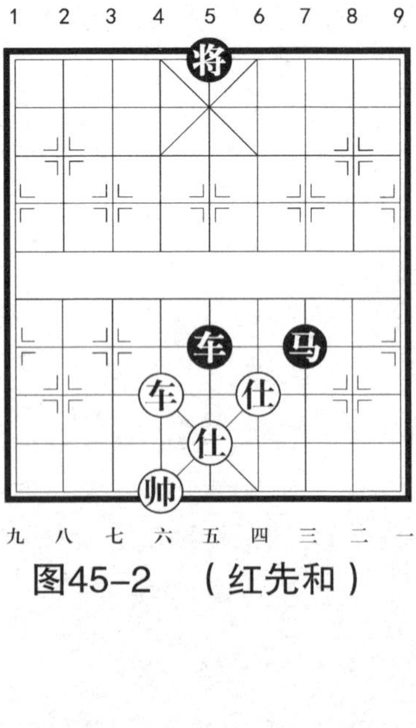

图45-2 （红先和）

图45-3是《竹香斋象戏谱》二集第50局“单车捽马”（后局），原按语“单车捽马，随在决胜，然必

赶马在无士一边，方好趁照取士”，指出了单车胜马双士的要诀。着法是帅六平五，将5平6；车九退四，马4退3；车九平四，将6平5；车四进三（原谱着法是帅五平六，变化较多，红缓胜），马3进1；车四平八，马1退3；车八平七，马3进1；车七进一（可以走车七平八，马1退3；车八平七，马3进1；车七平八，双方不变，国内现行规则为红胜。现在走车七进一是不按规则的取胜方法。假如此时黑方还有9·7位、8·7位双卒，黑方就必须用车七平八的走法才能取胜），马1进2；车七退二，马2退1（如改走马2进1，则车七平二，将5平6；车二进三，将6进1；车二退五，马1退3；车二平四，士5进6；帅五平四，士4进5；车四平三，士5进4；车三进三，士4退5；车三进一，将6退1；车三平五，红胜）；帅五平四，士5退6（如改走士5进6，则车七平九，马1退3；车九平一，士4进5；帅四平五，红胜）；车七平四，士6进5；车四平三，士5退6；车三进三，士4进5；帅四平五，以下黑方有三种着法均负：

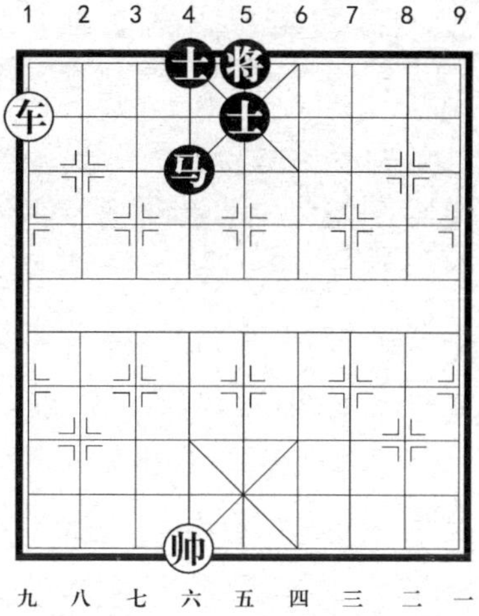

图45-3 （红先胜）

甲：马1进3；车三退三，马3进4；车三平七，马4退5；车七进三，士5退4；车七退二，红胜。

乙：马1进2；车三退五，将5平4；车三平八，马2退4；车八进五，将4进1；帅五平六，红胜。

丙：马1退3；车三退二，将5平4；车三平九，将4进1；帅五进一，马3进4；帅五平六，将4退1；车九进二，将4进1；帅六退一，红胜。

图45-4是《适情雅趣》第441局“三军夺帅”，单车巧胜三卒的实用残局。原谱棋图中有红三·一位相（冗子），现已删去。着法是帅六平五，卒6平7；车五平三（可以走车五平四，将6平

5；车四平三，卒7平8；帅五平四，将5进1；车三平五，将5平4；帅四平五，卒8平7；车五平六，将4平5；车六退三，卒7平6；车六进一，将5退1；帅五平六，将5平6；车六平五，将6进1；帅六平五，将6退1；车五平四，将6平5；车四退一，红亦胜），卒7平8；车三平四，将6平5；帅五平四，卒8平7；车四平五，将5平4；帅四平五，卒7平6；车五平六，将4平5；车六退三，红胜。

图45-5是《韬略元机》卷四第7局“饿死台城”中一个红方巧胜的变化。着法是车四平二，车4平6；帅四平五，车6平5；帅五平六，车5平6（如改走士5退6，则兵六进一，将5进1，车二进四，红胜）；车二进四，车6进7；帅六进一，车6平5；兵六平五，车5退8；车二进一，红胜。

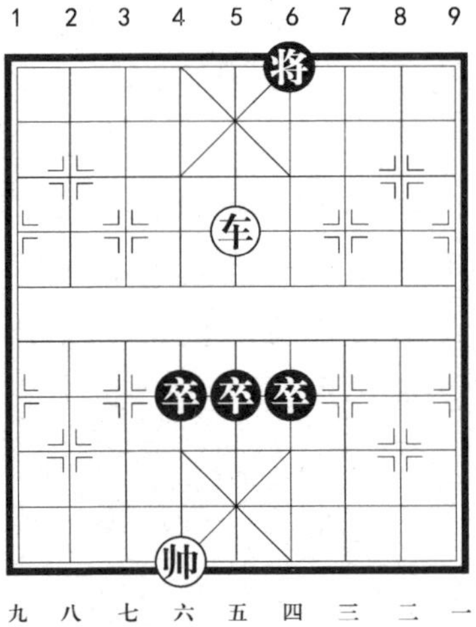

图45-4　（红先胜）

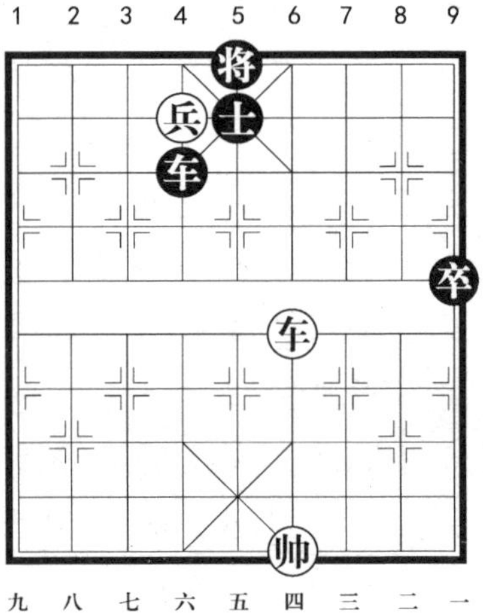

图45-5　（红先胜）

第46局　影不离形

《适情雅趣》第508局“影不离形”（图46），红车跟住黑炮并控制黑车抬头，成为罕见的巧和。

着法：红先和

1. 帅五进一[①]

和局（原谱着法）

注释：

①黑如接走炮4进6，则车七退六，炮4退2；车七进二，车4进2；车七进六，车4退2；车七退六，炮4退2；车七进二，和局。

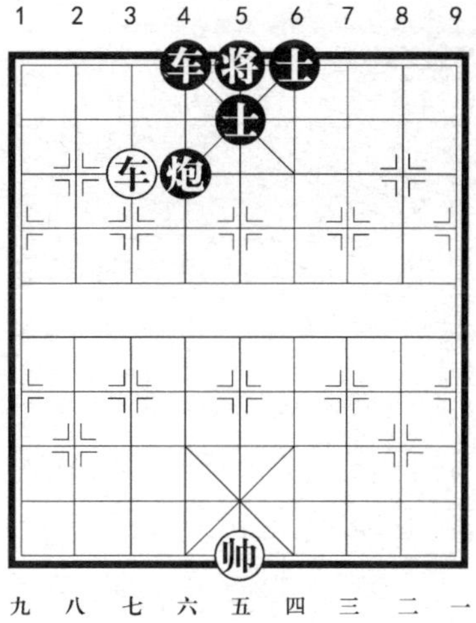

图46

第47局　驽马困厩

《适情雅趣》第509局“驽马困厩”（图47），红车封锁黑马也成为罕见的巧和。此局与上局“影不离形”都说明：在少子困难时不能心慌意乱，要努力寻找机会，争取胜利或者弈和。

着法：红先和

1. 车八进八[①]

和局（原谱着法）

注释：

①黑如接走车4进2，则车八进一，车4退2；车八退一，车4平3；车八退八，将5平4；车八平六，将4平5；车六平八，马1进3；车八平七，和局。

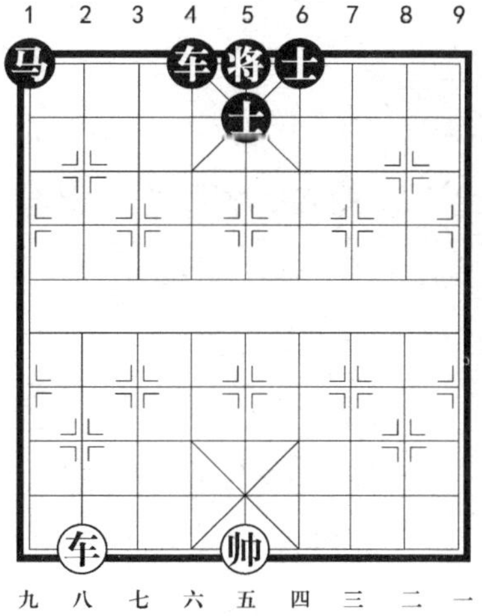

图47

第48局　痛断根除

《适情雅趣》第412局“痛断根除”（图48-1），原谱只有一着平车中路即作红胜，着法虽不精确，但结论是正确的。如此深奥的残局，古谱竟能给出准确的结论，难能可贵。因为原谱没有列出红方的具体胜法，现代象棋名家甚至象棋国手都认为是和局，可见取胜难度之大。象棋残局研究专家孙立先生经过长期推敲，终于找到了获胜的方法。现参考其论文《车高兵必胜双高卒士象全》，分两种着法进行介绍。

着法一：红先胜

1. 车一平四　象5退7①
2. 兵五平四　象7进5②
3. 兵四平三　士5退6
4. 帅五平六　士4进5
5. 车四平六　象5退7
6. 兵三平四　象3进5③
7. 车六平九　卒5平4④
8. 车九进四　士5退4
9. 兵四进一　士6进5
10. 兵四进一　卒4平5
11. 车九退二　象5进7
12. 车九平三　象7进9
13. 帅六平五　卒6进1⑤
14. 车三平二　象9退7
15. 车二进二　象7退9
16. 车二退四　卒5进1
17. 车二平五　卒5平4
18. 帅五进一　卒4平5
19. 帅五平六　红胜

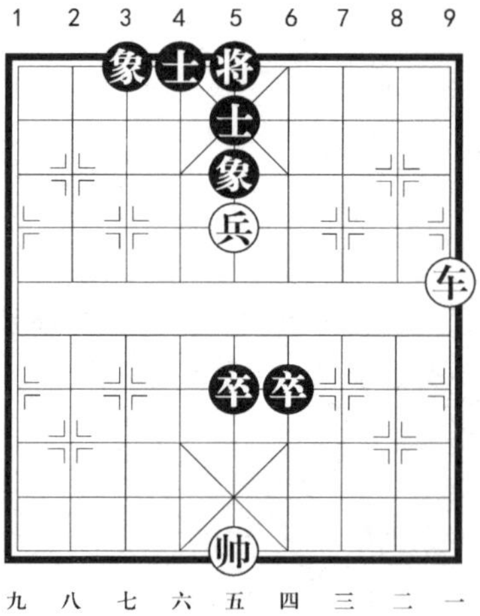

图48-1

注释：

①如改走士5退6，请见着法二。

②如改走象3进5，则兵四平三，士5退6；帅五平六，士6

进5；车四平五，象5退3；兵三进一，象7进5；车五平六，将5平6；兵三进一，象3进1；车六平四，将6平5；兵三平四，象1退3；帅六平五，象3进1；帅五平四，象1退3；车四平五，士5退6；兵四进一，将5进1；车五平八，将5平6；车八退二，将6退1；车八平五，红胜。

③图48-2形势，黑方另有两种着法均负，变化如下：

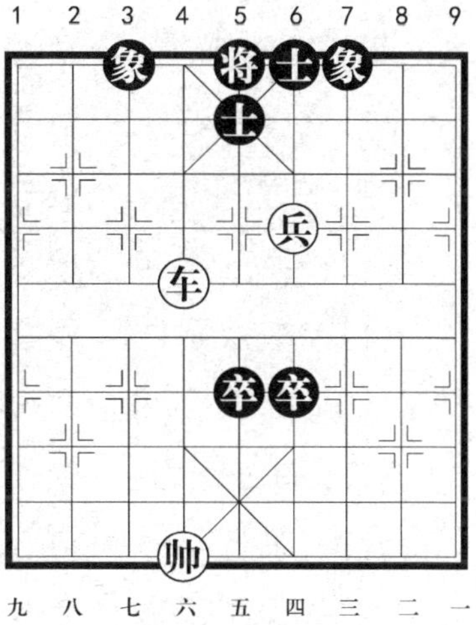

图48-2

甲：卒5进1；帅六进一，卒6进1；兵四平五，象3进5（如改走象7进5，则车六进一，象5退7；车六平九，士5退4；车九进三，象7进5；兵五进一，象3进5；车九平六，将5进1；车六平四，红胜定）；车六进一，象5进7（如改走卒6进1，则兵五进一，象7进5；车六平五，卒5进1；帅六进一，红胜）；兵五平四，象7进5（如改走象7退9，则车六平五，象9进7；车五退一，象7退9；兵四平三或兵四进一，红胜定）；车六平九，象5退3；车九进三，士5退4；兵四平五，卒6进1；车九退七，红胜定。

乙：象7进5；兵四平五，卒6平7（如改走象5退7，则车六平八，士5退4；车八进四，象7进5；兵五进一，象3进5；车八平六，将5进1；车六平四，红胜定）；兵五平六，卒7平6；兵六平七，卒6平7；兵七进一，卒7平6；车六平九，卒5进1；车九进四，卒6进1；兵七进一，卒5平4；兵七平六，士5退4；车九平七，士6进5；兵六平五，将5进1；车七平六，红胜定。

④如改走士5退4，则兵四进一，士6进5；兵四进一，象7进9；车九平四，象9进7；车四退一，象7退9；帅六平五，象9进7；帅五平四，象7退9；车四平二，士5退6；兵四进一，将5平6；车二平五，红胜定。

⑤如改走卒5平4，则车三平二，象9退7；车二进二，象7退9；兵四平三，卒4平5；兵三平二，红胜。

着法二：红先胜

1.	车一平四	士5退6	2.	帅五平六	象5退7
3.	车四平六	士6进5	4.	兵五平四	象3进5
5.	兵四平三	卒5进1①	6.	兵三进一	卒6进1
7.	车六平五	象5退3	8.	帅六进一	象7进5
9.	车五平六	象5退7	10.	兵三进一	象7进5
11.	兵三平四	象3进1	12.	帅六退一	象1退3
13.	车六平四	象3进1	14.	帅六平五	象1退3
15.	帅五平四	象3进1	16.	车四平一	士5退6
17.	车一平五	象1进3	18.	兵四进一	将5进1
19.	车五平一	将5平6	20.	车一平四	将6平5
21.	帅四平五	象3退1	22.	帅五平六	象1退3
23.	车四平六	将5平6	24.	兵四平五	士4进5
25.	车六平五	士5进6	26.	兵五平六	士6退5
27.	兵六平七	象5退3	28.	帅六进一	士5进6
29.	车五进四	象3进1	30.	车五退二	象1退3
31.	车五平七	将6平5	32.	车七进一	将5进1
33.	车七进一	将5退1	34.	车七退一	将5退1
35.	车七退一	卒5进1	36.	帅六退一	将5进1
37.	车七平四	卒6进1	38.	车四退一	将5退1
39.	车四平五	将5平6	40.	车五进二	红胜

注释：

①如改走象5退3，则兵三进一，象7进5；兵三进一，象3进1；兵三平四，象1退3；车六平四，卒6平7；帅六平五，卒7平6；帅五平四，士5退6（如改走象3进1，则车四平二，士5退6；兵四进一，将5平6；车二平五，红胜定）；兵四进一，将5进1；车四平八，将5平6；车八退二，将6退1；车八平五，红胜。

第49局　驱将擒胡

《适情雅趣》第426局“驱将擒胡”（图49），黑炮有保卒重任，不能全力防守，红方巧胜。

着法：红先胜

1. 车二平八　将5平4
2. 帅五退一[1]　炮9退1
3. 车八进四　将4进1
4. 车八退七　炮9进1
5. 车八平一　炮9平8
6. 车一平六　将4平5
7. 车六进七　象7进9
8. 车六平一　象9进7
9. 车一退四

红胜（原谱着法）

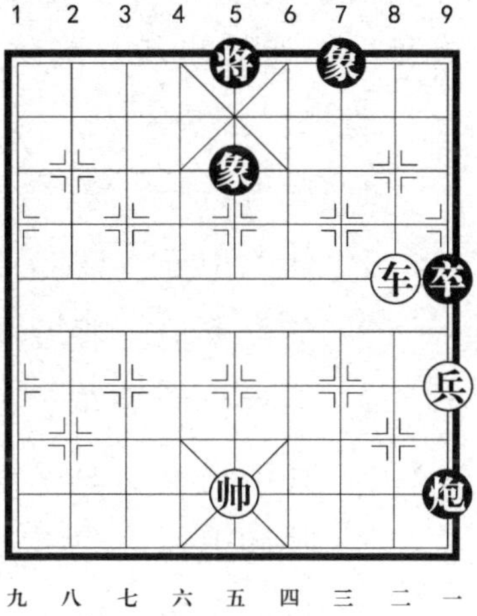

图49

注释：

①陆俊杰先生的取胜方法：车八退一，炮9平8；车八进五，将4进1；车八退四，炮8平9；车八平六，将4平5；车六进四，象7进9；车六平一，象9进7；兵一进一，卒9进1；车一退五，炮9平8；车一平三，将5平6；车三平二，炮8平9；车二平四，将6平5；车四进一，象7退9；车四平一，红胜。

第50局　金人七燕

《百局象棋谱》第102局“金人七燕”（图50），与《心武残编》第143局“斜月三星”、《渊深海阔》第325局“星移斗转”完全相同，还有《竹香斋象戏谱》二集第26局“商山四皓”与本局实质相同，江湖棋局，有红方退仕防杀胜定的假象。

着法：红先和

1. 车五进一① 将4平5
2. 仕六退五　炮3平5②
3. 前兵平五　将5平4
4. 后兵平六　炮5退8
5. 兵四进一　马7退5
6. 帅四退一　马5退6
7. 兵四平五　马6退4

和局（原谱着法）

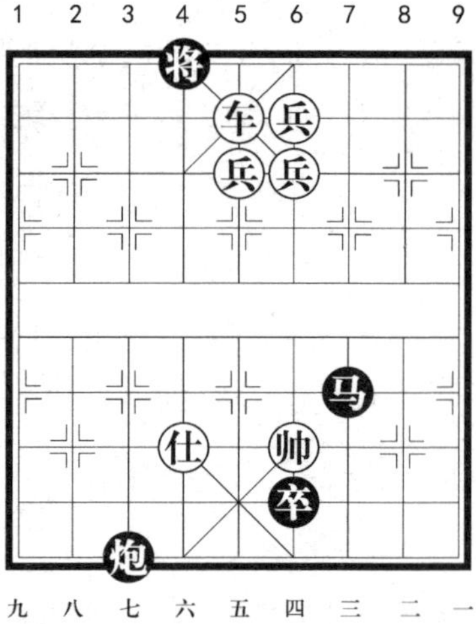

图50

注释：

①必须弃车，江湖艺人就是利用对方舍不得弃车来取胜的。如改走仕六退五，则马7进8；帅四平五，炮3平5；仕五退四，马8退7；帅五平四，卒6平5；仕四进五，马7进8；帅四退一，炮5平9，黑胜。

②黑方另有两种着法，结果不同，变化如下：

甲：马7进8；帅四平五，将5平4；兵五平六，马8退7；帅五平六，马7退5；帅六退一，马5退4（如改走卒6平5，则帅六平五，马5退6；帅五平六，马6退4；后兵平五，将4平5；兵五平六，炮3退5；兵六平五，红胜）；后兵平五，炮3退3；兵四平五，炮3平4；帅六进一，马4退2（如改走马4进

5，则帅四平五，马5退4；前兵平六，将4平5；兵五进一，将5平6；兵五进一连杀，红巧胜）；兵六平七，马2进3；兵七进一，红胜。

乙：将5平4，兵五平六（如改走仕五退六，则卒6平7；兵五平六，炮3退5；前兵平五，马7退5；帅四平五，炮3平5，黑胜）；炮3平5，前兵平五；炮5退8，兵四进一，与原谱着法殊途同归。

第51局　王母蟠桃

《适情雅趣》第399局“王母蟠桃”（图51），与《橘中秘》第46局“平车底兵胜”及《棋谱秘录》坤集第29局相同，黑车虽在中路，但站不住脚，红车抢占中路后用“老兵捞车”的方法取胜。

着法：红先胜

1. 帅四退一　车5平8
2. 车四平五　车8平7
3. 帅四平五　车7平8
4. 车五退七　车8进8
5. 帅五进一　车8平4
6. 车五进七

红胜（原谱着法）

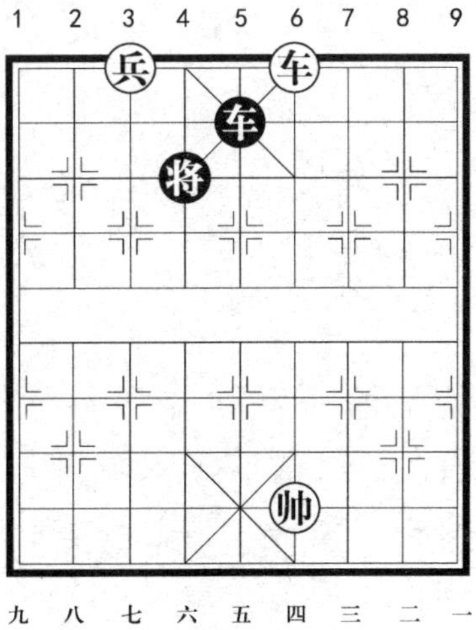

图51

第52局　兔游月窟

《适情雅趣》第369局“兔游月窟”（图52），红方先进兵底线再弃兵用“对面笑”杀法取胜。

着法：红先胜

1. 车三退一　将6退1
2. 兵六进一　士6退5
3. 兵六平五　将6平5
4. 车三进一

红胜（原谱着法）

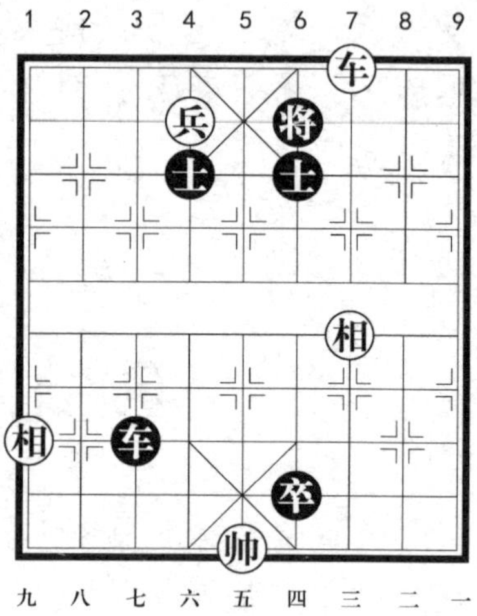

图52

第53局　千里独行

《百局象棋谱》第3局“千里独行”（图53-1）、《心武残编》卷一第24局“独行千里”、《渊深海阔》第322局“千里独行”、《竹香斋象戏谱》三集第14局“策杖独行”相同，“四大棋局王”之一，着法精妙，车、马、兵、卒、将、帅、士、象的运用均恰到好处，解着、停着令人叹为观止。古谱着法均为和棋，首届全国象棋锦标赛（1956年）冠军杨官璘前辈有新发现，他在1993年第5期《上海象棋》上撰文指出：“千里独行”结尾可以演成按现行比赛规则应判黑胜的红方“一杀一捉”局面。《心武残编》辑著者薛丙特作说明：惟“降龙”（指江湖名局“蚯蚓降龙”）、“独行”（即本局“千里独行”）之类，则局中已无别着，乃作纷和论

（结论正确但着法欠准）。

着法：红先纷和

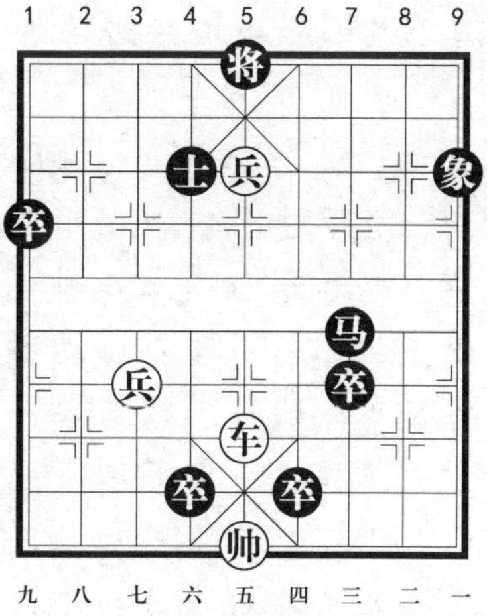

图53-1

1. 车五平二① 卒7平8②

2. 车二进一 卒4平5

3. 帅五平六 士4退5

4. 车二进五 马7退6

5. 车二平四 象9退7

6. 兵七进一③ 卒1进1④

7. 兵七进一 士5进6⑤

8. 兵五进一 士6退5

9. 车四退二 卒1进1

10. 兵七进一 卒1平2

11. 兵七平六 卒2进1

12. 车四平五 卒2进1⑥

13. 兵六进一 将5平6

14. 车五平四⑦ 士5进6

15. 兵六进一⑧ 将6平5

16. 车四平五 将5平6

17. 车五平四 将6平5

18. 车四平五 将5平6

19. 车五平四 将6平5

20. 车四平七 将5平6

21. 车七平四⑨ 将6平5

22. 车四平七 将5平6

23. 车七平四 将6平5

24. 车四平五 将5平6

25. 车五平四 将6平5

26. 车四平五 将5平6

红方“一将一捉”或“一将一杀”无法变着，按《心武残编》的说明作纷和。

注释：

①红方车五平二正确，另有两种着法均负，变化如下：

甲：兵五平六，马7进5；兵六进一（如改走车五进一，则将5平6；兵六进一，卒6进1，黑胜），卒7平6；车五平八（如改走兵七进一，则将5平6；兵七进一，卒4平5；帅五平六，马5进3；车五平七，前卒进1，黑胜），卒4平5；帅五平六，马5进3；车八平七，卒5进1；帅六进一，前卒平5；帅六进一，卒6平5；红方跌进陷阱，黑胜。

乙：车五平八，卒6平5；帅五平四，士4退5；车八进六（如改走车八平五，则马7退6；车五平四，象9退7；车四进四，象7进5；车四退四，卒4进1，黑胜），马7退6；兵五进一，马6退5；车八进一，马5退3；车八平七，将5进1；车七退三，卒5进1；帅四进一，卒4平5；帅四进一，卒7进1；红方又落入陷阱，黑胜。

②黑方卒7平8佳着！另有两种着法均负，变化如下：

甲：卒4平5；帅五平六，卒7平8（如改走士4退5，则车二平八，士5退4；车八进七，红胜）；车二平八，将5平6；兵五平四，将6平5；兵四进一，将5平4；兵四平五，红胜。

乙：象9退7；车二进七，卒4平5；帅五平六，士4退5；车二平三，士5退6；兵五进一，将5进1；车三退五，形成图53-2的局面，以下黑方又有两种着法均负，变化如下：

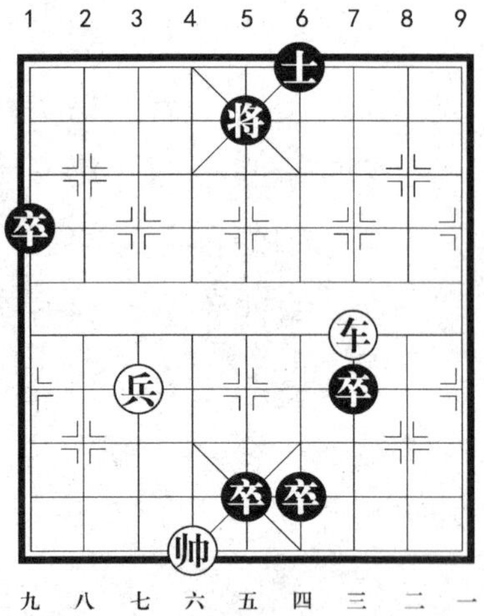

图53-2

第一种：卒7平8；车三平五，将5平6；车五平四，将6平5；车四进五，卒1进1（如改走卒8进1，则车四退三，卒1进1；车四平九，卒8平7；车九退一，卒7进1；车九平三，红胜）；兵七进一，卒1进1；车四退六，卒1平2；兵七进一，卒8进1；兵七进一，卒2平3；车四平五，将5平6；兵七进一，卒3平4；兵七平六，红胜。

第二种：卒1进1；兵七进一，卒1进1；兵七进一，卒1进1；兵七进一，卒1平2；兵七进一，将5退1（如改走卒2平3，则车三平五，将5平6；兵七平六，士6进5；车五平四，士5进6；兵六平五，红胜）；车三平五，士6进5；兵七平六，将5平6；车五进四，卒2平3；兵六进一，红胜。

③如改走车四退二，则象7进5；兵七进一，卒1进1；车四平五，卒1进1；车五进一，卒1平2；兵七进一，卒2进1；兵七进一，卒2进1；兵七进一，卒2进1；兵七进一，卒2平3，黑胜。

④图53-3形势，黑方另有两种着法，结果不同，变化如下：

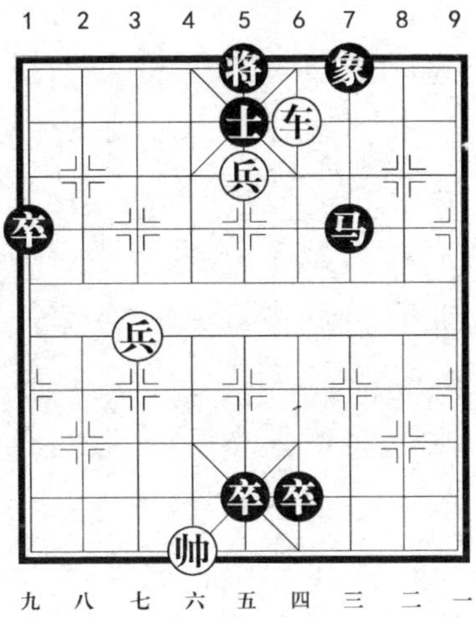

图53-3

甲：卒6进1；兵五进一，马6退5；车四退八，红胜定。

乙：士5进6；兵五进一，士6退5；车四退二，卒1进1（如改走象7进5，则车四平五，卒1进1；车五进一，卒1进1；兵七进一，卒1平2；兵七进一，卒2进1；兵七进一，将5平6；车五进一，卒2进1；车五退六，卒2进1；车五平四，将6平5；车四退一，卒5平6；帅六进一，和局）；兵七进一，卒1进1；兵七进一，卒1平2；兵七进一，卒2进1；车四平五，卒2进1；兵七平六，将5平6；与主着法弈完第13回合时的形势相同。

⑤如改走卒1进1，则车四退二，象7进5；兵七进一，卒1进1；兵七进一，卒1平2（如改走卒1进1，则兵七进一，卒1平2；兵七平六，士5进6；车四退四，卒2进1；车四平八，将5平6；车八退一，和局）；兵七进一，卒2平3；兵七平六，士5进6（如改走卒3平4，则车四平八，士5退4；车八进三，将5平6；兵六平五，红胜）；车四平五，将5平6；车五进一，将6进1；车五退五，卒3平4；车五平四，卒4平5；车四进二，后卒平4；车四退二，和局。

⑥图53-4形势，黑方如改走卒2平3，则兵六进一，将5平6；车五平四，将6平5；车四平五，将5平6；车五平四（如改

走兵六进一，则士5进6；车五平四，将6进1；车四平七，卒6进1；兵六平五，士6退5；车七平四，士5进6；车四退六，卒3进1；车四进二，卒3进1，黑胜），士5进6；车四进一，将6平5；兵六平五，象7进5；车四平五，将5平6；车五平七（如改走车五退五，则卒3平4；车五平二，将6平5；车二平五，将5平4；车五进一，卒4进1；车五平六，将4平5；车六退一，卒5进1；帅六进一，卒6平5，黑胜），卒3平4；车七平六，卒4平3；车六退五，将6平5；车六平五，将5平6；车五平六，将6平5；车六平五，将5平6；车五平六，和局。

⑦如改走兵六进一，则士5进6；车五平四，将6平5；车四平五，将5平6；车五平四，将6平5；车四平五，将5平6；车五平四，将6平5；车四平七（如改走车四平八，则卒5进1；帅六进一，卒6平5；帅六进一，卒2平3，黑胜），将5平6；车七平四，将6平5；车四平七，将5平6；车七平四，将6平5；车四平七，将5平6；车七平四，将6平5；车四平七，将5平6；双方不变，红“一将一杀”，按《心武残编》的说明作纷和论。

⑧图53-5形势，红方兵六进一正确，另有两种着法均负，变化如下：

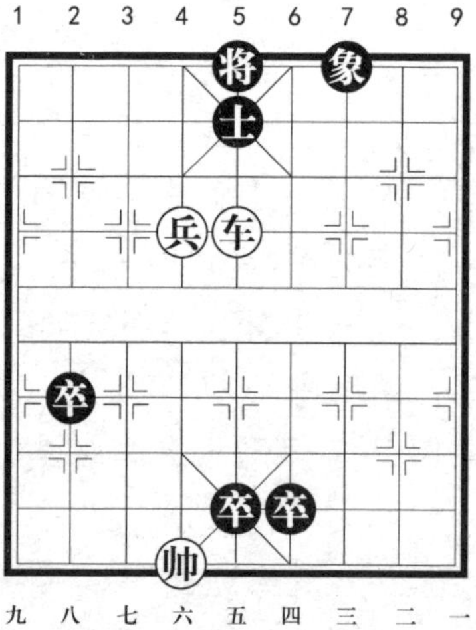

图53-4

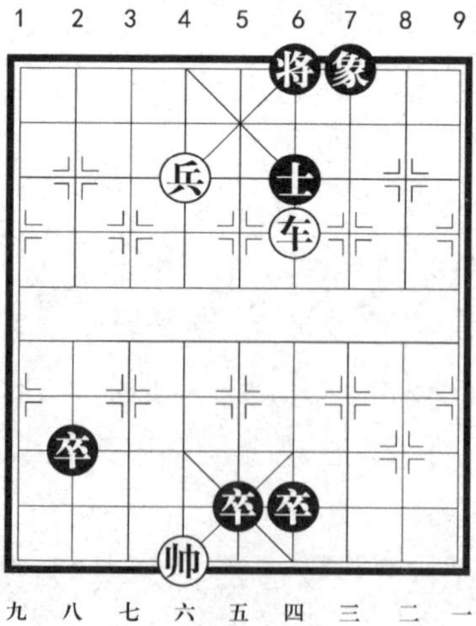

图53-5

甲：车四退四，卒2平3；车四平七，卒6进1，黑胜。

乙：车四进一，将6平5；兵六平五（如改走车四退五，则卒5进1；帅六进一，卒6平5；帅六进一，卒2平3，黑胜），象7进5；车四平五，将5平6；车五平七，卒2进1；车七退五，卒2进1；车七进一，卒2平3；车七退三，卒6进1，黑胜。

⑨如改走车七进一，则象7进5；车七平五（如改走车七退六，则卒2平3；车七平九，卒3平4；车九平八，卒4平5；车八平九，卒6进1，黑胜），将6进1；车五退五，卒2进1；车五平七，卒6进1；兵六平五，士6退5；车七平四，士5进6；车四退二，卒2平3，黑胜。

"千里独行"还被载入《蕉窗逸品》（第4局）。

《蕉窗逸品》成书于光绪五年（1879），编著者顾舜臣，号隐橘庵主人。他从当时流行于民间的江湖棋局中精选了10局优秀作品，编著成《象戏新谱》，列入他所编著的《蕉窗逸品》丛书之四。顾舜臣别具卓识，把杰出的棋局作为艺术品，与诗词书画等同看待，肯定了高级残局应有的价值，给了棋局前所未有的地位。象棋名家屠景明前辈编著、上海辞书出版社1986年出版的《中国象棋辞典》选录了这10个棋局并简介了着法，未提《象戏新谱》而直接将此谱称为《蕉窗逸品》，得到了棋界人士的一致认同。

从棋局研究的角度来讲，"千里独行"如果按照现行规则也是和棋，岂不更好！笔者经过长时间探索，感觉改成图53-6形势可以消除原局中红方"一将一捉"或"一将一杀"而不能变着的走法，成为正和之局。

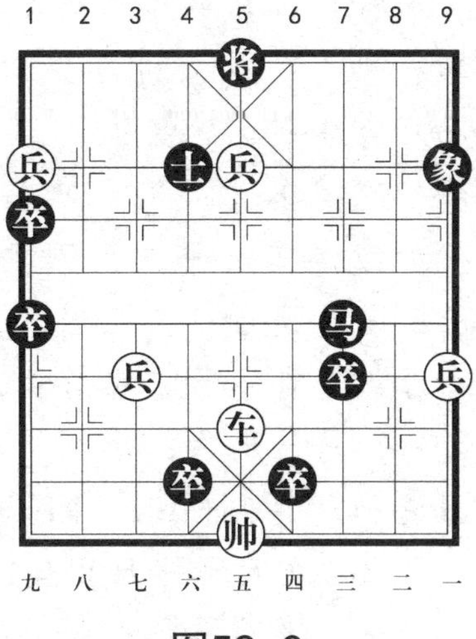

图53-6

着法：红先和（接图53-6）

1. 车五平二[①] 卒7平8[②]

2. 车二进一[③] 卒4平5

3. 帅五平六 士4退5

4. 车二进五 马7退6

5. 车二平四　象9退7　　6. 兵九平八④　前卒平2
7. 兵八平七　士5进6⑤　　8. 兵五进一　士6退5
9. 车四退二　卒2进1　　10. 车四平五⑥　卒2平3
11. 兵七平六　将5平6　　12. 车五平四　将6平5
13. 车四平五　将5平6　　14. 车五平四　士5进6
15. 车四进一　将6平5　　16. 兵六平五　象7进5
17. 车四平五　将5平6　　18. 车五平七⑦　卒3平4
19. 车七平六　卒4平3　　20. 车六进二　将6进1
21. 车六退七　卒1进1　　22. 兵一进一　卒1进1
23. 兵一进一　卒1平2　　24. 兵一平二　卒2平3
25. 车六平四⑧　将6平5　　26. 车四平五　将5平6
27. 兵二平三　前卒平4　　28. 兵三进一　将6退1⑨
29. 兵三进一⑩　将6进1　　30. 车五平一　将6平5
31. 车一平五　将5平6⑪　　32. 车五平一　将6平5
33. 车一平五　将5平6　　和局

注释：

①红方起手车五平二正确，另有两种着法均负，变化如下：

甲：兵五平六，马7进5；兵六进一（如改走车五进一，则将5平6；车五进六，将6进1；兵六进一，卒6进1，黑胜），卒7平6；车五平八，卒4平5；帅五平六，马5进3；车八平七，卒5进1；帅六进一，前卒平5；帅六进一，卒6平5；车七平八，后卒平4，黑胜。

乙：车五平八，卒6平5；帅五平四，士4退5；车八进六（如改走车八平二，则象9退7；车二进七，卒7平6；车二平三，士5退6；车三退五，卒4进1；兵五进一，士6进5；车三平五，卒4平5，黑胜），马7退6；兵五进一，马6退5；车八进一，马5退3；车八平七，将5进1；车七退三，卒5进1；帅四进一，卒4平5；帅四进一，卒7进1，黑胜。

②黑方卒7平8正确，另有两种着法均负，变化如下：

甲：卒4平5；帅五平六，卒7平8；车二平八，将5平6；

兵五平四，将6平5；兵四进一，将5平4；兵四平五，红胜。

乙：象9退7；车二进七，卒4平5；帅五平六，士4退5；车二平三，士5退6；兵五进一，将5进1；车三退五，前卒进1；兵九平八，前卒平2；兵八平七，卒2平3；车三平五，将5平6；兵七平六，卒3进1；兵六平五，士6进5；车五平四，士5进6；车四进三，红胜。

③如改走车二平八，则卒6平5；帅五平四，士4退5；车八进六（如改走车八平五，则马7退6；车五进四，象9退7；兵五平四，卒8进1；兵四进一，卒8平7；车五平四，卒7进1，黑胜），马7退6；兵五进一，马6退5；车八进一，马5退3；车八平七，将5进1；车七退一，将5退1；车七退二，卒8进1；车七平五，将5平4；车五平三，卒8进1；兵九平八，卒8进1；兵八平七，卒8平7；车三退六，卒4进1，黑胜。

④如改走车四退二，则象7进5；兵九平八，前卒平2；兵八平七，卒2进1；前兵进一，卒2平3；兵七平六，士5进6；车四平五（如改走车四进一，则象5进3；车四进一，卒5进1；帅六进一，卒6平5；帅六进一，卒3平4，黑胜），将5平6；车五进一，将6进1；车五退五，卒3平4；车五平四（如改走兵一进一，则将6退1；车五平四，卒4进1；车四平六，卒6进1；兵六平五，卒6平5，黑胜），卒1进1；兵一进一，卒1进1；兵一进一，卒1平2；兵一平二，卒2平3；兵二平三，卒3平4；兵三进一，前卒进1；兵六平五（如改走车四平六，则卒6进1；兵六平五，将6退1；兵五进一，将6进1；兵三进一，卒6平5，黑胜），将6平5；车四平六，卒5进1；帅六进一，卒6平5，黑胜。

⑤如改走卒2进1，则前兵进一，卒2平3；兵七平六，士5进4；车四退二，象7进5；车四平九，将5平6；车九平四，将6平5；车四平七，将5平6；车七退三，红胜定。

⑥图53-7形势，红车四平五正确，如改走前兵进一，则卒2平3；兵七平六，士5进6；车四平五，将5平6；车五平四，将6进1；车四退四（如改走车四平七，则卒6进1；兵六平五，士6

退5；车七平四，士5进6；车四退六，卒3进1；车四进六，卒3进1；车四平六，卒3进1，黑胜），卒3平4；兵一进一，象7进9；兵一进一，象9进7；兵一平二，象7退5；兵二进一，卒6进1；车四退二，卒4进1，黑胜。

⑦如改走车五退五，则卒1进1；兵一进一，卒1进1；兵一进一，卒1平2；兵一平二，卒2平3；兵二平三，后卒平4；兵三进一，卒4平5；兵三进一，后卒进1；车五进一，卒3进1；车五平七，卒3平4；车七退二，将6平5；兵三平四，卒5进1，黑胜。

⑧图53-8形势，红车先利用照将占中再兵二平三正确，如直接走兵二平三，则后卒平4；车六平四（如改走车六平五，则卒4进1；兵三进一，卒4平5；车五进一，卒3进1；车五平七，卒3平4；车七退二，将6平5；兵三平四，卒5进1，黑胜），将6平5；车四平五，将5平4；兵三平四，卒3进1；车五平七，卒6进1，黑胜。

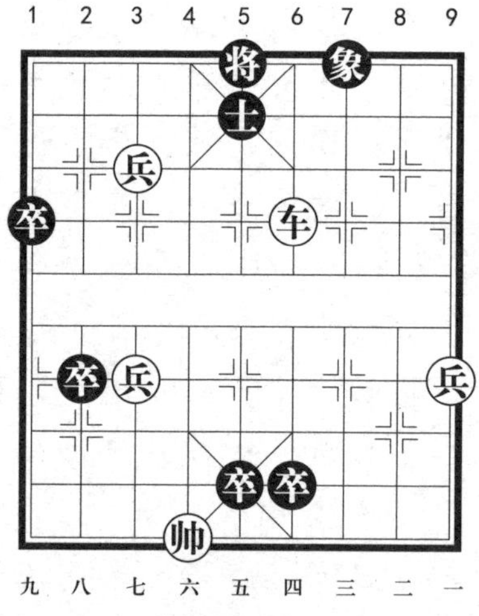

图53-7

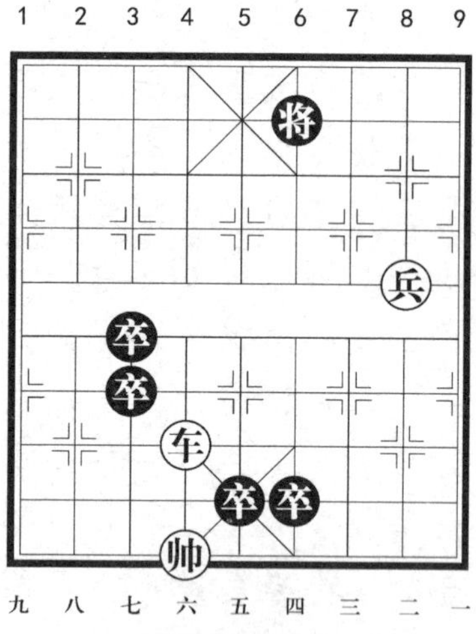

图53-8

⑨如改走卒3进1，则兵三平四，卒4平5；车五进一，卒3进1；车五平七，卒3平4；车七平六，卒4进1；车六退二，卒5平4；帅六进一，和局。

⑩如改走兵三平四，则卒4进1；车五平六，卒6进1；车六进七，将6进1；兵四进一，将6平5；兵四平五，将5平6，黑胜。

⑪如改走将5平4，则兵三平四，卒3进1；兵四平五，卒3进1；车五进三，卒5平4；帅六平五，前卒平5；帅五平六，将4退1；兵五进一，红胜。

第54局　少见相拘

《适情雅趣》第367局“少见相拘”（图54），红方退车至己方底线，用老帅牵制黑炮再平车胜（原谱着法红方第2与第3回合的行子次序有误，现已更正）。

着法：红先胜

1. 车三平六　炮7平4
2. 帅五进一　卒1进1①
3. 车六退六　卒1进1②
4. 帅五平六　红胜

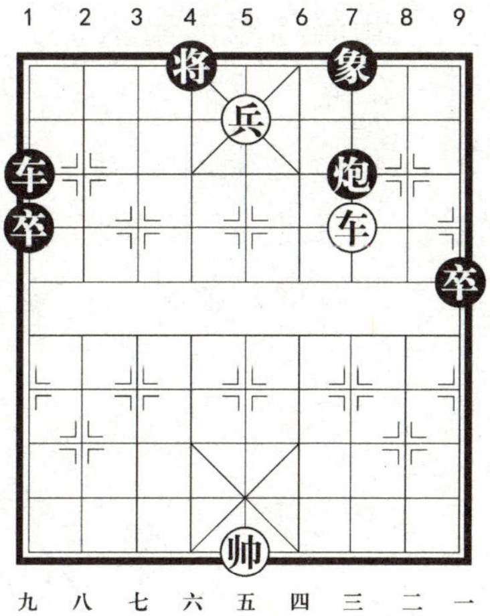

图54

注释：

①如改走车1平3，则车六平九，象7进5；车九平四，红胜。

②如改走车1平2，则帅五平六，车2进6；帅六进一，车2退7；车六平七，象7进5；车七进七，红胜。

第55局　四皓隐商山

《百变象棋谱》第29局“四皓隐商山”（图55），与《棋谱秘录》和集第32局类同，江湖小妙局，有红方起手兵四平五照将抽车胜定的假象。

着法：红先和

1. 兵四平五　　将5平4
2. 前兵五进一[1]　将4进1
3. 车四退二　　车6退6
4. 后兵三平四　炮1退2
5. 后兵进一　　炮1平6
6. 后兵进一　　炮6平5
7. 帅五平四　　卒4平5
8. 后兵进一　　炮5平9

和局（原谱着法）

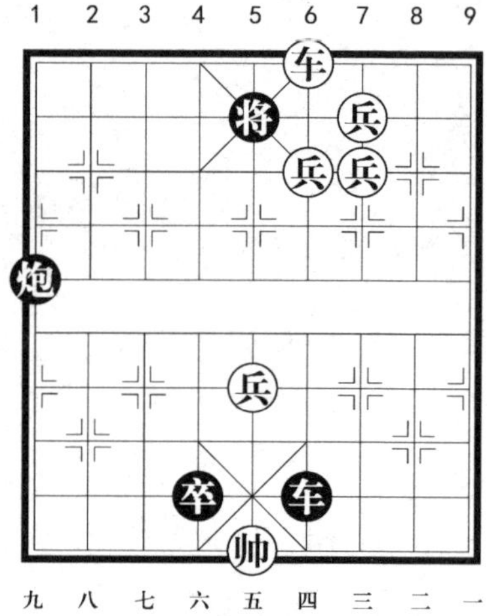

图55

注释：

①如改走车四退八，则卒4进1；帅五进一（如改走帅五平四，则炮1进6，黑胜），炮1平5，红被假象迷惑，黑方巧胜。

第56局　五子夺魁

《蕉竹斋象棋谱》97局本第22局“五子夺魁”（图56-1），是根据《湖涯集》第7局“落底金钱”改进所成，为江湖名局。“五子夺魁”在民间习称“带子入朝”，有红方起手兵七平六之后必然毁掉黑方双车胜定的假象，其实双方交手几个回合后即成为精彩的

"车兵斗车卒"实用残局。

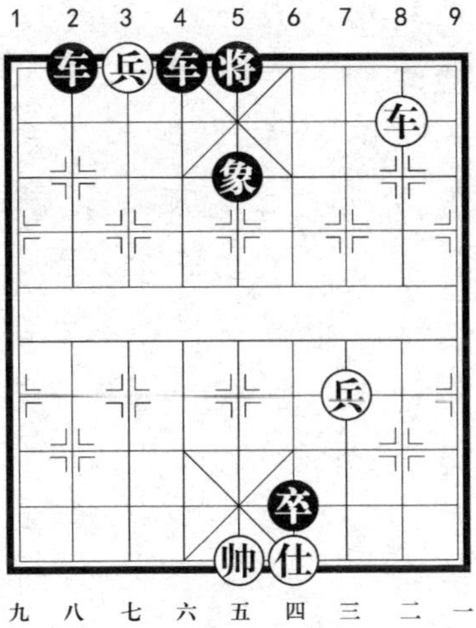

图56-1

着法：红先和

1. 兵七平六① 将5平6
2. 车二进一② 将6进1
3. 帅五平六③ 车2进9④
4. 帅六进一 车2退3⑤
5. 车二退一⑥ 将6进1
6. 车二退六⑦ 象5进7⑧
7. 兵三进一 象7退9
8. 车二进五⑨ 将6退1
9. 车二进一 将6进1
10. 车二平六 车2进2
11. 帅六进一 车2进1
12. 帅六退一⑩ 车2平6
13. 车六退三 车6平2
14. 兵三进一 车2退6⑪
15. 兵三平四 将6退1
16. 兵六平五⑫ 车2平5
17. 车六进三 将6进1
18. 车六退三 象9退7
19. 帅六进一 象7进5
20. 帅六退一 将6退1
21. 车六进三 将6进1
22. 车六退三 象5退3
23. 车六进二 将6退1
24. 车六进一 将6进1
25. 车六退三 车5平2⑬
26. 帅六进一 车2进4
27. 帅六退一 车2平5
28. 兵四进一 将6平5
29. 兵四进一 将5平6
30. 车六平四 将6平5
31. 车四退四 车5退1
32. 车四进一 车5平4
33. 车四平六 车4进1
34. 帅六进一 和局

注释：

①如改走兵七平八，则车4进8；兵八平七，将5平6；车二退八，象5退3；兵三进一，象3进5；车二平一，将6平5；车一进九，将5进1；车一平八，将5平6，黑胜。

②如改走兵六平五（被假象迷惑），则车2平5；形成图56-2

的局面，以下红方有三种着法均负，变化如下：

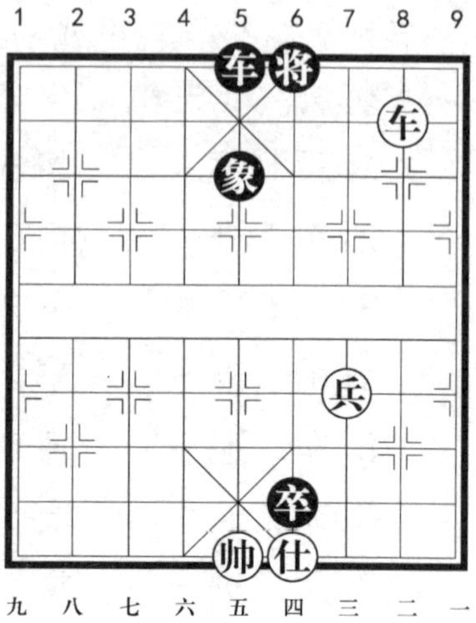
图56-2

甲：车二进一，象5退7；帅五平六，车5平4；帅六平五，车4进8；车二退九，象7进5；兵三进一，将6平5；车二进九，将5进1；车二平八，将5平6，黑胜（原谱变9着法）。

乙：车二退二，卒6进1；帅五进一，象5退7；帅五平六，车5进4；兵三进一，将6平5；车二平六，象7进9；车六退二，卒6平5；车六进三，车5进4；帅六进一，卒5平4；车六平七，车5退2；车七平六，卒4平3；帅六退一，车5进3，黑胜。

丙：车二退六，象5退7；帅五平六，车5平2；兵三进一，车2进9；帅六进一，象7进9；车二平四（红方另有两种着法均负。第一种：车二进四，车2退4；车二平六，车2进3；帅六进一，车2进1；车六平四，将6平5；车四平五，将5平6；仕四进五，车2退2；帅六退一，车2进1；帅六进一，车2平5；车五退五，卒6平5，黑胜。第二种：车二进五，车2平6；车二平一，车6平2；车一平四，将6平5；车四平五，将5平6；车五退三，车2退2；车五进一，车2退2；帅六进一，车2平7，黑胜），将6平5；车四平五，将5平6；车五进五，车2平6；车五平一，车6平2；车一平四，将6平5；车四平五，将5平6；车五退三，车2退2；车五进一，车2退2；帅六进一，车2平7，黑胜。

③如改走仕四进五，则车2进8；车二退八，卒6平5；车二平五，车2进1，黑胜。

④图56-3形势，黑方另有两种着法均和，变化如下：

甲：象5进7；兵三进一，象7退9；车二退一，将6进1；车二退一，将6退1；车二进一（如改走车二平一，则车2平4；

帅六平五，车4平2；帅五平六，将6平5；车一平六，车2进9；帅六进一，车2平6；车六退二，卒6平5；帅六进一，车6平4，黑胜），将6进1；车二平六，车2进4（如改走车2进5，则车六退三，车2平7；车六平四，将6平5；车四退四，车7平4；车四平六，车4进3；帅六进一，和局）；车六退四，将6退1；车六进四，将6进1；车六退四，车2进5；帅六进一，车2平6；车六进一，车6平2；兵三进一，与主着法弈至第14回合时的形势相同，和局。

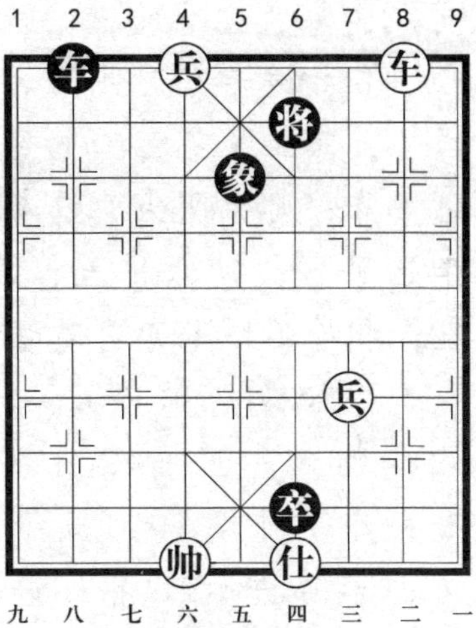

图56-3

乙：车2进4；车二退一，将6进1；车二退二，将6退1（如改走象5退7，则车二平四，将6平5；车四平五，将5平6；兵三进一，象7进9；车五平六，车2进5；帅六进一，车2平6；车六退一，车6平2；兵三进一，与主着法弈至第14回合时的形势相同，和局）；车二平四，将6平5；车四平六，象5退7（如改走将5平6，则兵三进一，车2进5；帅六进一，车2平6；车六进二，将6进1；车六退三，将6退1；兵三进一，象5进7；车六平三，车6平2；车三平五，和局）；兵三进一，象7进9；车六平五（如改走车六进二，则将5进1；车六退四，车2进5；帅六进一，车2平6；车六平五，将5平6；车五进一，车6平2；兵三进一，车2退3；帅六进一，象9进7；车五平三，车2平4；帅六平五，车4平5；帅五平六，将6平5，黑胜），将5平6；车五平六，车2进5；帅六进一，车2平6；车六进二（如改走车六退一，则车6平2；兵三进一，车2退6；兵三平四，车2进5；帅六进一，车2退1；帅六退一，车2平5；车六进三，将6退1；车六退一，将6进1；兵四进一，卒6平5；帅六退一，车5平3；兵四进一，将6退1，黑胜），将6进1；车六退三，车6平2；兵三进一，与主着法弈至第14回合时的形势相同，和局。

⑤如改走车2平6，则车二退一，将6进1；车二退一，将6退1；车二平五，车6平2；车五退四，车2退4；帅六进一，车2平4；帅六平五，车4平6；帅五平六，将6进1；兵六平五，卒6平5；帅六平五，卒5平4；帅五平六，卒4平3；帅六平五，和局（原谱变2着法）。

⑥如改走帅六进一，则车2平4；帅六平五，车4平7；车二退七，车7平5；帅五平六，象5进7；车二进六，将6进1；车二进一，将6退1；车二平五，车5平4；帅六平五，车4进3；车五退一，将6进1；形成图56-4的局面，红有两种着法均负，变化如下：

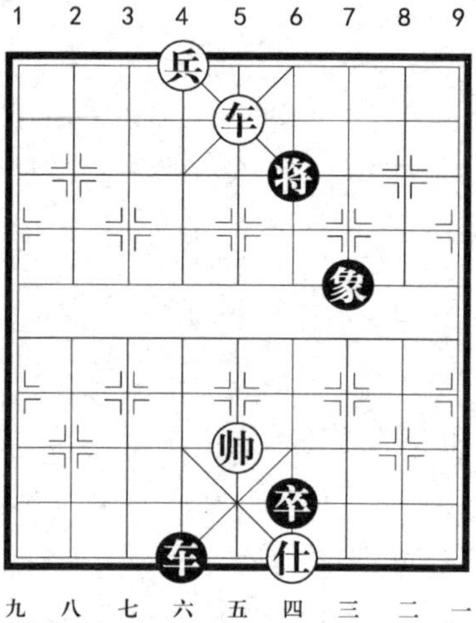

图56-4

甲：车五进一，将6退1（原谱变8着法是车4平5；帅五平六，车5平6；帅六退一，车6平2；车五退五，车2退5；帅六进一，车2平4；帅六平五，车4平6；帅五平六，象7退5；兵六平五，将6退1；车五进三，车6平4；帅六平五，车4进5；车五进一，将6进1；车五平八，车4平5；帅五平六，将6平5；车八退一，将5退1；车八平五，车5退7；兵五平六，车5平4，黑缓胜）；车五平三，车4平6；车三平五，车6平4；车五平二，车4平2；帅五平六，车2退2；帅六退一，车2平5；车二退八，车5进1；帅六进一，将6平5，黑胜。

乙：仕四进五，车4平5；帅五平六，卒6平5；车五退三，将6退1；车五平三（如改走兵六平五，则象7退5；兵五平六，车5平2；帅六平五，卒5平4，黑胜），卒5平6；车三进三，将6进1；车三进一，将6退1；车三平五，车5平4；帅六平五，车4退1；车五平二，车4平2；帅五平六，车2退1；帅六退一，车2平5；车二退八，车5进1；帅六进一，将6平5，黑胜。

⑦红方车二退六攻守兼备，比原谱变3至变7着法介绍的车二平

六单纯防守有力。

⑧如改走将6退1，则兵三进一，车2进2；帅六退一，车2进1；帅六进一，车2平6；车二进六，将6进1；车二退一，将6退1；车二平五，车6平2；车五退三，车2退1；帅六进一，车2平5；车五退三，卒6平5，和局。

⑨红方另有两种着法，结果不同，变化如下：

甲：车二平五，车2进2；帅六退一，车2进1；帅六进一，车2平6；车五进三，车6平2；兵三进一，车2退4；帅六进一，象9进7，黑胜定。

乙：车二平六，车2进2；帅六退一，车2进1；帅六进一，车2平6；车六进三，车6平2；兵三进一，象9进7；车六平三，车2退1；帅六进一，车2平5；车三进四，将6退1；车三平五，车5平3；车五退三，车3退1；帅六退一，车3退3；帅六进一，和局（原谱着法）。

⑩如改走仕四进五，则卒6平5；帅六平五，卒5平6；车六退七，车2平5；帅五平六，卒6平5；车六平八，将6平5，黑胜。

⑪如改走象9进7，则车六平三，车2退1；帅六进一，车2平5；车三进四，将6退1；车三平五，车5平3；车五退三，车3退1；帅六进一，和局。

⑫图56-5形势，红方老兵平中，防止黑将退底，正确。如改走车六进三，则将6退1；车六退一，将6进1；车六进一，将6退1；车六退三，车2进5；帅六进一，车2退1；帅六退一，车2平5；兵六平五（如改走车六进二，则将6进1；兵四进一，卒6平5；帅六退一，车5平3；兵四进一，将6退1；兵六平五，将6平5；车六平五，将5平6；车五退六，车3进2；帅六进一，车3退1抽车，黑胜），车5退

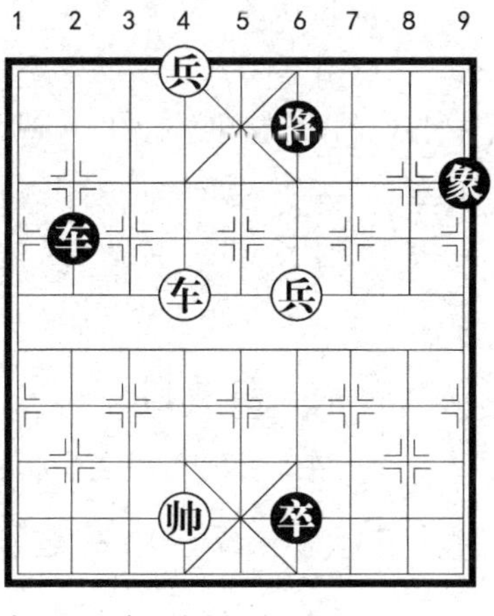

图56-5

7；兵四平五（如改走帅六进一，则车5进9；车六平五，车5平2；帅六退一，车2退1；帅六进一，车2退1；帅六退一，车2平6；帅六退一，车6平4；帅六平五，车4平2；帅五平六，卒6平5，黑胜），车5进2；帅六进一，将6平5；车六进四（如改走帅六平五，则车5平8；帅五平四，卒6平7；帅四平五，车8进5；帅五退一，车8平6；帅五平六，卒7平6；兵五进一，车6平5，黑胜），将5进1；车六退四，象9退7；车六进三，将5退1；车六退三，车5平2；车六进一，象7进5；车六平四，车2进5；帅六退一，车2退1；车四平六（如改走帅六进一，则卒6平5；帅六平五，车2平5抽兵，黑胜），车2进2；帅六进一，车2退1；帅六退一，车2平5；兵五进一，卒6平5；帅六退一，车5平3，黑胜。

⑬如改走车5进4，则兵四进一，将6平5；车六进一，车5进1；帅六进一，车5进1；车六平五，车5退6；兵四平五，将5退1，和局。

第57局　独夫当关

《适情雅趣》第258局“独夫当关”（图57），与《韬略元机》卷三第48局“多士何宁”类同，本局结尾黑方必走车6平7，则兵三进一，红方仅余一个老兵，竟然“闷杀”黑方。

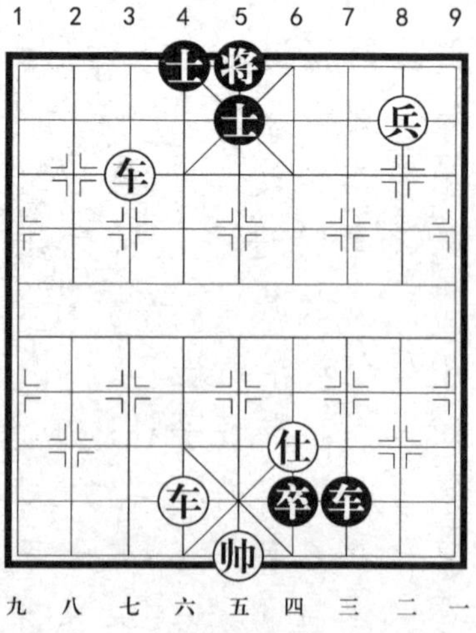

图57

着法：红先胜

1. 车六平四　车7平6
2. 车七平三　车6退1
3. 车三进二　车6退7
4. 兵二平三

红胜（原谱着法）

第58局　开拓心胸

《适情雅趣》第249局“开拓心胸”（图58），与《韬略元机》卷一第38局“拨云见日”、《竹香斋象戏谱》二集第47局“云开雾敛”、《渊深海阔》第229局“拔梯求计”类同，红方末着“叶底藏莺”，美妙。

着法：红先胜

1. 兵五进一　将5退1
2. 兵五进一　将5平4
3. 兵五平六　将4进1
4. 车三平六　将4平5
5. 车一平五①

红胜（原谱着法）

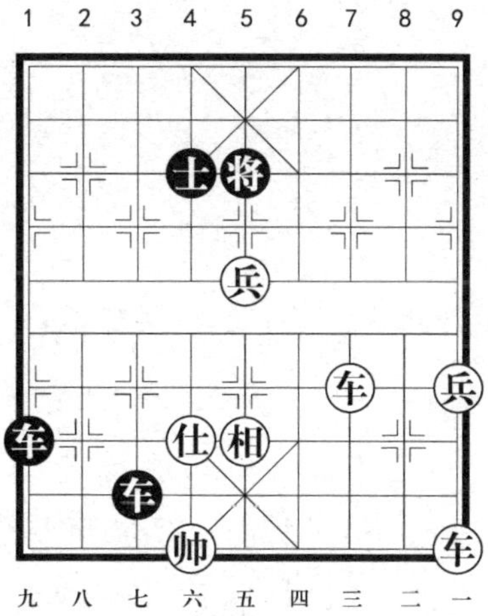

图58

注释：

①黑如续走车3退2，则相五退七，将5平6；车六进四，将6退1；相七进九，红胜定。

第59局　月下追信

《百变象棋谱》第18局“月下追信”（图59），与《神妙变化象棋谱》第16局相同，红方弃双车后形成“太监追皇帝”的杀法，以一兵取胜（俗称“连照一子杀”）。同型局有《梦入神机》中的“知法犯法”、《渊深海阔》第245局“曹刿逐齐”及《棋谱秘录》坤集第27局等。

着法：红先胜

1. 车八平六　将4进1
2. 车七平六　将4进1
3. 兵六进一　将4退1
4. 兵六进一　将4退1
5. 兵六进一　将4平5
6. 兵六进一

红胜（原谱着法）

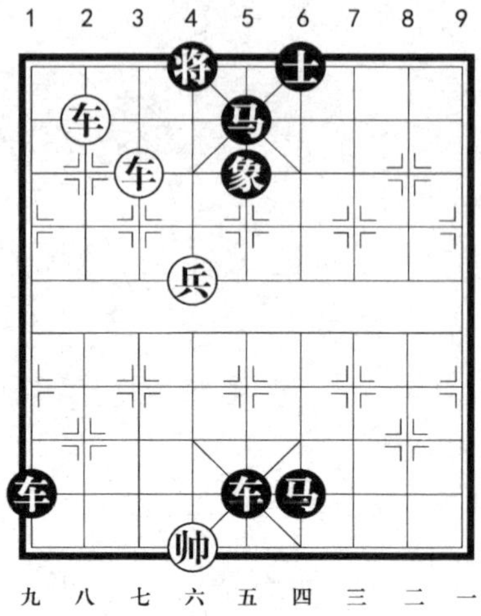

图59

第60局　雄兵决胜

《韬略元机》卷三第53局“雄兵决胜”（图60），与《渊深海阔》第244局“百步穿杨”及《棋谱秘录》乾集第66局相同，第3回合红方车七平五乃绝妙之着。

着法：红先胜

1. 车七进四　将4进1
2. 车七退一　将4退1
3. 车七平五　后车退1
4. 车六进五　后车平4
5. 车六进一　将4平5
6. 兵一进一

红胜（原谱着法）

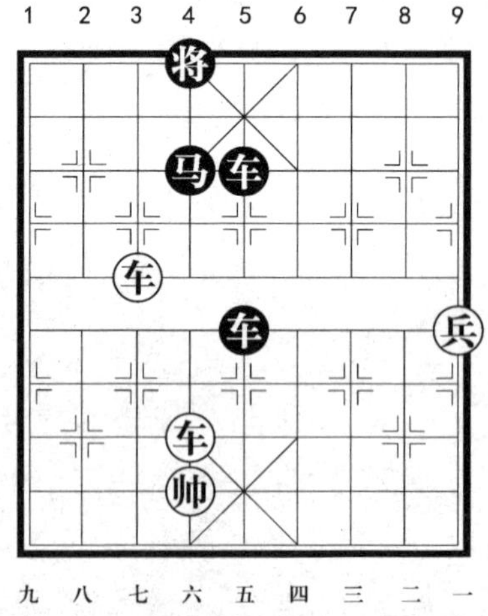

图60

第61局　小十面阵

《百局象棋谱》第39局“小十面阵”（图61），与《渊深海阔》第241局“李陵陷虏”相同，同型局有《心武残编》第124局“两阶舞羽”、《渊深海阔》第243局“二仙传道”、《棋谱秘录》和集第28局及《蕉竹斋象棋谱》97局本第76局“双车救驾”等，江湖棋局，第5回合黑方车1平6与第6回合红方车六进二的弃车与反弃车，潇洒大方。

着法：红先和

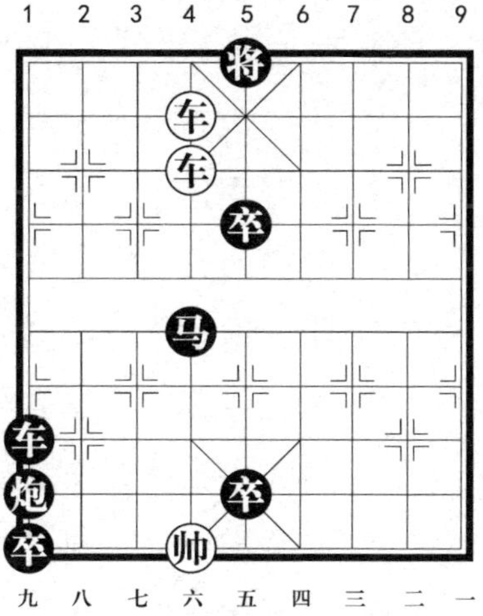

图61

1. 前车进一[①]　将5进1
2. 后车进一　将5进1
3. 前车平五　将5平6
4. 车五平四　将6平5
5. 车六退四　车1平6
6. 车六进二　车6退7
7. 车六平五　将5平6
8. 车五平四　将6平5
9. 车四进三　卒1平2
10. 车四平五　将5平6
11. 车五退八　卒2平3
12. 帅六进一　炮1平5　　13. 帅六平五　和局

注释：

①如改走后车平五，则将5平6；车五平四，将6平5；车六退四，车1平6；车四退五，卒1平2，黑胜。

第62局　二车先行

《百局象棋谱》第13局“二车先行”（图62），与《渊深海阔》第232局“乌巢劫粮”相同，江湖棋局，有红方起手后车平六先弃一车，车4退2；仕四退五，黑方接走车4进2；红车五平六再弃掉一车，然后兵四进一形成即胜的假象。其实，当红方仕四退五时，黑方不会走车4进2，而是走卒2平3，伏有卒6平5；帅五进一，卒3平4；帅五退一，卒4进1连照妙杀的隐着。

着法：红先和

1. 前车平六　车4退3
2. 仕四退五　卒2平3①
3. 车五平四②　卒3平4
4. 车四退二　车4平2
5. 仕五退六　卒4进1
6. 帅五平四　卒4平5
7. 帅四平五　车2进4
8. 帅五进一　车2退1
9. 帅五退一　车2平6
10. 相五进三　车6退3
11. 相三退一③　车6平5
12. 帅五平四　象5进3
13. 帅四进一　和局

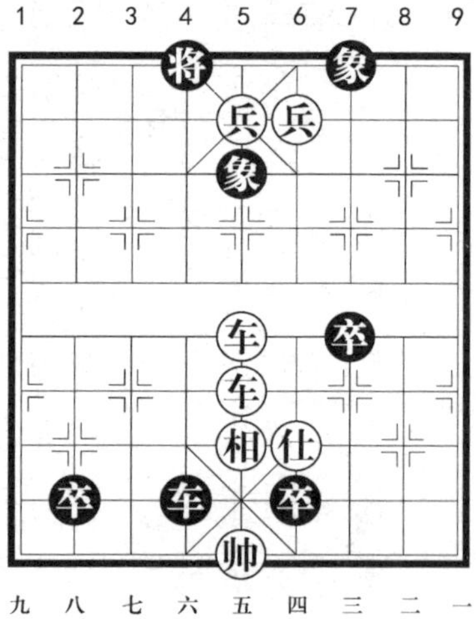

图62

注释：

①如改走车4进3，则车五平六，车4退2；兵四进一，红胜。

②如改走兵四进一，则卒6平5；帅五进一，卒3平4；帅五退一，卒4进1；帅五进一，车4进3，黑胜。

③如改走相三退五，则车6平5；帅五进一，象5进3，黑胜。

第63局　六将下江南

《百变象棋谱》第34局“六将下江南”（图63），这种“二车先行”类型的江湖棋局，《韬略元机》《心武残编》《百局象棋谱》《竹香斋象戏谱》等古谱中记载了十几局，其中“出凡跨鹤”“低马出凡”比较优秀。

着法：红先和

1. 后车平六[①]　车4退4
2. 仕四退五　卒3平4
3. 车五退一[②]　车4进1
4. 车五退一　车4退1
5. 车五进一　卒6平5
6. 帅五进一　卒4进1
7. 帅五退一　卒4进1
8. 帅五平四　车4平5
9. 帅四进一　车5平6
10. 帅四平五　车6退3
11. 兵五平四　将4进1
12. 兵九平八　象7进9

和局

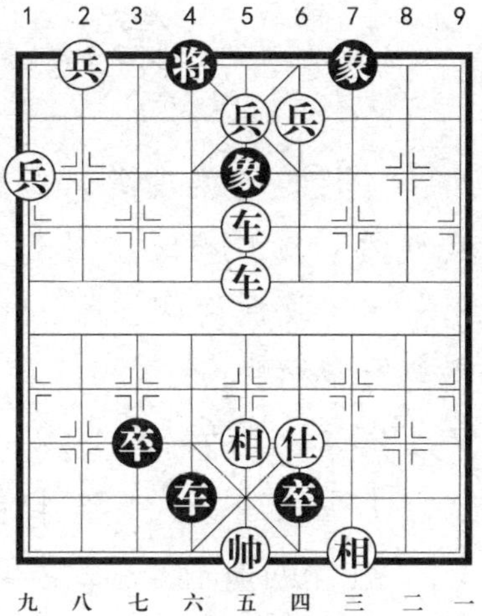

图63

注释：

①如改走兵五进一，则将4进1；兵四平五，将4进1；后车平六，车4退4；仕四退五，卒3平4；兵九平八（如改走车五退一，则车4平5；兵九平八，象5进3，黑胜），卒6平5；帅五进一，卒4进1；帅五退一，卒4进1；帅五进一，车4进4，黑胜。

②献车佳着！如改走车五平四，以下黑方有正误两种走法，变化如下：

甲：卒4平5（正确）；车四退五，卒5进1；帅五进一，车4平5，黑胜。

乙：卒4进1（错误）；车四退五，卒4平5；帅五进一，车4进4；帅五退一，车4平6；兵九平八，车6退7；前兵平七（原谱着法是走兵五平四，将4进1；和局），象5退3；兵五平四，将4进1；兵八平七，象7进9；相五进三，红胜。

第64局　低马出凡

《竹香斋象戏谱》二集第23局“低马出凡”（图64），与《心武残编》第115局“假虞伐虢”、《百局象棋谱》第10局“低马六出”、《渊深海阔》第119局“失守街亭”相同，红方第13回合马进象口非常精彩。

着法：红先和

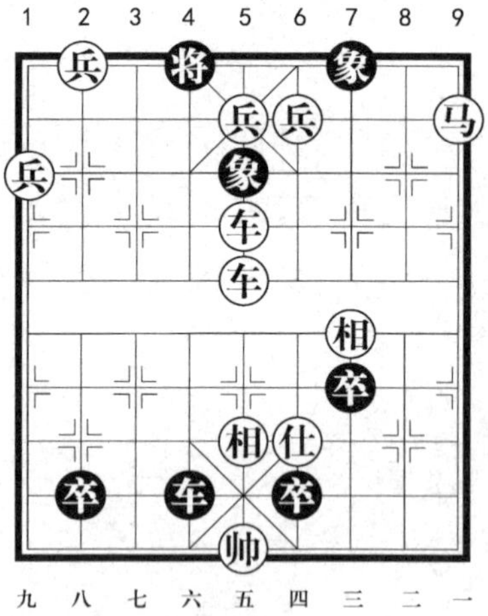

图64

1. 后车平六① 车4退4
2. 仕四退五 卒2平3
3. 车五平四 卒6平5②
4. 帅五进一 车4进4
5. 帅五退一 卒7进1
6. 相五进七 车4进1
7. 帅五进一 卒3平4
8. 帅五平四 卒7进1
9. 帅四进一 车4平6
10. 帅四平五 车6退6
11. 兵九平八 车6平5③
12. 帅五平四 象7进9④
13. 马一进三⑤ 象9退7⑥
14. 兵四进一 车5平6

15. 帅四平五　车6退3　　16. 后兵平七　车6平5

17. 兵五进一　将4平5　　和局（原谱1本着法）

注释：

①如改走前车平六，则车4退5；仕四退五，卒2平3；车五平四，卒6平5；帅五进一，车4进5；帅五退一，卒7进1；相五进七，车4进1；帅五进一，卒3平4；帅五平四，卒7进1；帅四进一，车4平6；帅四平五，车6退5；马一退三（如改走兵九平八，则车6平5；帅五平四，车5平8，黑胜），车6平4；帅五平四，车4进3；相七退五，车4退1；相五退三，车4平7，黑胜。

②如改走卒3平4，则车四退五，卒4平5；帅五进一，车4进4；帅五退一，车4平6；马一退三，车6退6；兵四进一，红胜。

③如改走车6平4，则前兵平七，象5退3；兵五进一，将4进1；兵四平五，将4进1；兵八平七，红胜（原谱变1着法）。

④如改走车5平2，则兵四进一，车2平6；帅四平五，车6退3；后兵平七，车6进5；兵七进一，红胜。

⑤如改走兵四进一，则车5平6；帅四平五，车6退3；后兵平七，车6平8，黑胜（原谱变2着法）。

⑥如改走车5平8，则前兵平七，象5退3；兵五平六，将4进1；马三退四，将4进1；马四退二，将4平5；兵八平七，红胜（原谱变3着法）。

车马类

第65局　金鸡抱卵

《棋谱秘录》乾集第67局（图65-1），与《烂柯真机》第21局“金鸡抱卵之势”类同（《烂柯真机》，作者不详，成书于清光绪二十二年，即1896年，共有30个残局），红方算度精确，舍中马使黑车自投罗网，以单车仕相全巧胜车双士。

着法：红先胜

1. 车五平一　车8进2
2. 帅四退一　车8进1
3. 帅四进一　车8平5
4. 车一平六　将4平5
5. 仕五退四　将5平6①
6. 仕四退五　士6进5
7. 车六进四②　红胜

图65-1

注释：

①如改走将5退1，则仕四退五，士6进5；车六平七，将5平4；车七退一，将4平5；相五进七，士5退4；相七退九，红用仕相牢牢困住黑车，形成一车胜双士的残局。

②速胜之着！原谱着法是车六平七，以后再使中相飞到九路困住黑车取胜。

本局至第86局是车马（包括车马兵、车双马、双车马、双车双马等）在残局中纵横捭阖的场面。

车直马曲，联合作战杀伤力很强，在残局中尤为突出。车马的残局定式有车马胜双马双士、车马胜马炮双象、车马胜马炮单缺象或双炮单缺士，车马双相可胜车双士甚至车双象，车马兵双仕能胜车士象全，等等。古谱对车马的残局定式涉及不多，把重点放在“车马冷着”和攻防妙手上。现仅举四例予以介绍。

图65-2是《韬略元机》卷三第26局“戎车既戒”的一个变化，着法是仕六进五，卒4平5；帅五平六，卒5进1；车六进三，将4平5；车六退四，将5进1；马七进六，将5退1；车六平五，象7进5；车五进四，红胜。

图65-3是《适情雅趣》第357局“首动尾应”，着法是车八进七，将5进1；马五进七，将5平6（如改走将5进1，则车八平二，将5平4；马七退六，将4退1；车二退一，将4退1；马六进七，将4平5；车二进一，红胜）；车八退四，将6退1；车八平四，将6平5；车四平二，将5平6；马七退五，将6平5；马五进三，将5平4；车二平六，将4平5；车六平四，将5平4；车四进四，将4进1；马三退五，将4平5；马五进七，将5进1；车四平二，将5平4；马七退六，将4退1；车二退一，将4进1；马六进四，将4平5；车二退一，红胜。

图65-4是《湖涯集》第12局“双车投井”的一个变化，着法

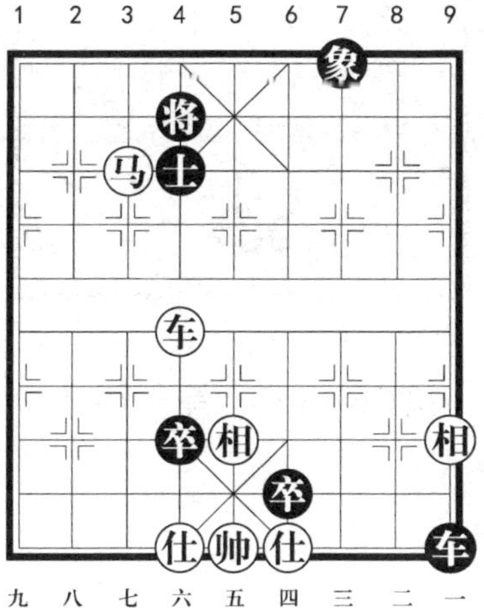

图65-2 （红先胜）

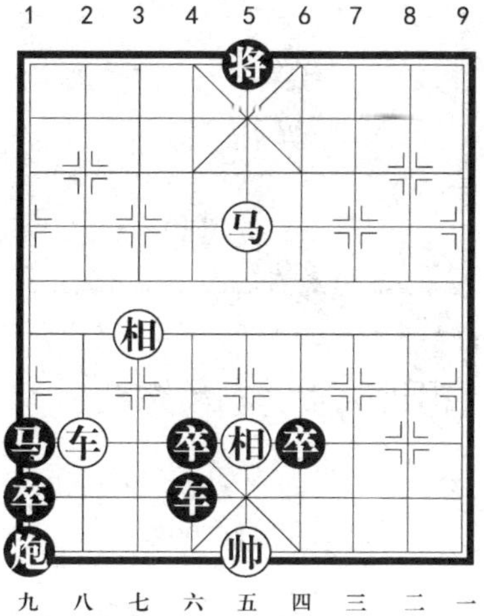

图65-3 （红先胜）

是车4退2；炮四退一，象7进9；后兵平四，车4平5；炮四进一（如改走炮一退一，则车5进1；帅四退一，马4进2；炮四平二，马2进4；兵四进一，车5退7；帅四进一，车5进8；兵四平五，马4退5；帅四进一，马5退7；帅四退一，马7进8；帅四进一，车5退1，黑胜），象9退7；兵四进一，车5平9；炮一平二（如改走兵九平八，则卒4平5；兵八平七，车9进1；帅四退一，马4进5；帅四平五，马5退7；兵四平三，车9平5，黑胜），车9平8；炮二平一，卒4平5；炮一退一，车8退6；兵九平八，车8平9；兵八平七，车9进7；帅四退一，马4进5；帅四平五，马5退7；兵七平六，车9进1，黑胜。

图65-5是《蕉竹斋象棋谱》97局本第25局“井里照月”的一个变化，着法是车7进9；帅四进一，车7退1；帅四退一，马5退7；炮一平六（如改走车五平三，则车7退1；帅四进一，车7进1；帅四进一，车7平9，黑胜），车7进1；帅四进一，车7平6，黑巧胜。

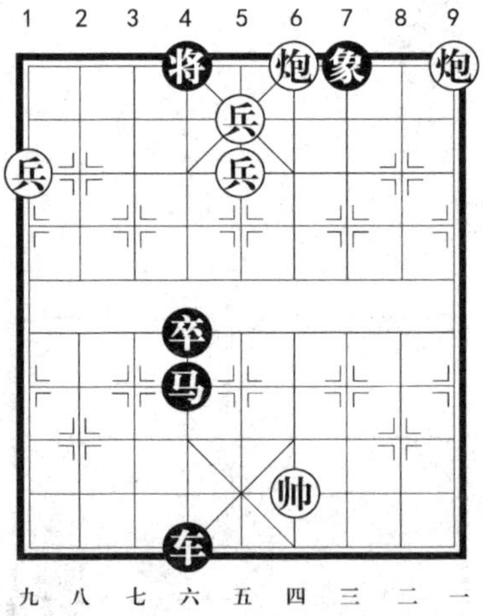

图65-4 （黑先胜）

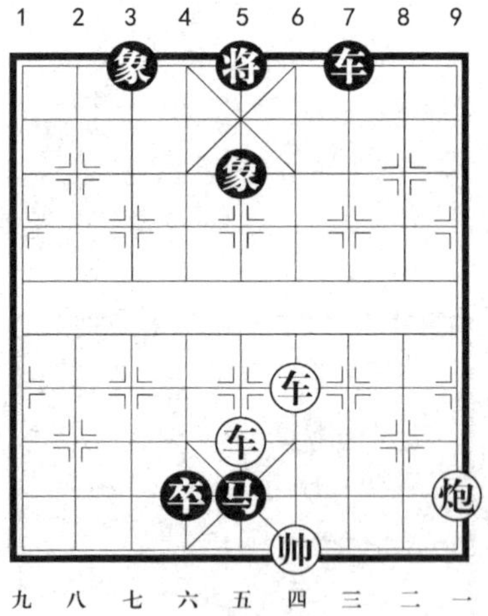

图65-5 （黑先胜）

第66局　奇妙文武

《适情雅趣》第327局“奇妙文武”（图66），红方巧用“车马冷着”取胜（本局至第71局都是“车马冷着”体式的排局），现代排局家认为原谱着法第4回合车二平三劣，车二平四才是正着。

着法：红先胜

1. 车二进三　将6进1
2. 马四进二　将6进1
3. 车二退一　象5退7
4. 车二平四[①]　将6平5
5. 车四退四　士5进6[②]
6. 车四平五　将5平4
7. 车五平八　前卒平4
8. 帅六平五　将4平5[③]
9. 马二退四　将5退1
10. 车八进四　将5进1
11. 车八平六　前卒平5
12. 帅五平六　士6退5
13. 车六退四　将5平6
14. 车六平四　红胜

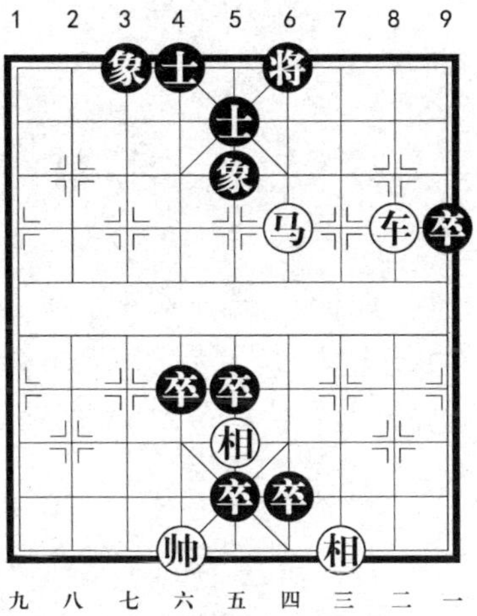

图66

注释：

①原谱着法是车二平三，将6平5（应改走象7进9；红不能胜）；车三退四，士5进6；马二退四，将5退1；车三进四，将5进1；车三平六，士6退5；车六退四，将5平6；车六平四绝杀，红胜。以上着法虽有漏算，但结尾非常精彩，即本局的精华。

②黑方另有两种着法亦负，变化如下：

甲：象7进9；马二进四，士5退6；车四平五，将5平6；马四进六，红胜。

乙：士5退6；车四平五，将5平6；车五平三，将6平5；

马二退四，将5平6；车三平四，将6平5（如改走将6退1，则马四进六，将6平5；车四进四，将5进1；马六退五，士6进5；车四退二绝杀，红胜）；车四平五，将5平6；马四进六，士6进5；车五平四，将6平5；马六进五绝杀，红胜。

③如改走将4退1，则车八进四，将4进1；马二退四，将4平5；车八平六，前卒平5；帅五平六 士6退5；车六退四，将5平6；车六平四绝杀，红胜。

第67局　秦王跳涧

《橘中秘》第11局“车马冷着（一）”与《渊深海阔》第304局“秦王跳涧”（图67）相同，采用《梦入神机》中的“摇尾乞怜”着法，红方先以卧槽马叫杀，最后以钓鱼马杀法取胜。

着法：红先胜

1. 车二进二　将6退1
2. 车二退五　将6进1
3. 车二平四　将6平5
4. 马七退六　将5退1
5. 车四平六　将5平6
6. 马六退四　卒6进1
7. 马四进三　将6平5
8. 车六进六　红胜

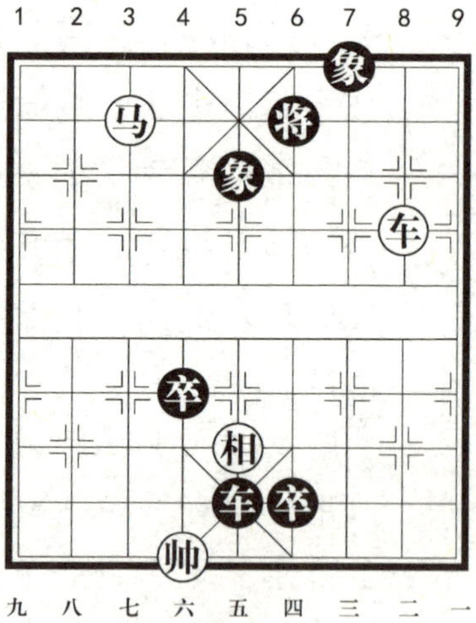

图67

第68局　匹马单刀

《韬略元机》卷三第35局“匹马单刀”（图68），与《适情雅趣》第383局“胡爽扣马”实质相同，红胜结论正确但着法有误。

着法：红先胜

1. 马九退七　将5平4[①]
2. 车一进五　将4进1
3. 马七退六[②]　将4进1
4. 马六进八　将4平5
5. 车一平五　将5平4
6. 马八进七　将4退1
7. 车五平六　红胜

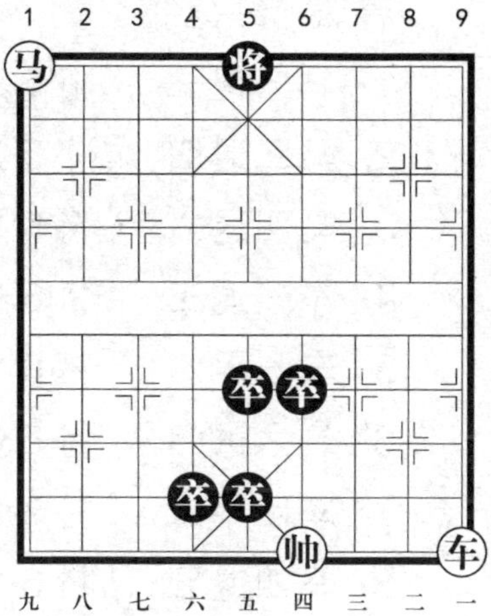

图68

注释：

①如改走将5平6，则车一进四，将6进1；马七进五，前卒平6；帅四平五，将6平5；车一平五，将5平6；马五退六，将6进1；车五进四，红胜。

②原谱着法是车一平六，将4平5；马七退六，将5退1；车六平五（精确的走法是马六进四，将5平6；马四进二，将6平5；车六平五，将5平4；马二退四绝杀，红胜），将5平6；以下红方有正误两种着法，变化如下：

甲：车五退二（原谱着法至此结束，误作红胜），卒5平6，帅四进一，卒6进1；帅四退一，卒6进1；帅四平五，卒6进1，黑胜。

乙：马六进五（正确），前卒平6；帅四平五，将6进1；马五退七，前卒平5；帅五平四，将6退1；马七退五，前卒平6；帅四平五，将6平5；马五进四，将5平6；马四退六，红胜。

第69局　夷齐扣马

此局名借用《适情雅趣》中的“夷齐扣马”命名。《棋谱秘录》乾集第54局（图69），比《适情雅趣》第349局“夷齐扣马”棋图多出黑方后卒。

着法：红先胜

1. 马一退三　将5进1
2. 马三退四　将5进1
3. 马四退六　将5平6
4. 车一退三　将6退1
5. 车一平四　将6平5
6. 马六进四　将5进1①
7. 车四平二　将5平6
8. 马四退五　将6平5
9. 车二平五　将5平6
10. 马五进三　将6退1
11. 马三进二　将6进1
12. 马二进三　将6退1
13. 车五平四　将6平5
14. 车四进四　将5平4
15. 马三退四　将4进1②
16. 马四退五　将4退1
17. 车四平五　红胜（原谱着法）

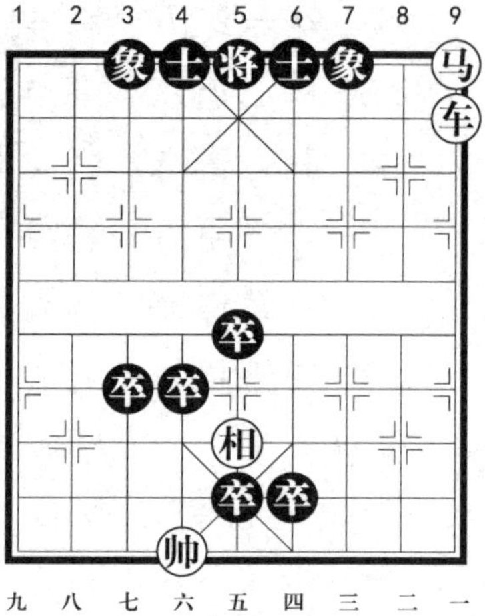

图69

注释：

①黑方另有两种着法均负，变化如下：

甲：将5退1；车四平八绝杀，红胜。

乙：将5平6；马四进六，将6平5；车四进三，将5进1；马六退五，士6进5；车四退二，红胜。

②如改走将4平5，则车四平五，将5平6；马四进二，红胜。

第70局　马跳澶溪

此局名借用《适情雅趣》中的“马跳澶溪”命名。《棋谱秘录》乾集第56局（图70-1），与《适情雅趣》第313局“马跳澶溪”近似。

着法：红先胜

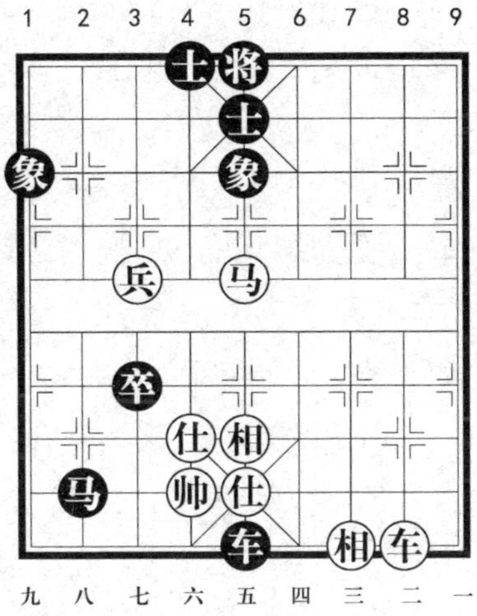

图70-1

1. 车二进九　象5退7
2. 车二平三　士5退6
3. 马五进六　将5进1
4. 马六退四[1]　将5平6[2]
5. 车三退一　将6进1
6. 马四退五　将6平5
7. 车三退一　将5退1
8. 马五进六　将5平4
9. 车三平五　士4进5
10. 车五平九　士5退4[3]
11. 车九进一[4]　将4进1
12. 马六退五　将4平5
13. 车九退一　将5退1
14. 马五进四　将5平6
15. 车九平五　士6进5
16. 车五平一　士5退6[5]
17. 车一进一　将6进1
18. 马四退五　将6平5
19. 马五进六　将5平4
20. 兵七进一　士4进5
21. 兵七进一　将4退1
22. 兵七进一　将4退1
23. 兵七进一　将4进1
24. 马六进八　将4进1
25. 车一退一　士5进6
26. 车一平四　红胜

注释：

①如改走车三退一，则将5进1；车三退一，将5退1；马六退四，将5平6；车三进一，将6进1；马四退五，与主着法弈至

第6回合时的形势相同，红方缓两步胜（这是原谱着法）。

②黑方另有两种着法均负，变化如下：

甲：将5退1；车三退五，车5平3；车三平五，士6进5；马四进三，将5平6；车五平四，士5进6；车四进三，红胜。

乙：将5平4；车三退五，士4进5；车三平六，士5进4；车六进三，红胜。

③黑方另有三种着法均负，变化如下：

甲：卒3进1；马六进八，将4进1；马八退九，将4退1；马九进七，将4退1；车九进二，红胜。

乙：将4退1；车九进二，将4进1；马六进八，将4进1；车九退五，士5退4；车九平六，将4平5；车六平五，将5平4；兵七进一，红胜。

丙：士5进6；车九进一，将4进1；兵七进一，卒3进1；兵七进一，将4平5；马六退四，红胜。

④原谱着法至此结束，红胜。

⑤图70-2形势，黑方另有两种着法均负，变化如下：

甲：将6退1；车一进二，将6进1；马四进二，将6进1；车一退二，车5平3；马二退三，将6退1；马三进五，将6退1；车一进二，红胜。

乙：士5进4；车一进一，将6进1；马四进二，将6平5；马二进三绝杀，红胜。

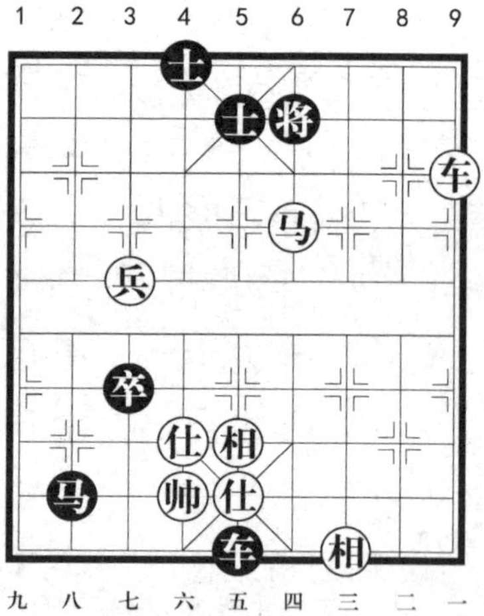

图70-2

第71局　车马盈门

图71-1是《适情雅趣》第332局“车马盈门”。

着法：红先胜

1. 马五进四　将5进1

2. 马四退六　将5平4

3. 马六进八　将4进1[①]

4. 车二平六　将4平5

5. 车六平五　将5平4

6. 马八进七　将4退1

7. 车五平六　将4平5

8. 车六进四　将5平6[②]

9. 车六退一　将6进1

10. 马七退六　将6平5

11. 马六退五

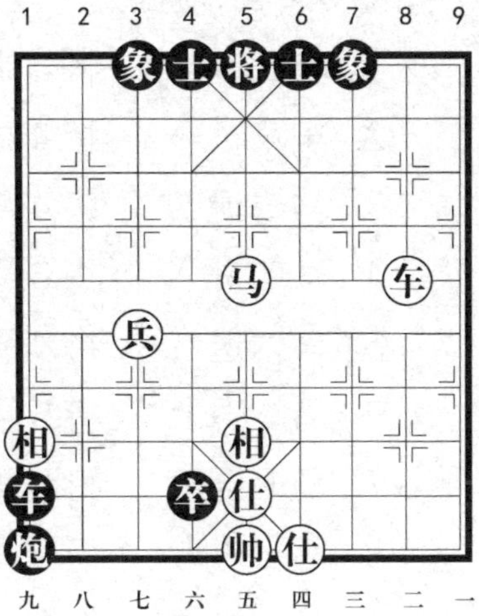

图71-1

红胜（原谱着法）

注释：

①如改走将4平5，则车二平五，象7进5；马八退六，将5平4（原谱变2着法是将5退1；车五平二绝杀，红胜）；车五平六，象5退7；马六进四，将4平5；车六进三，将5进1；马四退五，红胜（原谱变1着法）。

②如改走卒4平3，则车六退六，将5退1；马七退六，将5进1（如改走将5平4，则马六进八，将4平5；车六平五，士6进5；马八退六，将5平4；车五进五，卒3进1；仕五退六，卒3平4；帅五平六，车1平2；帅六平五，红胜定）；马六退四，将5退1（如改走将5平6，则车六进五，将6进1；马四进六，将6平5；马六退五，卒3进1；仕五退六，车1平7；车六平四，炮1平4；仕四进五，车7退4；车四进一，将5退1；马五

进四，红胜定）；车六进五，士6进5；车六平五，将5平4；马四进六，卒3进1；仕五退六，卒3平4；帅五平六，车1平2；帅六平五，红胜定。

学习研究古谱“奇妙文武”“车马盈门”等局之后，试拟出71-2的棋势，局中蕴藏着很多精彩实用的“车马冷着”小杀着，非常漂亮。

着法：红先胜

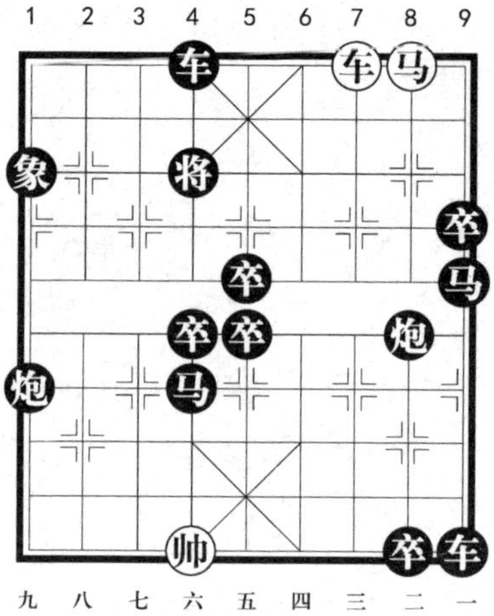

图71-2

1. 车三退二　将4退1
2. 车三进一　将4进1
3. 马二退四　将4平5
4. 马四进六　将5平4
5. 马六退八　将4平5
6. 马八退七　将5平6
7. 马七退五　将6平5
8. 马五进七　将5平6
9. 马七进六　将6平5
10. 马六进四　将5平6
11. 车三退三　将6退1
12. 车三平四　将6平5
13. 马四退三　将5进1
14. 车四平八　将5平6
15. 车八进二　将6退1
16. 马三退五　将6平5
17. 马五进七　将5进1①
18. 马七退六　将5退1
19. 车八进一　将5退1
20. 马六进七　将5平6
21. 马七退五　将6平5
22. 车八进一　将5进1②
23. 马五进三　将5平4
24. 车八退一　将4退1
25. 马三进五　将4平5
26. 马五退六　将5平6
27. 车八进一　将6进1③
28. 车八退二　将6退1
29. 车八平四　将6平5
30. 车四平九　将5平6④
31. 车九进二　将6进1
32. 车九退四　将6退1

33. 车九平四　将6平5　　34. 马六进四　将5进1

35. 马四进三　将5退1　　36. 车四平九　将5平6

37. 马三退二　将6平5　　38. 马二退四　将5平4

39. 车九平六　将4平5　　40. 车六平二　将5平4[5]

41. 车二进四　将4进1　　42. 车二退一　将4退1

43. 马四退六　将4平5　　44. 车二进一　将5进1

45. 马六进七　将5平6　　46. 车二退一　将6退1

47. 马七进五　将6平5　　48. 马五退六　将5平6

49. 车二进一　将6进1　　50. 车二退四　将6退1

51. 马六进七　将6进1　　52. 马七进五　将6平5[6]

53. 车二平五　将5平4[7]　　54. 马五退四　将4进1

55. 车五平八　将4平5　　56. 车八进二　将5退1

57. 马四进三　将5平4　　58. 车八进一　将4进1

59. 马三退五　将4平5[8]　　60. 马五退三　将5平6

61. 车八退一　将6退1　　62. 车八进二　将6进1[9]

63. 马三退四　马9退7[10]　　64. 车八退二　马7退5[11]

65. 车八平五　将6退1　　66. 马四进六　将6退1

67. 车五平四　将6平5　　68. 车四平九　将5平6[12]

69. 车九进二　将6进1　　70. 车九退一　将6退1

71. 马六进五　将6平5[13]　　72. 马五退四　将5平4

73. 车九进一　将4进1　　74. 车九退二　将4退1

75. 马四进三　将4进1　　76. 车九进一　将4退1

77. 车九退二　将4进1　　78. 马三进五　将4平5[14]

79. 车九平五　将5平4[15]　　80. 马五退四　将4进1

81. 车五平九　将4平5　　82. 车九进一　将5退1

83. 马四进三　将5平4　　84. 车九进一　将4进1

85. 马三退五　将4平5　　86. 马五退三　将5平6

87. 车九退一　将6退1　　88. 车九退一　将6进1

89. 马三退四　马4退6　　90. 车九平四　将6平5
91. 车四平二　将5平6[16]　　92. 马四进六　马6退5
93. 车二平五　炮1平4　　94. 车五平四　将6平5
95. 车四进一　红胜

注释：

①如改走将5平4（图71-3），则车八进二，象1退3；车八平七，将4进1；马七退六，炮8退4（如改走炮1退5，则车七退二，将4退1；车七进一，将4退1；马六进七，炮8退4；车七进一，将4进1；车七平六，红胜）；车七平六，炮8平4；马六进四，将4平5；车六退一，将5平6；车六退一，将6退1；马四进二，将6平5；马二进三，将5退1；车六平九，将5平6；马三退一，将6平5（如改走马4退6，则车九进二，将6进1；车九退一，将6进1；马一进三，将6平5；车九退一，红胜）；马一退三，将5平4；马三退五，将4平5；车九平五，将5平4；车五进一，炮1退5；马五进七，炮1平3；车五平七，将4平5；车七进一，红胜。

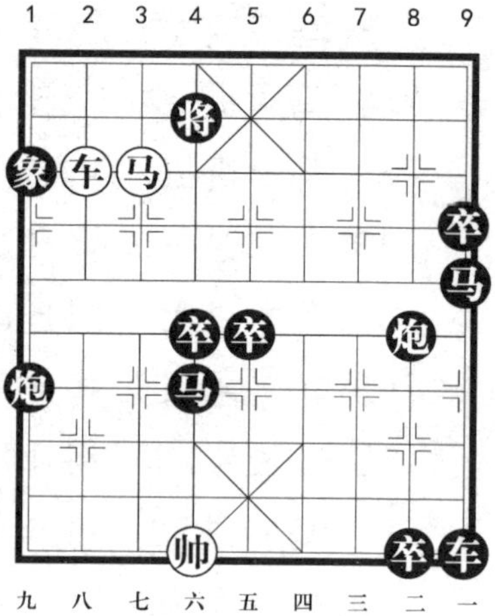

图71-3

②如改走象1退3，则车八平七，将5进1；车七退一，将5退1（如改走将5进1，则马五进三，将5平6；车七退一，将6退1；车七进二，与主着法弈至第62回合时的形势基本相同，红胜）；马五进七，将5平6；马七进五，将6平5（如改走将6进1，则马五退六，将6退1；车七进一，将6进1；车七退四，将6退1；车七平四，将6平5；马六进四，与主着法弈至第34回合时的形势相同，红胜）；马五进三，将5平6；车七进一，将6进1；车七退四，将6退1；马三退二，将6平5；马二退四，将5平4；车七平六，将4平5；车六平二，与主着法弈至第40回合时

的形势相同，红胜。

③如改走象1退3，则车八平七，将6进1；车七退四，将6退1；车七平四，将6平5；马六进四，与主着法弈至第34回合时的形势相同，红胜。

④如改走炮8退5（图71-4），则马六进四，将5进1（如改走将5平6，则马四进二，将6平5；车九平五，将5平4；马二退四，将4进1；车五进二，将4进1；马四退五，将4退1；马五进七，将4进1；车五平六，红胜）；马四进三，将5平4；车九进一，将4进1；马三退五，将4平5；马五退三，以下黑方有两种着法均负，变化如下：

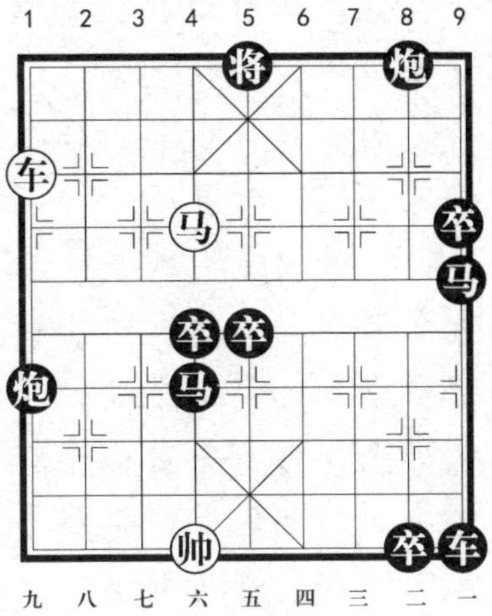

图71-4

甲：将5平6；车九退一，将6退1；马三进二；将6平5；马二退三，将5平4（如改走将5平6，则马三进一，将6平5；马一进三，将5平4；车九退一，将4进1；马三退五；将4平5；车九平五，将5平4；马五进七，将4退1；车五平六，红胜）；车九进一，将4退1；马三进五，将4平5；马五退四；将5平4；车九进一，将4进1；车九退二，将4退1；马四进五，将4平5；马五退三，将5平4；马三退五，将4平5；车九平五，将5平4；车五进一，炮1退5；马五进七，炮1平3；车五平七，马4退6；车七平五，红胜。

乙：炮8平4；车九平五，将5平6（如改走将5平4，则马三退二，马4退6；马二进四，马6退5；车五退二，马9进7；车五平六，将4平5；车六进一，红胜）；马三退四，马4退6；马四进六，马6退5；车五退二，炮1平4；车五平四，将6平5；车四进一，红胜。

⑤如改走炮1退6，则马四进六，将5平4（如改走将5进1，则马六进七，将5退1；车二进四，红胜）；马六进八，将4

平5；车二平五，将5平6；马八退六，红胜。

⑥黑方另有三种着法均负，变化如下：

甲：马4退6；马五退六，将6平5；马六进七，将5平6；车二平四，红胜。

乙：车9退2；马五退六，将6平5；马六进七，将5退1；车二进四，红胜。

丙：马4退2；车二进三，将6退1；马五退六，马2进3；帅六平五，红胜。

⑦如改走将5平6（图71-5），则马五退六，将6进1；车五平二，将6平5；车二进二，将5退1；马六进七，将5平6；车二进一，将6进1；马七退五，将6平5（如改走炮1退4，则马五退六，将6平5；车二平五，将5平4；马六进八，红胜）；马五退七，将5平4（如改走炮8平6，则车二平五，将5平4；马七退六，红胜）；车二退一，将4退1；车二进二，将4进1；马七退六，炮1退5（如改走炮8退4，则车二平六，炮8平4；马六进四，将4平5；车六退一，将5平6；车六退一，将6退1；马四进二，将6平5；马二进三，将5退1；车六平九，将5平6；马三退一，将6平5；马一退三，将5平4；马三退五，将4平5；车九平五，将5平4；车五进一，红胜）；车二平六，炮1平4；马六进四，将4平5；车六退一，将5平6（如改走炮8退3，则车六平五，将5平6；马四进二，红胜）；车六退一，将6退1；马四进二，将6平5；马二进三，将5退1；车六平八，将5平6；车八进二，将6进1；车八退一，将6退1；马三退二，将6平5；马二退四，将5平4；马四进五，将4平5；马五退三，将5平4；车八进一，将4进1；车八退三，将4退1；车八平六，将4

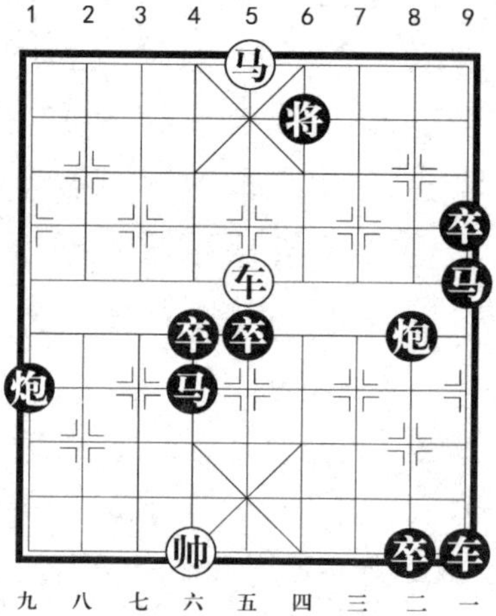

图71-5

平5；车六平四，将5平4；车四进三，将4进1；马三退五，将4平5；马五进七，将5进1；车四退一，将5平4（黑如改走：甲：车9退2；马七进六，将5平4；马六退八，将4平5；马八退七；将5平4；车四退一，红胜。乙：马4退2；车四平五，将5平4；马七进九，马2进3；帅六平五，红胜）；车四退一，将4退1；车四进二，将4进1；马七退六，炮8退4；车四退二，将4退1；车四进一，将4进1；车四平五，马4退2；马六进四，红胜。

⑧如改走炮8退3，则马五退四，将4平5；车八平五，将5平6；马四进二，红胜。

⑨如改走炮8平6，则车八退一，将6进1；马三退四，车9退2；马四进六，将6平5；车八退一，红胜。

⑩如改走炮8退4，则车八平四，炮8平6；马四进六，将6平5；车四退一，将5平4；车四退一，将4退1；马六进八，将4平5；马八进七，将5退1；车四平二，将5平4；车二进二，将4进1；车二退三，将4退1；车二平六，将4平5；车六平五，将5平4；马七退九，将4进1；车五平二，马9退7；车二平三，炮1退4；车三进二，将4进1；车三平五，炮1平3；马九进七，炮3退1；车五平七，将4平5；车七退一，红胜。

⑪如改走将6退1，则车八进一，将6退1；马四进三，将6平5；车八进一，红胜。

⑫如改走炮8退5，则马六进四，将5进1；马四进三，将5平4；车九进一，将4进1；马三退五，将4平5；马五退三，将5平6；马三进二，将6平5；马二退三，将5平6；车九退一，将6退1；车九退一，将6进1；马三进一，将6平5；马一进三，将5平4；马三退五，将4平5；车九平五，将5平4；马五进七，将4退1；车五平六，红胜。

⑬如改走将6进1，则马五退四，将6进1；车九退一，将6退1；马四进二，将6平5；马二进三，将5平4；车九进一，与主着法弈至第84回合时的形势相同，红胜。

⑭黑方另有两种着法均负，变化如下：

甲：车9退2；马五退四，将4平5；马四进三，将5退1；车九进三，红胜。

乙：炮8退3；车九进二，将4退1；马五退四，红胜。

⑮如改走将5平6，则马五退六，将6进1；车五平二，将6平5；车二进一，将5退1；马六进七，将5平6；车二进一，将6进1；马七退五，将6平5；马五退七，将5平4；车二退一，将4退1；车二退一，将4进1；马七退六，马4退6；车二平六，将4平5；车六平八，将5退1；马六进四，将5平6；马四进二，将6平5；马二进三，将5退1；车八进三，红胜。

⑯如改走将5退1，则马四进六，将5平4；马六进八，将4平5；马八进七，将5退1；车二进三，红胜。

第72局　辎重塞途

《适情雅趣》第274局“辎重塞途”（图72），红方弃掉“辎重”（车）塞住黑方老将的退路，以小兵巧胜。

着法：红先胜

1. 车七进一　将4进1
2. 车七平六　士5退4
3. 马七进八　炮3退9
4. 兵八平七

红胜（原谱着法）

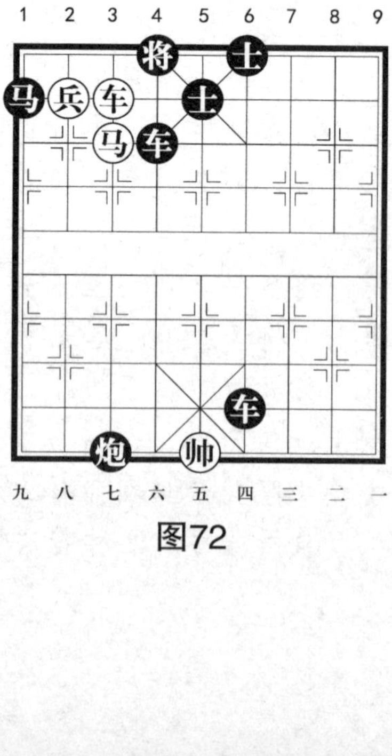

图72

第73局　视死如归

《适情雅趣》第362局“视死如归”（图73），红方第3回合弃车引走黑象，马到成功。

着法：红先胜

1. 车五进五　将4进1
2. 兵七进一　将4进1
3. 车五退二　象7退5
4. 马二进四

红胜（原谱着法）

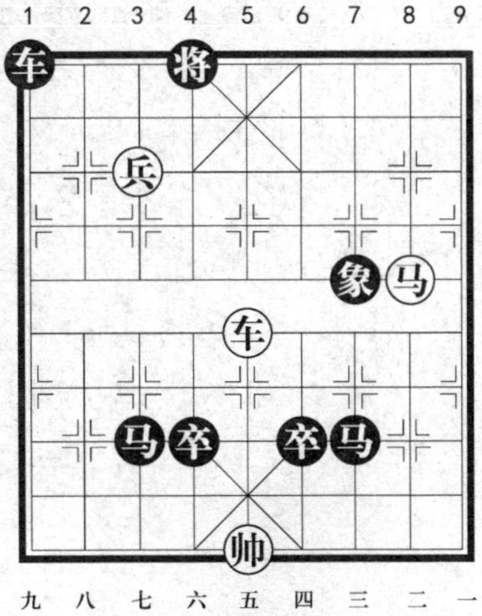

图73

第74局　马尽兵残

《韬略元机》卷一第28局“马尽兵残”（图74），与《渊深海阔》第299局“回营御敌”相同，红方起手退车献于对方车口是难以想到的唯一解着。

着法：红先和

1. 车三退五① 车6进1②　　2. 车三平四　车8平6
3. 帅五平四　马7进6　　4. 兵六进一　卒5平6
5. 兵六平五　马6退5　　6. 兵五进一　将6平5

和局（原谱着法）

注释：

①如改走兵五进一，则将6进1；兵六平五，马7进5，黑胜。

②黑方车6进1正确，另有两种走法均负，变化如下：

甲：车8平7；马四进二，车7退8；兵六进一，红胜。

乙：车8退2；车三进八，车8平5；帅五平六，车6进1；帅六进一，车6退1；帅六退一，车5平4；帅六平五，车6退6；兵五平四，车6退1；车三进一，红胜。

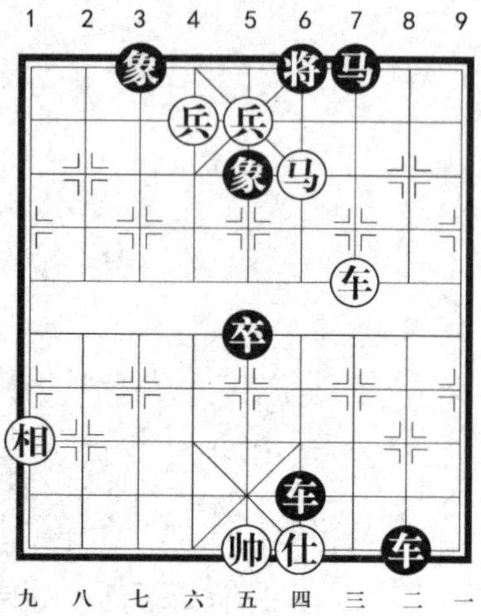

图74

第75局　跃鲤吞饵

《适情雅趣》第264局“跃鲤吞饵”（图75），红方弃掉一车，马“弯勾”而胜。

着法：红先胜

1. 车七进六　象7进5
2. 车七平五　将6平5
3. 马八退七　将5平6
4. 马七退五　将6平5
5. 马五进三　将5平6
6. 车六平四

红胜（原谱着法）

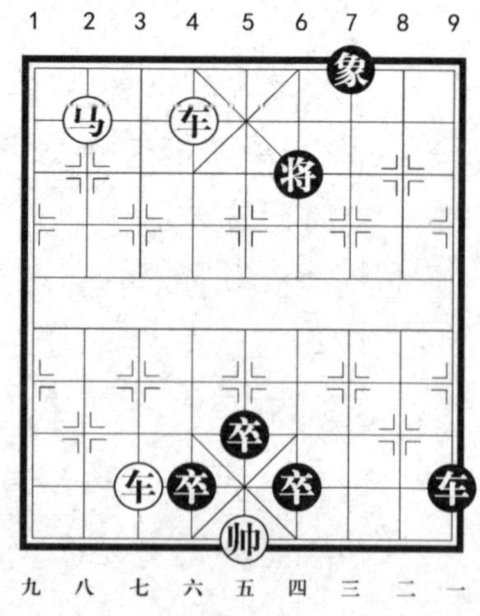

图75

第76局　杨香跨虎

《适情雅趣》第270局“杨香跨虎”（图76），与《棋谱秘录》乾集第48局类同，红方弃一车，形成车马“倒挂金钩”巧胜。

着法：红先胜

1. 前车进一　将4进1
2. 后车进一　将4进1
3. 后车平六　将4退1
4. 马九退八　将4进1
5. 车七退二　将4退1
6. 车七退二　将4进1
7. 马八进七

红胜（原谱着法）

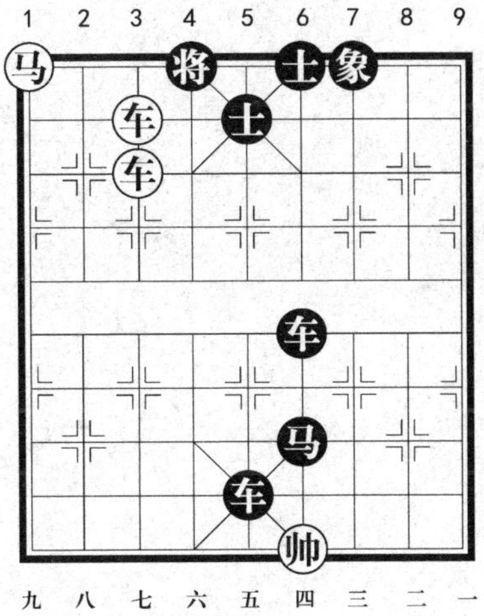

图76

第77局　双车换象

《韬略元机》卷三第49局“双车换象”（图77），与《渊深海阔》第127局“杨青打虎”及《棋谱秘录》乾集第60局类同，红方连续“将军”，最后仅剩一马获胜，奇妙。现删去原棋图中的冗子三・四位兵与底相，成为精彩的“连照一子杀”体式棋局。

着法：红先胜

1. 车三进五　象5退7　　2. 车七进一　将4进1

3. 车七平六　士5退4

4. 马七进八

红胜（原谱着法）

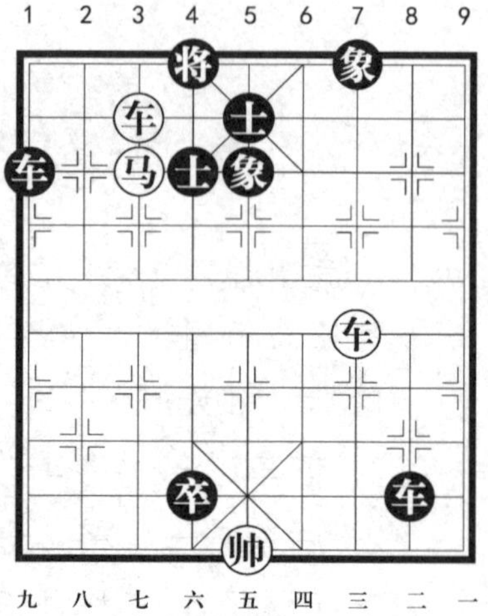
图77

第78局　随形助胜

《适情雅趣》第224局“随形助胜”（图78），也是短小精干的“连照一子杀”局，妙不可言。

着法：红先胜

1. 前车进一　将6进1

2. 前车平四　士5退6

3. 马三进二　车8退9

4. 车三进八　炮3平7

5. 马八进六

红胜（原谱着法）

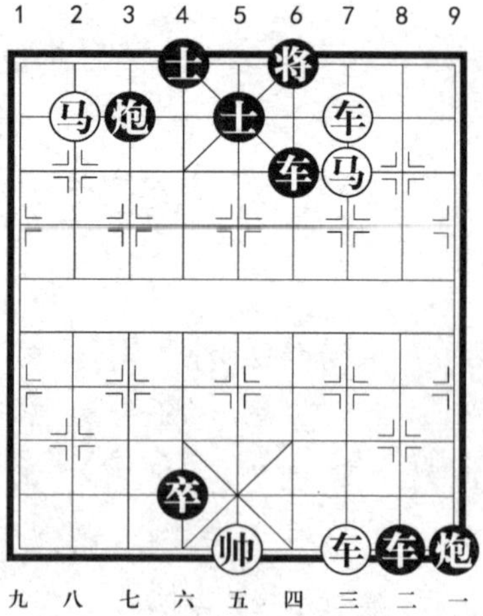
图78

第79局　推窗观月

《适情雅趣》第65局“推窗观月”（图79），红方第2回合扬相“解杀还杀”，十分精妙。

着法：红先胜

1. 车六进七　将6进1
2. 相五进三　车7退2[①]
3. 车二进八　将6进1
4. 车六平四　士5退6
5. 车二退一　将6退1
6. 马五进六

红胜（原谱着法）

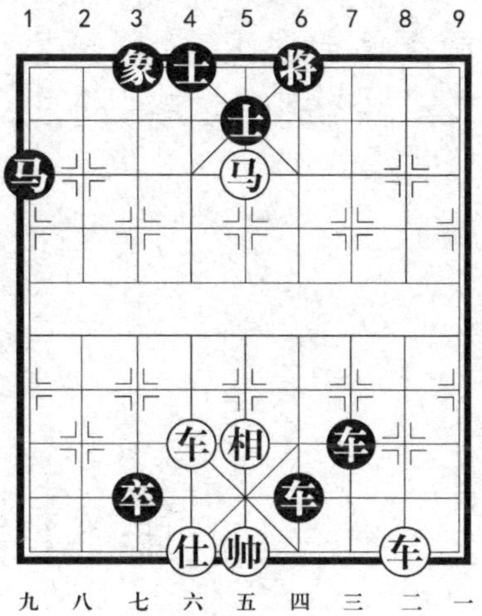

图79

注释：

①如改走象3进5，则车六平三，红胜（原谱变着）。

第80局　肉袒负荆

《适情雅趣》第284局“肉袒负荆”（图80），红方献车“解杀还杀”的一着很奇特。

着法：红先胜

1. 车九平六[①]

红胜（原谱着法）

注释：

①黑如续走，有两种着法：甲：车4退1；马二进三，将5平4；车八进九，象1退3；车八平七，红胜。乙：车4进5；车六退六，后卒平4；仕四进五，卒6平5；车八进一，卒4进1；车八平六，卒5平4；帅六进一，士5退4；马二进三，将5进1；马三退五，红胜定。

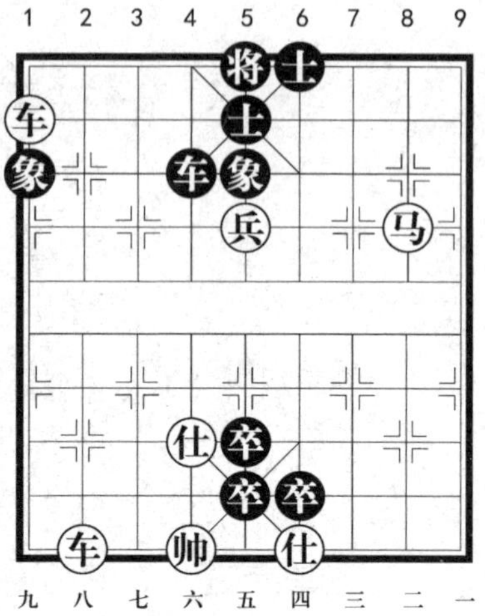

图80

第81局　老当益壮

图81是《梦入神机》中的“老当益壮”，红方老兵助车马组成“侧面虎”杀法。

着法：红先胜

1. 车五平六　将4进1
2. 马四退五　将4平5
3. 车三进七　士5进6
4. 马五进七　将5退1
5. 车三进一　将5退1
6. 车三进一　将5进1
7. 车三退一　将5退1
8. 兵七平六　将5平6
9. 马七进五　士6退5
10. 车三进一　将6进1

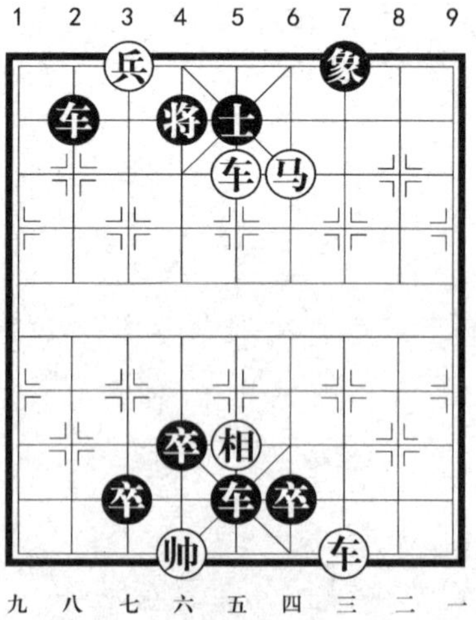

图81

11. 马五退三　将6进1　　　12. 车三退二　将6退1
13. 车三进一　将6退1　　　14. 车三平四　红胜

第82局　以马代象

《韬略元机》卷二第17局“以马代象”（图82），与《百变象棋谱》第64局“汉室三杰”、《渊深海阔》第115局“托梁换柱”、《棋谱秘录》和集第3局、《焦竹斋》97局本第85局“小临门”类同，江湖棋局，红方双车一马集于一翼，象棋术语叫“三子归边一局棋”，好像摧城拔寨在即。这种典型的江湖棋局，是根据《适情雅趣》第213局“投石入水”的布阵方式加工所得，古谱中记载有几十局，其中“鸳鸯戏水”相当出色，“野马操田”则名声最响（是“四大棋局王”之一，但原和局结论不成立，实为黑胜）。“以马代象”是小型棋局，结尾形成马兵相巧和单车的特殊残局定式。

着法：红先和

1. 车一进九[①]　象5退7
2. 车一平三　士5退6
3. 车三平四　将5平6
4. 车二平四　将6平5
5. 马三进四　将5进1
6. 马四退六　将5退1
7. 车四平六　车2平4
8. 马六退七　车4退3
9. 帅五进一

和局（原谱着法）

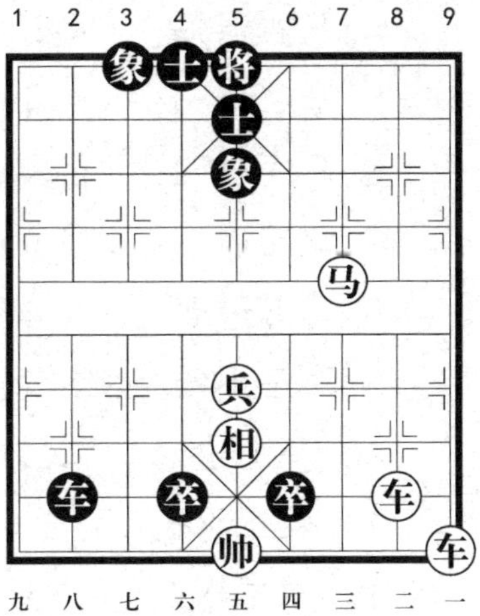

图82

注释：

①如改走车二进八，则象5退7；车二平三，士5退6；马三进四，将5进1；马四退六，将5平4；车一进八，士4进5；马六进四，将4进1；马四退五，将4退1；车一平五，将4平5；车三退一，将5进1；马五进七，将5平6；马七进六，士6进5；车三退一，将6退1；马六退五，象3进5，黑胜。

第83局　车马临门

《韬略元机》卷二第18局“车马临门”（图83）与《渊深海阔》第112局“劈开金锁”相同，小型江湖棋局。

着法：红先和

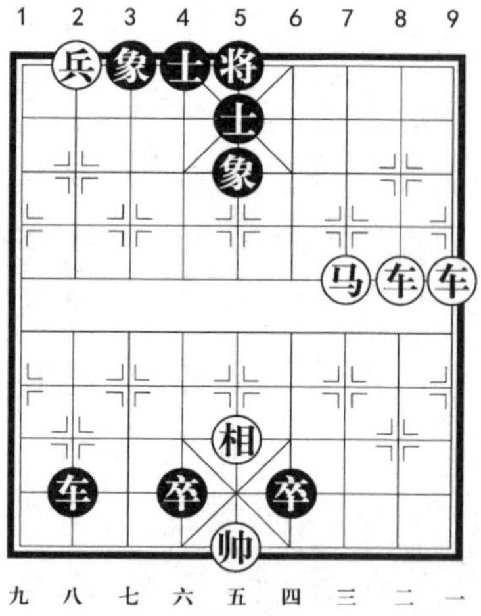

图83

1. 车一进四　象5退7
2. 车一平三　士5退6
3. 马三进四　将5进1
4. 马四退六　将5平4
5. 车二进三　士4进5
6. 马六进四　将4进1
7. 马四退五　将4退1
8. 马五进七　将4退1
9. 车三平四　士5退6
10. 马七进八　车2退7
11. 兵八平七　将4平5
12. 车二平八　卒6平5[①]
13. 帅五平四　卒4进1
14. 车八退八　卒4平5
15. 车八平五　卒5进1
16. 帅四平五　和局

注释：

①如改走卒4平5，则帅五平六，士6进5；车八退七，以下黑方有三种着法均负，变化如下：

甲：将5平6；车八进二，将6平5；相五进三，士5进4；车八平四，将5进1；车四进四，红胜。

乙：士5进6；兵七平六，将5平6；相五进三，将6进1（如改走士6退5，则车八进五，士5退4；车八平六，士4进5；车六平四，将6平5；车四平五，红胜）；车八进七，士6退5（如改走将6退1，则兵六平五，将6平5；车八退一，士6退5；车八平五，红胜）；车八退二，士5退4；车八平四，将6平5；车四进三，将5进1；车四平六，将5退1；车六退三，将5退1；车六平五，将5平6；车五进二，红胜。

丙：士5进4；相五进三，士4退5（如改走将5进1，则车八进五，将5平6；车八平四，将6平5；车四进一，红胜）；车八进二，士5进4（如改走卒6进1，则兵七平六，士5退4；车八平五，将5平6；车五退二，红胜）；车八平四，将5进1；车四进四，红胜。

第84局　鸳鸯戏水

《心武残编》第49局“鸳鸯戏水”（图84-1）、《百局象棋谱》第12局“鸳鸯二炮”、《渊深海阔》第79局“鸳鸯并列”、《竹香斋象戏谱》三集第23局“鸳鸯炮”棋图完全相同。双方交战十余回合后形成“炮兵相对炮卒士象”的实用残局，黑方用士展开全面进攻，红方被动勉力防守，是一场艰苦的攻防战。

着法：红先和

1. 车二进五	象5退7	2. 车二平三	士5退6
3. 马三进四	将5进1	4. 马四退六	将5平4

5. 车三退一　　士4进5
6. 车三平五　　将4退1①
7. 车五进一　　将4平5
8. 马六进七　　炮3退7
9. 车一平五　　将5平4
10. 车五退四　　炮3平6
11. 车五平四②　　炮6进7
12. 炮三退一　　炮6平8
13. 炮三平六　　象3进1
14. 炮六进六　　炮8退3
15. 相三退一　　士6进5③
16. 炮六平八　　士5进6

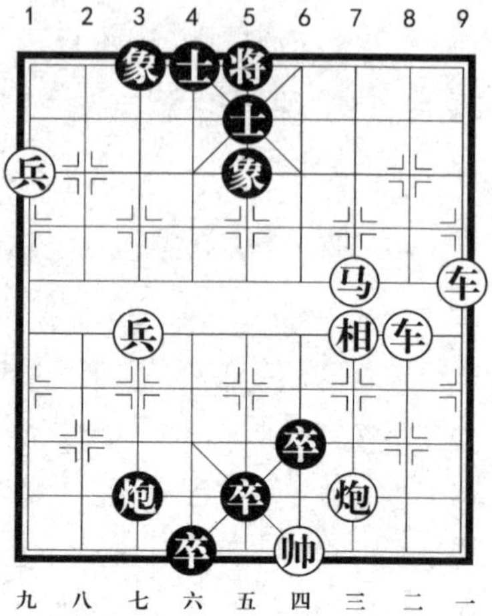

图84-1

17. 兵七进一　　将4平5　　18. 相一进三　　炮8退4
19. 兵七平六　　卒6进1　　20. 帅四进一　　炮8平6
21. 炮八平四　　炮6进2　　22. 兵六平五　　炮6平8
23. 兵五进一　　象1进3　　24. 兵五平四　　士6退5
25. 帅四平五　　炮8退3　　26. 帅五退一　　将5平6
27. 兵四平五　　将6进1　　28. 帅五平六　　炮8平5
29. 兵五平六　　炮5平4　　30. 兵六平五　　将6进1
31. 帅六进一　　象3退5　　32. 相三退五　　士5进4
33. 帅六平五　　炮4平5　　34. 兵五平六　　士4退5
35. 帅五平六　　象5退3　　36. 相五进三　　将6平5
37. 兵六平五　　将5平6　　38. 兵五平六　　将6退1
39. 帅六退一　　象3进5　　40. 相三退五　　炮5平4
41. 兵六平五　　象5退3　　42. 相五进三　　和局

注释：

①如改走士6进5，则马六进八，将4进1；车一平六，将4平5；车六平五，将5平4；马八进七，炮3退8；车五退四，炮3平6；车五平四，将4平5；相三退五，炮6进8；炮三退一，

炮6平8；炮三平六，卒6平5；帅四进一，炮8退8；炮六平四，和定。

②如改走炮三平四，则卒6平5；炮四平三，卒5进1；炮三退一，士6进5；炮三平六，士5进6，黑胜。

③图84-2形势，黑方另有五种着法均和，变化如下：

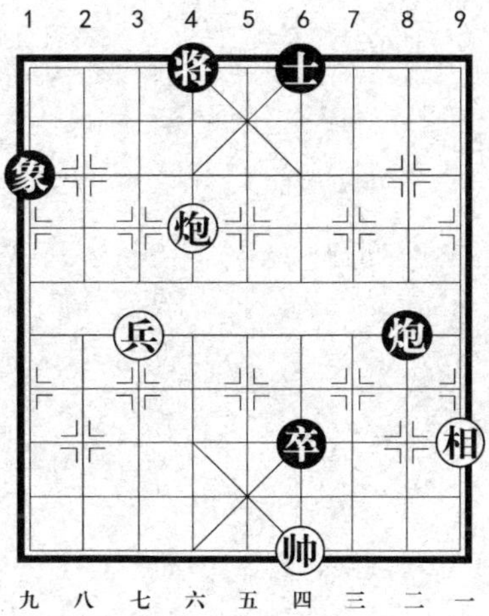

图84-2

甲：将4平5；炮六平五，将5进1；帅四平五，卒6平5；炮五平八，卒5进1；帅五平四，炮8退5；兵七进一，将5进1（如改走将5平4，则兵七平六，士6进5；炮八退二，将4退1；炮八平六，将4平5；炮六平五，将5平4；兵六平五，士5进6；炮五平四，和局）；兵七平六，士6进5；兵六平五，炮8平6；炮八平五，士5进6；炮五平四，炮6进3；兵五进一，将5平4；兵五平四，和局。

乙：将4进1；帅四平五，卒6平5（如改走炮8退5，则炮六平八，士6进5；兵七进一，炮8平5；帅五平四，炮5平6；帅四平五，卒6进1；兵七平六，炮6平4；帅五平六，卒6平5；炮八平六，和局）；帅五平四，卒5进1；相一退三（如改走炮六平二，则士6进5；相一退三，炮8平6；炮二平四，炮6进3；炮四退四，将4退1；相三进一，将4平5；相一进三，将5平6；相三退五，炮6平8；相五进三，将6进1；相三退五，炮8退8；相五进三，炮8平6，黑胜），炮8退5；相三进五，士6进5；炮六平五，卒5平4；帅四平五，士5进6；炮五平八，炮8平5；相五进三，士6退5；相三退五，炮5进7；兵七进一，炮5平8；兵七平六，炮8退7；炮八退二，将4退1；兵六进一，炮8平5；帅五平四，炮5平7；帅四平五，象1进3；炮八平三，和局。

丙：炮8平6；帅四平五，炮6平5；炮六平五，卒6平5；帅五平四，炮5平6；相一进三，卒5进1；相三退五，卒5平4；帅四进一，炮6退4；帅四进一，士6进5；相五进三，士5进6；帅四平五，和局。

丁：炮8退5；相一进三，士6进5；炮六平八，士5进6；兵七进一，将4平5；兵七平六，卒6进1；帅四进一，炮8平6；炮八平四，炮6进3；兵六平五，与主着法弈至第22回合时的形势相同，和局。

戊：炮8退4；相一进三，士6进5；炮六平八，士5进6；兵七进一，将4平5；兵七平六，卒6进1；帅四进一，炮8平6；炮八平四，炮6进2；兵六平五，与主着法弈至第22回合时的形势相同，和局。

第85局　鱼跃于渊

《适情雅趣》第73局“鱼跃于渊”（图85），红方起手弃车之后以车双马取胜的着法很精彩。

着法：红先胜

1. 车八平五　将5进1①　　2. 马四进六　将5退1②
3. 马六进七　将5平4③　　4. 马七退五　将4平5
5. 马五进三　将5进1　　6. 马八退六　将5平4
7. 车四进四　将4退1　　8. 车四进一　将4进1
9. 马六进八　将4平5　　10. 马三退四　马8进6④
11. 马八退六　将5平4　　12. 马六进四　将4平5
13. 前马退六　将5平4　　14. 马六进八

红胜（原谱着法）

注释：

①如改走将5平4，则车五平六，将4平5；车六进一，将5平4（如改走将5进1，则马八退六，将5平6；马四退六，马8进6；车四进三，红胜）；马四进五，将4平5；马五进三，与原谱着法弈至第5回合时的形势相同，红胜。

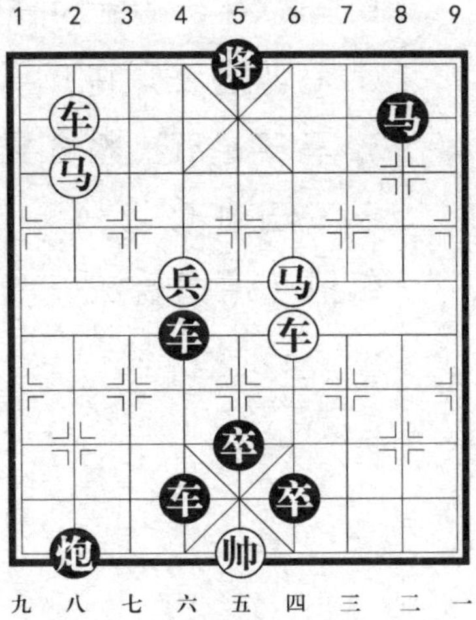

图85

②如改走将5进1，则马六进七，将5退1（如改走将5平4，则马八退七，将4退1；车四进四，将4退1；前马退五，将4平5；马七进六，红胜）；马八退六，将5平4；车四进四，将4退1；马七退五，将4平5；马六进七，红胜。

③如改走将5进1，则马八退六，将5平4；车四进四，将4进1；马七进五，将4平5；马六进七，红胜。

④如改走将5进1，则车四平五，将5平6；马八进六，将6退1；马四进二，红胜。

第86局　骅骝健步

《韬略元机》卷四第57局“骅骝健步”（图86），与《渊深海阔》第129局“饮马长江”及《棋谱秘录》乾集第15局相同，红弃车后“双马饮泉”夺得胜利。

着法：红先胜

1. 车四进一　将5平6　　2. 马三进二　将6平5

3. 马一进三　将5平6　　4. 马三退四　将6平5

5. 车六平五　士4进5
6. 马四进三　将5平6
7. 马三退五　将6平5
8. 马五进七
红胜（原谱着法）

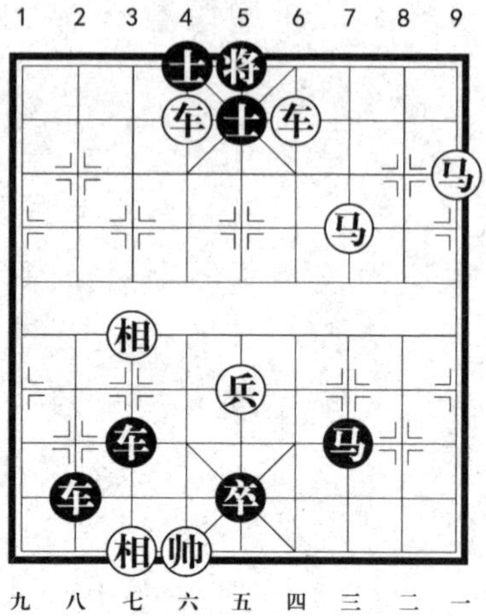

图86

车炮类

第87局　制外安内

《梦入神机》中的“制外安内”（图87-1），是车炮单缺相巧胜车士象全的实用残局。

着法：红先胜

1. 炮五退一　车7平8
2. 车四退二　车8平7[①]
3. 炮五进六　象7进9
4. 仕四退五　车7退2
5. 车四进一　象9进7
6. 炮五退四　车7平8
7. 车四平三　车8平6
8. 仕五进四　车6进4
9. 车三进二　车6退4
10. 车三退四　红胜

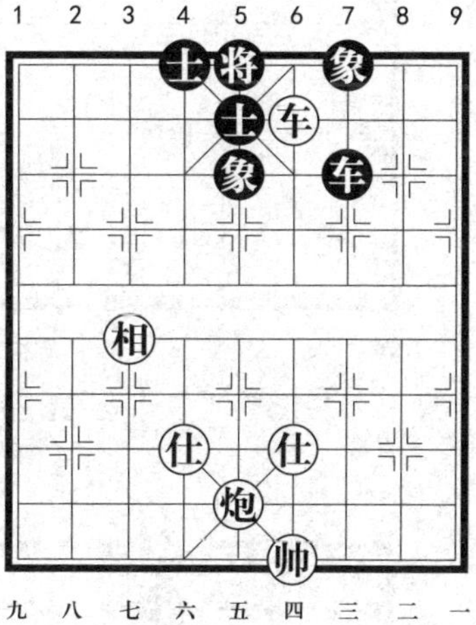

图87-1

注释：

①黑方另有两种着法均负，变化如下：

甲：车8进3；仕四退五，车8平3；车四进二，车3退3；仕五退六，车3进4；车四进一，红胜。

乙：车8进4；仕四退五，士5进4；车四进二，车8退4；车四进一，将5进1；车四平六，车8平6；仕五进四，将5平6；仕六退五，红胜定。

本局至第141局展示的是车炮（包括车炮兵、车双炮、双车炮、双车双炮等）在残局中的雄风。车炮两种长兵器组合的棋势，古谱中记载最多，也最精彩美妙。

车炮的残局定式有车炮仕相胜双马士象全但难胜双炮士象全、车炮和车马、车炮相胜车士或车象、车炮双相胜车双士、车炮仕相全胜车马或车炮、车炮兵仕相全可胜车卒士象全、车炮兵单缺仕胜车马双士等。古谱已经探索到车炮残局的一些定式与攻防妙法，如车炮和车卒、车炮占中胜单车、车炮仕胜车双象、车炮双士和双车、车炮相和车卒士象全等，现仅举四例予以介绍。

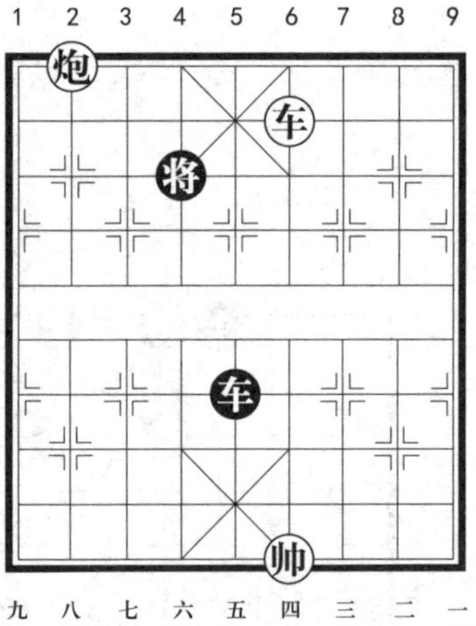

图87-2 （红先胜）

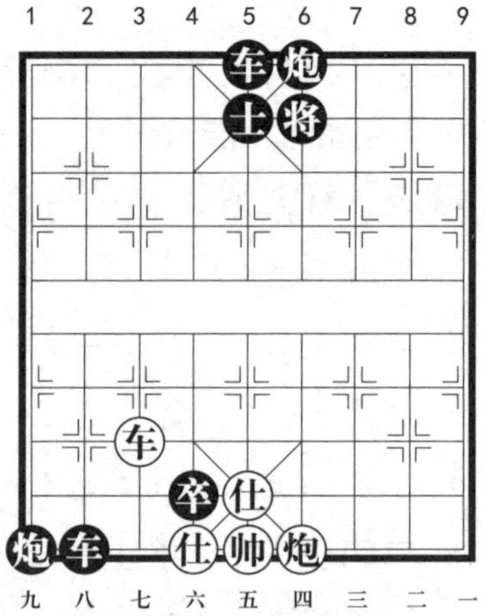

图87-3 （红先胜）

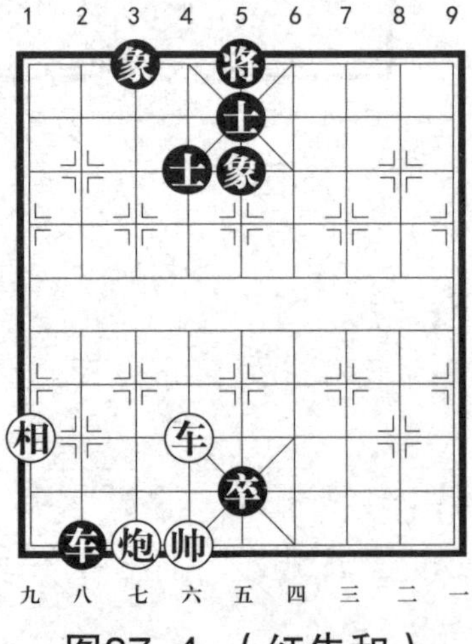

图87-4 （红先和）

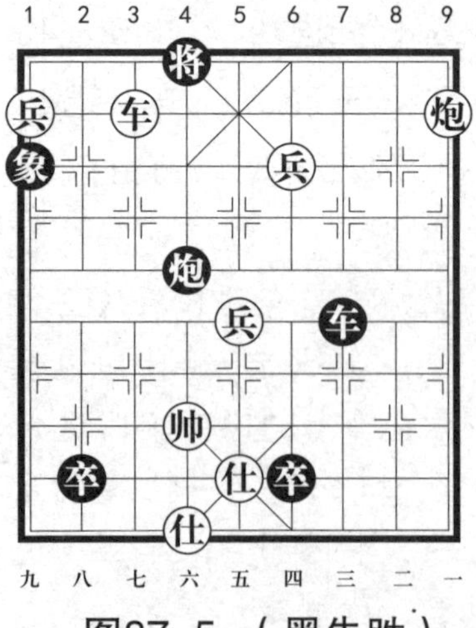

图87-5 （黑先胜）

图87-2是《蕉窗逸品》第5局“马跃檀溪”的一个变化，着法是车四退七，将4退1；炮八退八，将4平5；炮八平五，将5平4；炮五退一，车5平4；车四进三，车4进3；车四平五（抢占中路），将4退1；帅四进一，车4退1；帅四进一，车4进1；炮五进三，车4退2；帅四退一，车4平5；车五进四，车5进2；炮五退一，车5平4；帅四平五，车4退2；车五退三，将4进1；炮五平二（调整好阵形），将4退1；炮二进三，车4退1；车五进四，将4进1；炮二平八，车4平8；车五退三，车8平4；炮八进四，将4退1；车五进三，将4进1；炮八平六（“海底捞月”），车4平2；车五退三，红胜。

图87-3是《适情雅趣》第75局“豪帅心服”，原谱着法是车七平四，士5进6；车四平五，士6退5；仕五进四，士5进6；车五进六，车5进1；仕四退五，红巧胜。

《橘中秘》第26局“平车相保炮和车卒”（图87-4），与《适情雅趣》第475局“保卫一方”相同，着法是车六平五，原谱着法至此作和。黑如续走车2退1，则车五平六，车2平3；炮七平八，车3退2；炮八进二，车3平6；炮八退二，象3进1；炮八平七，车6平2；炮七进一，车2进3；炮七退一，象1进3；车六平五，车2退1；车五平六，士5退6；相九进七，车2平3；相七退九，象5退7；车六平五，象3退5；车五平六，象5进3；炮七平八，车3平2；炮八平七，象7进5；相九进七，车2平3；相七退九，士6进5；炮七平八，和局。

《心武残编》第126局“义释华容”、《百局象棋谱》第6局“金鸡独立”、《渊深海阔》第55局“华容放曹”、《竹香斋象戏谱》三集第31局“雪压梅梢”是异名同局。图87-5是局中的一个变化，着法是车7进2；帅六退一，车7退1；帅六进一，车7平4；帅六平五，炮4进5；车七退八（如改走炮一退六，则炮4平5；仕五退四，车4平7；帅五平四，卒6平5，黑胜），卒6平5；兵九平八（如改走帅五退一，则车4进2；帅五进一，卒2平3；车七平八，炮4平3；车八进九，象1退3；兵九平八，车4平9，黑胜），车4平5；帅五平四，车5平9；车七进九，将4进1；车七退一（如改走兵四进一，则车9退5；兵四平五，将4平5；车七退一，炮4退8，黑胜），将4退1；帅四平五，卒2平3；车七进一，将4进1；兵四进一（如改走兵四平五，则炮4平5；帅五退一，卒3平4；帅五平四，车9平6，黑胜），车9退5；车七退一，将4退1；帅五退一，卒3平4；帅五平四，车9进7；帅四进一，卒4平5；帅四平五，炮4平5；帅五平四，车9退1，黑胜。

第88局　阻住行程

此局名借用《适情雅趣》中的“阻住行程”命名。《棋谱秘录》乾集第19局（图88），与《适情雅趣》第214局“阻住行程”类同，红方的三步棋都是精警之着。

着法：红先胜

1. 炮七进二　车1平2
2. 车五平八　车2平3
3. 车八平三

红胜（原谱着法）

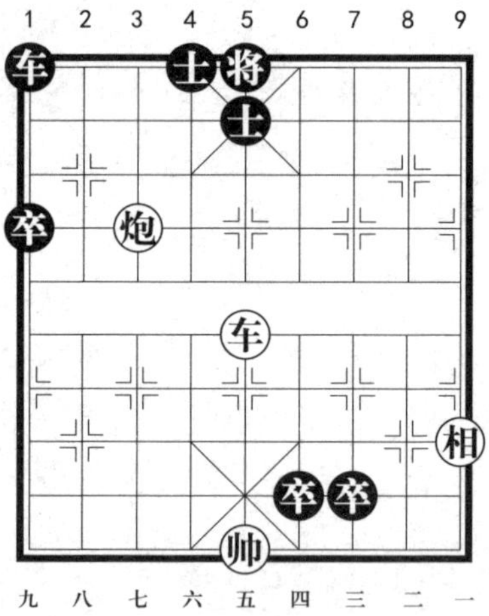

图88

第89局　筑坛拜将

《适情雅趣》第378局“筑坛拜将”（图89），与《烂柯神机》第120局“照顾不暇”类同，红方两步“要杀”妙棋是连贯的，后一步进炮“下二线”极为漂亮。

着法：红先胜

1. 车七平二　将5平6　　2. 炮七进六[①]

红胜（原谱着法）

注释：

①黑如续走车4退7，则车二进二，将6进1；车二退一，将6进1；车二退二，红胜。

《烂柯神机》刊印于清道光二十四年（1844），于国柱编撰，共有红胜残局120局。

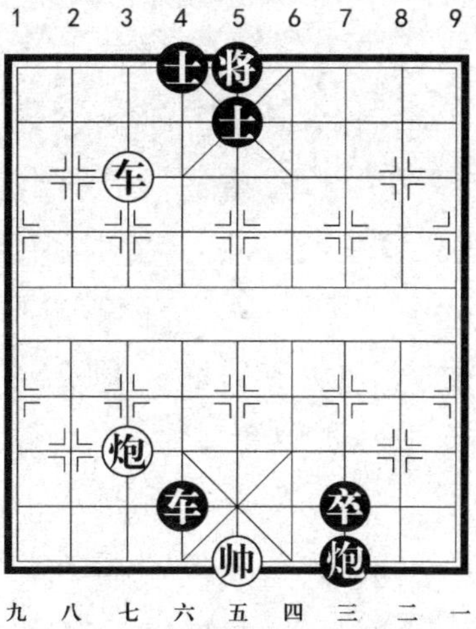

图89

第90局 投肉饲虎

《适情雅趣》第385局“投肉饲虎”（图90），红方第3回合进炮“下二线”，必得黑炮。

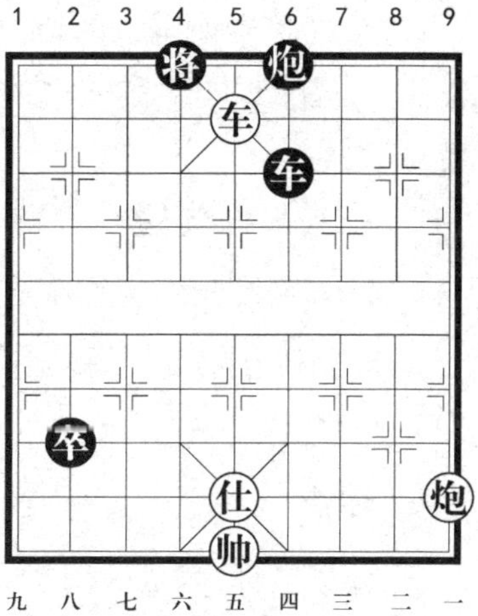

图90

着法：红先胜

1. 仕五进六　车6进6
2. 车五退三　炮6进1
3. 炮一进七　炮6平3①
4. 车五进四　将4进1
5. 炮一平七　卒2平3②
6. 车五退一　将4退1
7. 车五退三

红胜（原谱着法）

注释：

①如改走炮6平5，则车五进三，车6退1；车五进一，将4

进1；仕六退五，车6平3；炮一退八，车3平9；炮一平四，车9平3；车五退三，车3退5；仕五进四，卒2平3；车五进二（也可以走车五平六，车3平4；车六进一，将4进1；炮四平三，卒3平4；帅五进一，将4退1；炮三进二，卒4进1；帅五平四，将4平5；炮三退一，卒4进1；仕四退五，红胜定），将4退1；车五退六，车3平4；仕四退五，卒3进1；车五平六，车4进5；仕五进六，卒3平4；炮四进三，将4进1；炮四平六，卒4平3；帅五进一，红胜。

②如改走车6退1，则炮七进一，卒2平3；车五退三，车6平4；车五进二，将4退1；车五进一，将4进1；炮七平六，车4平9；车五退六，红胜。

第91局　以恩塞责

《适情雅趣》第366局“以恩塞责”（图91），黑车被拴，红方巧胜。

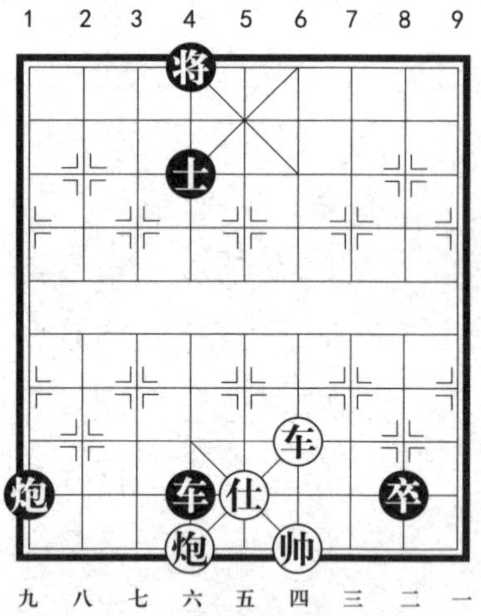

图91

着法：红先胜

1. 车四进七　将4进1
2. 车四退二　将4平5
3. 车四平五　将5进1①
4. 炮六平五

红胜（原谱着法）

注释：

①如改走将5平4，则车五平六，将4平5；炮六平五，红胜。

第92局　困魏挈燕

《适情雅趣》第246局“困魏挈燕”（图92），红方第3回合扬相“关公脱袍”，挥刀力斩黑车获胜。

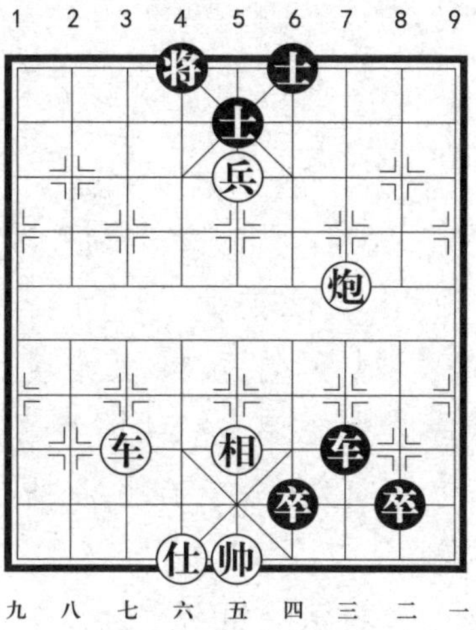

图92

着法：红先胜

1. 车七进七　将4进1
2. 车七退一　将4退1
3. 相五进三　车7退2
4. 炮三进四　车7退5
5. 车七进一　将4进1
6. 兵五进一　士6进5
7. 车七平三

红胜（原谱着法）

第93局　兵强莫御

《韬略元机》卷三第55局“兵强莫御”（图93），与《百变象棋谱》第35局“禹贡九州”及《棋谱秘录》和集第57局类同，红方起手采用了《适情雅趣》第353局“徐母回车”的精彩走法。

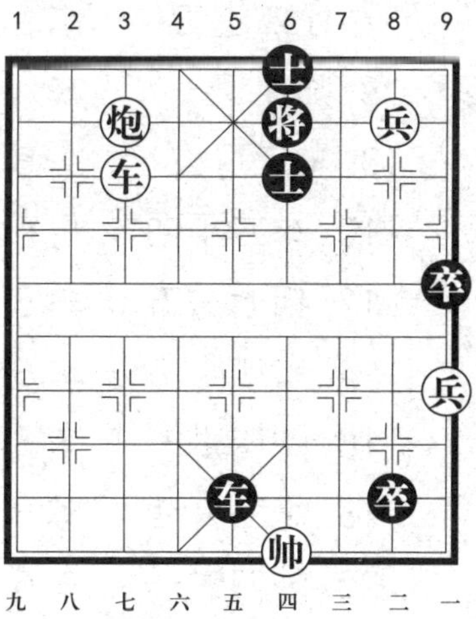

图93

着法：红先胜

1. 车七退六　车5平3
2. 帅四平五　车3退7[①]
3. 兵二平三

红胜（原谱着法）

注释：

①如改走车3平7，则兵二平三，车7退7，炮七平三，士6退5，帅五进一，卒8平7，炮三退六，士5进6，炮三平一，红胜。

第94局　小金鸡

《蕉竹斋象棋谱》97局本第6局“小金鸡”（图94-1），江湖棋局，有红炮打车照将抽卒胜定的假象。

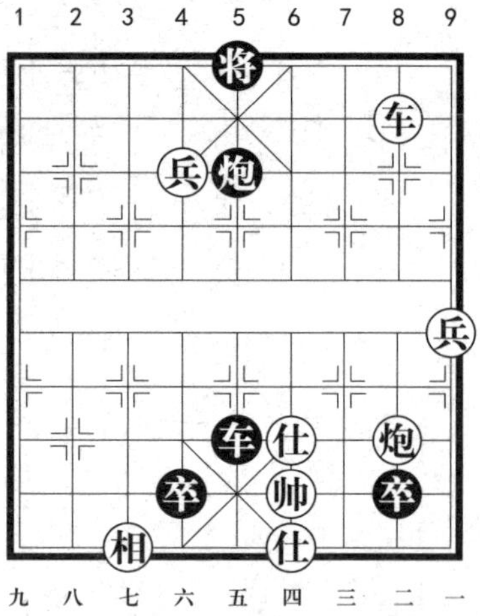

图94-1

着法：红先和

1. 车二进一[1]　将5进1
2. 兵六平五　车5退5[2]
3. 车二平三　车5平8[3]
4. 炮二平一　车8进5
5. 炮一退二[4]　车8平9
6. 炮一平三　将5平6[5]
7. 仕四进五　车9进1
8. 帅四退一[6]　卒4平5
9. 车三退五　卒8进1[7]
10. 车三平四　将6平5
11. 仕四退五　车9平5
12. 相七进五　车5退1
13. 炮三进六　车5进1
14. 车四平三　车5退5
15. 车三平四　卒8平7
16. 帅四进一　车5进6
17. 车四进四　将5退1
18. 炮三平四　车5退4
19. 炮四退二　车5进3
20. 帅四进一　车5平9
21. 车四退三　车9退3

22. 车四平五　将5平4　　23. 帅四平五　车9进2
24. 帅五退一[8]　车9平4　　25. 炮四平八　车4进1
26. 帅五进一　车4进1　　27. 帅五退一　卒7平6
28. 帅五平四　车4平5　　29. 车五退五　卒6平5
和局（原谱着法）

注释：

①如改走炮二平五，则将5平6；车二退七，卒4平5；仕四进五，炮5平6；红方误入陷阱，黑胜（原谱变11着法）。

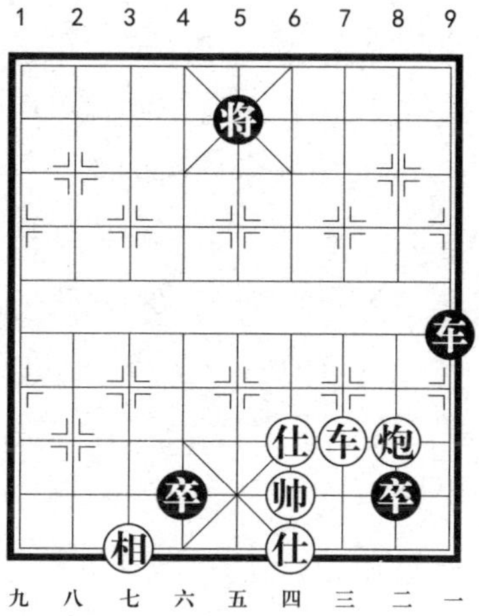
图94-2

②如改走将5平6，则兵五平四，将6进1；车二平四，将6平5；车四平三，车5退2；车三退七（原谱变5着法至此作和），车5平9；炮二进三，车9进3；仕四退五，卒8平7；帅四进一，车9退2；炮二平五，车9平6；帅四平五，车6平5；帅五平六，卒4平5；仕四进五，车5退2；车三平五，车5进3；相七进五，和局。

③如改走车5进3，则车三退七（原谱变6着法是车三退四，车5平8；炮二平一，车8平9；炮一平二，车9进2；炮二进四，车9进1；炮二平三，卒8进1，黑胜），车5平9；形成图94-2的局面，以下红有三种着法，结果不同，变化如下：

甲：仕四进五，车9进3；帅四退一，卒8平7；炮二退二，卒7平6；帅四平五，卒6平5；仕四退五，卒4平5；帅五平六，卒5进1，黑胜（原谱变7着法）。

乙：仕四退五，车9平6，仕五进四，车6平8，仕四退五，车8平5，仕五进四，将5平6，炮二进四（原谱变4着法是走炮二平一，车5平9；仕四进五，误作和局，黑可接走车9进2；车三平一，卒8平7；帅四退一，卒4平5，黑胜），车5进2；炮二平四，车5平3；炮四退一，车3进2；炮四平五，车3平5；炮五平四（如改走炮五退四，则卒8进1；车三进六，将6退1；车三进一，将6进1；炮五进八，卒8平7；车三退一，将6退1；车三退八，卒4平5；仕四进五，车5平7；炮五退三，车7退1；帅四退一，车7平5，黑胜），车5退5；炮四退二，车5进2；炮四进二，车5平6；炮四平三，车6平9；仕四进五，车9平5，仕五退四，和局。

丙：炮二进三，车9进3；仕四退五，卒8平7；帅四进一，车9退3；炮二平五，和局。

④如改走炮一进一，则车8平9；炮一平五，车9进1；炮五退二，卒4平5；仕四进五，卒8平7，黑胜（原谱变10着法）。

⑤图94-3形势，黑方如走车9进1，则仕四退五，卒8平7；帅四进一，车9退1（原谱变3着法是卒7进1；车三退九，车9退3；车三进八，将5退1；车三平四，和局）；车三退七，车9退2；车三进二，车9进2；车三退二，车9退3；车三进三，车9进3（原谱变8着法是车9平7；炮三进五，红胜）；车三退三，车9进1；车三进六，将5退1；车三退二，卒7进1；车三平五，将5平4；帅四平五，车9退7；相七进九，卒7平6；车五平六，车9平4；车六进二，将4进1；仕五退四，和局。

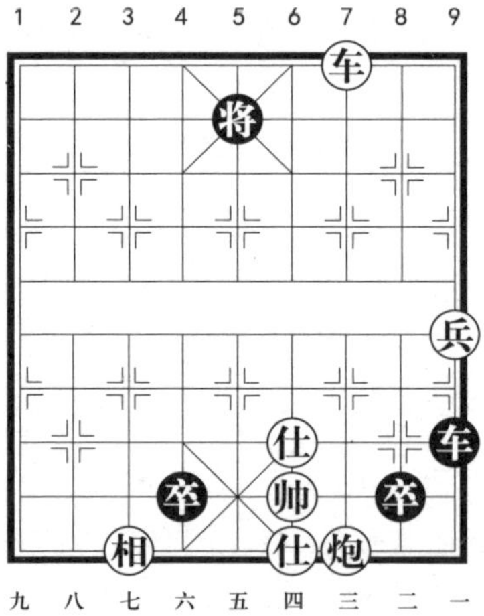

图94-3

⑥如改走仕五进六，则卒8平7；帅四退一，车9退1（原谱变9着法是将6平5；仕四退五，卒7平6；帅四平五，卒6平5；仕六退五，卒4平5；帅五平六，卒5平4，黑缓胜）；帅四平五，车9平6；仕六退五，车6进2；仕五退四，卒7平6，黑胜。

⑦如改走卒8平7，则车三平四，将6平5；仕四退五，卒7进1；帅四平五，车9平5；帅五平六，车5退4；车四平六，卒7平6；帅六进一，卒6平5；帅六进一，卒5平4；相七进九，和局（原谱变2着法）。

⑧如改走炮四退二，则车9退6；帅五退一，车9进7；炮四退一，车9退7；帅五退一，卒7平6；帅五进一，车9平8，和局。

第95局　长江飞渡

《百变象棋谱》第68局“长江飞渡”（图95），与《棋谱秘录》和集第36局及《神妙变化象棋谱》第49局相同，第3回合红方炮四进二乃构和的关键之着。同型局有《适情雅趣》第331局“殒命宁亲”、《韬略元机》卷一第15局“单车守卒”、《渊深海阔》第283局“益薪助火”等。

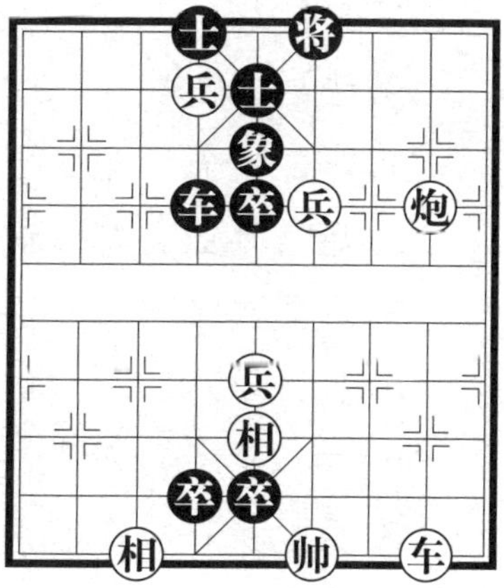

图95

着法：红先和

1. 兵四进一　士5进6①
2. 炮二平四　士6退5
3. 炮四进二　士5进6②
4. 车二进九③ 将6进1
5. 车二退二　车4退2④
6. 车二平四　将6平5
7. 车四进一　将5退1
8. 车四平六

和局（原谱着法）

注释：

①黑方士5进6正确，另有两种着法均负，变化如下：

甲：后卒进1；兵四进一，将6平5；炮二平五，红胜。

乙：将6平5；炮二平六，卒4进1；车二进九，象5退7；车二平三，士5退6；车三平四，将5平6；兵四进一，将6平5；兵四进一，红胜。

②如改走将6平5，则车二进九，士5退6；炮四平一，车4退2（如改走士4进5，则炮一进一，士5进6；兵六平五，士6退5；车二平四，红胜）；车二平四，将5进1；车四退一，将5退1；车四平六，士4进5；炮一退七，红胜。

③如改走炮四平一，则卒4进1；车二进九，将6进1；炮一退八，卒4平5；炮一平五，车4进6，黑胜。

④如改走士4进5，则车二进一，将6退1；兵六平五，前卒进1；帅四进一，卒4平5；帅四进一，红胜。

第96局　弱冠称兵

《梦入神机》第8局“弱冠称兵”（图96），红方抓住黑方“窝心马”的弱点，突施弃车妙着，令黑方措手不及。

着法：红先胜

1. 车二平五　车3平5[①]
2. 炮一平五　车5进3
3. 兵九进一　车5退3
4. 兵九平八　车5进1
5. 兵八平七　车5进2
6. 兵七进一　车5退3
7. 兵七进一　车5进5
8. 兵七进一　车5退3
9. 兵七平六　车5进3
10. 帅五平六　车5进1
11. 兵六进一　红胜

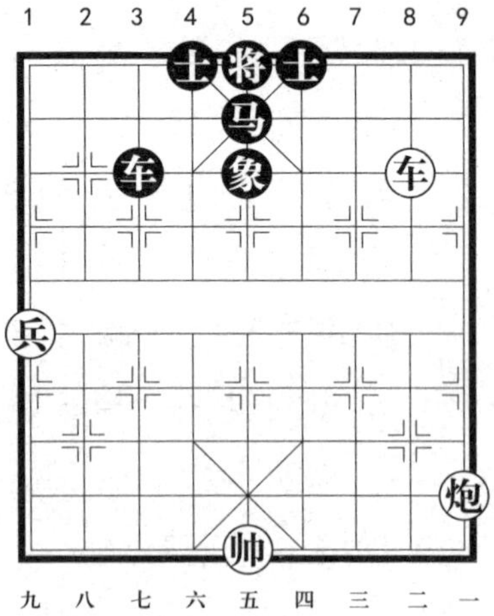

图96

注释：

①如改走车3进7，则帅五进一，车3平9；炮一进六，车9退1；帅五退一，车9退4；兵九进一，红胜定。

第97局　行兵布阵

《蕉竹斋象棋谱》97局本第63局"行兵布阵"（图97-1），红方车炮兵的攻杀战术非常巧妙。同型局有《适情雅趣》第80局"士卒星散"、《百变象棋谱》第63局"三星会舍"、《心武残编》第34局"威震华夏"、《竹香斋象戏谱》初集第9局"江南春色"等。

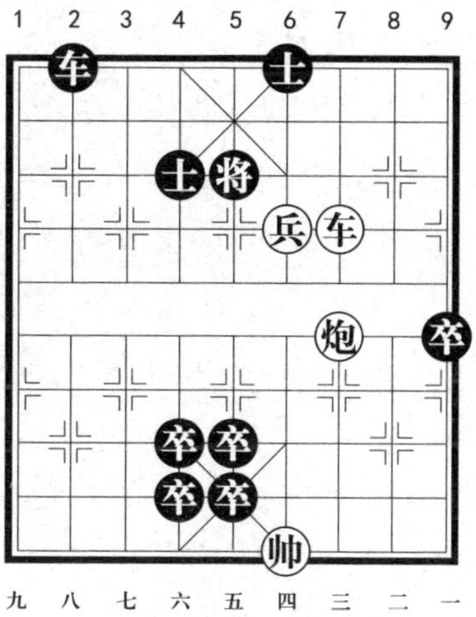

图97-1

着法：红先和

1. 兵四进一　将5退1
2. 兵四进一　将5退1①
3. 车三平五　将5平4②
4. 车五进三　将4进1③
5. 车五平八④　士4退5⑤
6. 车八退六　将4进1⑥
7. 车八平六　将4平5
8. 车六平五　将5平4
9. 炮三平五　卒9平8
10. 车五平六⑦将4平5
11. 炮五退三　前卒平5⑧
12. 车六进一　卒8进1⑨
13. 车六平二　将5平4
14. 车二退一　前卒平4
15. 车二平五　和局（原谱着法）

注释：

①如改走将5平4，则炮三平六，士4退5；车三平六，士5进4；兵四平五，士6进5；车六平八，红胜。

②如改走士6进5，则兵四进一，将5平4；炮三平六，红

胜。

③如改走将4平5，则炮三进五，士6进5；兵四进一，红胜。

④如改走炮三进四，则士4退5；兵四平五，将4进1；车五平八，将4平5；兵五平六，前卒5进1；帅四平五，卒5进1；帅五平四，卒5进1；帅四进一，前卒平5；帅四进一，卒4平5，黑胜（原谱变6着法）。

⑤如改走后卒平6，则车八退一，将4退1；炮三进五，士6进5；兵四进一，红胜。

⑥图97-2形势，黑方将4进1正确，另有三种着法均负，变化如下：

甲：将4退1；车八平六，士5进4；车六进四，将4平5，炮三进五，士6进5；兵四进一，红胜。

乙：前卒4进1；车八平六，士5进4；兵四平五，将4平5；车六平五，将5平4；炮三平六，士4退5；炮六退四，士5进4；车五退一，卒4进1；车五退一，红胜。

丙：后卒平6；车八平六，士5进4；炮三平六，士4退5；炮六退二，士5进4；车六平四，士4退5；车四退一，卒9平8；车四进二，红胜。

⑦图97-3形势，红方如改走炮五退二，则后卒平5；车五退一，将4退1，以下红有三种着法，结果不同，变化如下：

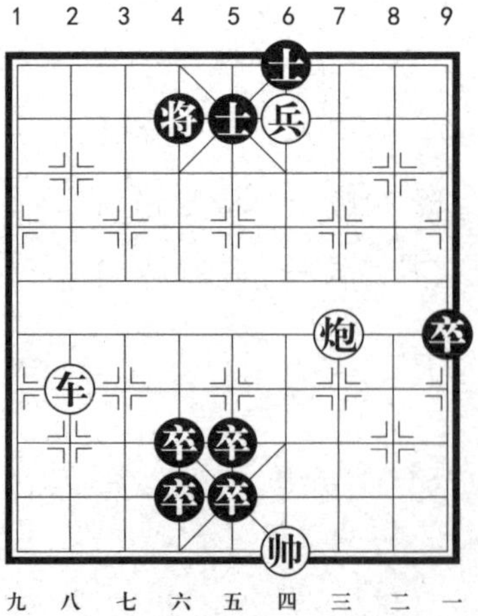

图97-2

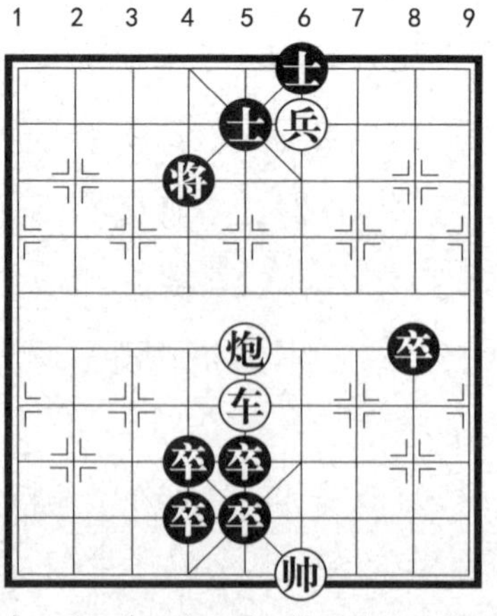

图97-3

甲：车五进二，卒8进1；车五退一，士5进4；兵四进一，卒8平7；车五退一，卒7进1；车五平三，卒4进1，黑胜（原谱变4着法）。

乙：车五平六，士5进4；兵四进一，卒8进1；车六平八，卒8平7；车八进六，将4退1；车八退六，卒7平6；车八平九，卒6进1；车九平四，卒4进1；兵四平五，将4进1，黑胜（原谱变5着法）。

丙：车五平八，卒8进1；车八进六，将4退1；车八退五，卒8进1；车八退一，士5进4；兵四进一，卒8平7（如改走卒8进1，则车八平六，将4进1；车六退一，卒5平4；帅四进一，和局）；兵四平五，将4平5；车八平三，将5平4；车三平六，将4进1；车六进一，卒4平3；车六平八，卒3平4，和局。

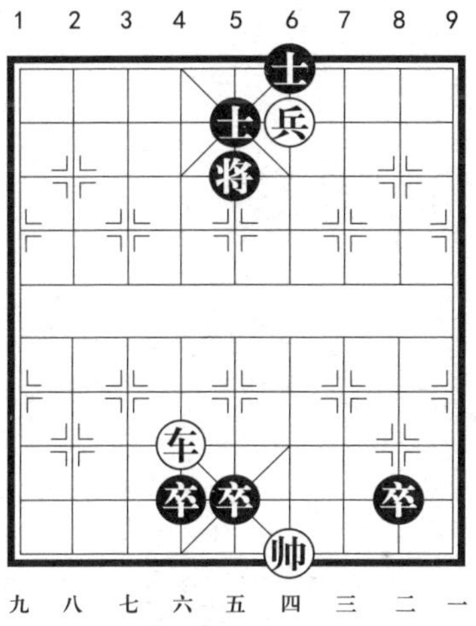

图97-4

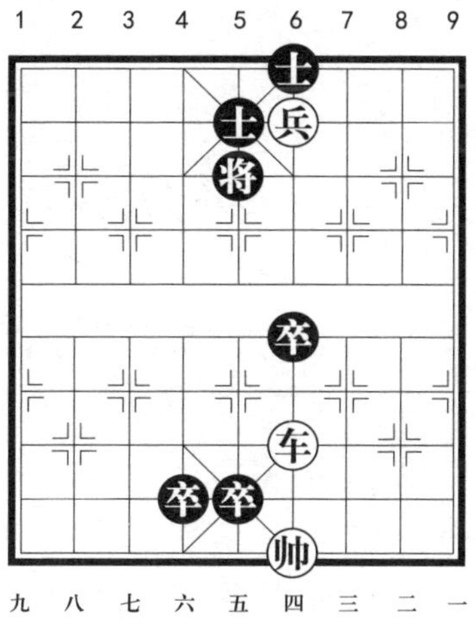

图97-5

⑧如改走卒5进1，则车六退一，卒8平7（如改走卒8进1，则车六进一，卒8进1；车六平五，将5平4；车五退一，卒8进1；车五平六，将4平5；形成图97-4的局面，原谱变2着法是误车六退一弃车换卒成和，应该走车六平二，将5平4；车二退一，将4退1；车二进二，士5进4；车二平六，卒4平3；兵四进一，卒3平4；兵四平五，红胜），车六平三，卒7平6；车三进一（原谱变3着法是误走车三平四，形成图97-5的局面，黑没有走卒5进1，帅四进一，卒4平5连杀巧胜，而是走卒6平7；车四进一，

将5平4；车四平六，将4平5；车六平四，将5平4；车四平六，将4平5；车六平四，和局），将5平4；车三平六，将4平5；车六平三，士5进6；车三平八，士6退5；车八平三，和局。

⑨如改走卒4进1，则车六平五，将5平4；车五退二，将4退1；车五平八（如改走车五进二，则卒8进1；车五平八，卒8平7；车八进四，将4退1；车八退六，士5进4；兵四进一，卒7平6；车八进五，将4进1；车八进一，将4退1；车八退六，卒6进1；兵四平五，将4平5；车八平四，卒5进1；帅四进一，卒4平5，黑巧胜），士5进4；兵四进一，卒8平7；车八进六，将4退1；车八退五，卒7平6；车八平九，卒6平5；兵四平五，将4平5；车九进一，后卒进1；车九平五，将5平4；车五退一，将4进1；车五平六，卒4平3；车六进三，卒3平4，和局。

第98局　急流勇退

《适情雅趣》第217局“急流勇退”（图98），黑方第4回合无奈弃车，因红方有车一平四再炮三进九的妙杀。同型局有《百变象棋谱》第50局“五行七政”、《韬略元机》卷二第31局“春风解冻”、《竹香斋象戏谱》二集第24局“怀中抱月”等。

着法：红先胜

1. 车一进二　士5退6
2. 炮二进一　士6进5
3. 炮二退九　士5退6
4. 炮二平三　车2进2
5. 炮三平八　卒3进1
6. 炮八进九　士4进5

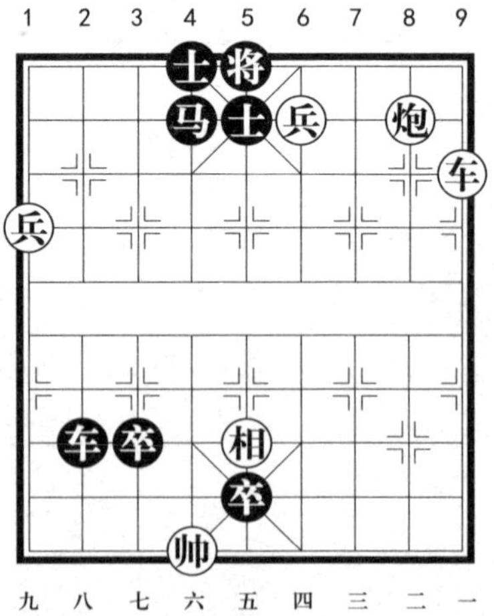

图98

7. 兵四平五　将5进1　　8. 车一退一　将5退1

9. 车一平六　卒3平4　　10. 车六退七　卒5平4

11. 帅六进一　红胜（原谱着法）

第99局　增补隘口

《适情雅趣》第263局"增补隘口"（图99），同型局有《韬略元机》卷四第59局"捐生决胜"、《渊深海阔》第44局"大闹昆阳"等，红方车炮兵借助黑卒形成巧杀。

着法：红先胜

1. 车一进一　士5退6
2. 炮二进三　士6进5
3. 炮二退六　士5退6
4. 兵五进一　将5进1
5. 炮二平五

红胜（原谱着法）

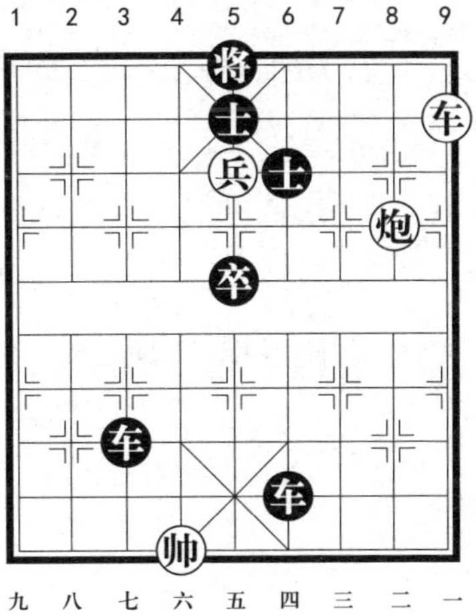

图99

第100局　虎守三穴

《适情雅趣》第354局“虎守三穴”（图100），红方炮退“宫顶线”佳着，黑方老将无处可逃。同型局有《百变象棋谱》第26局“金蝉脱壳”、《百局象棋谱》第74局“红娘脱衣”、《竹香斋象戏谱》二集第60局“步步生莲”等。

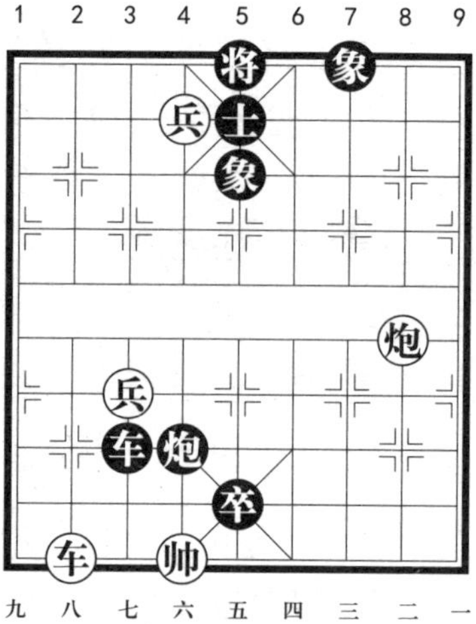

图100

着法：红先胜

1. 炮二平七　车3退1
2. 车八进九　士5退4
3. 炮七进五　士4进5
4. 炮七退二　士5退4
5. 兵六进一　将5平6
6. 兵六平五　将6进1
7. 车八退一

红胜（原谱着法）

第101局　小钓鱼

《蕉竹斋象棋谱》97局本第8局“小钓鱼”（图101-1），与《湖涯集》第27局“渭水钓鱼”相同，是当时创作并流行的江湖佳局，红方首着炮下底照将再平车吃卒速胜的假象很诱人。

着法：红先和

1. 炮二进五[①]　卒4进1　　2. 帅五进一　炮3进1
3. 车一进四　炮3平7　　4. 兵三平四　车6进3[②]
5. 车一进四[③]　炮7退4　　6. 车一退五[④]　车6平4

7. 炮二退五　炮7进8
8. 车一进五　炮7退8
9. 车一退五　炮7平6
10. 车一平八⑤炮6平9⑥
11. 车八平一　炮9平6
12. 车一平八　炮6平9
13. 车八平一　炮9平6
14. 车一平八　炮6平9
15. 炮二平一　车4进4
16. 车八平五　卒5进1⑦
17. 车五退二　车4平5　　18. 帅五进一　和局

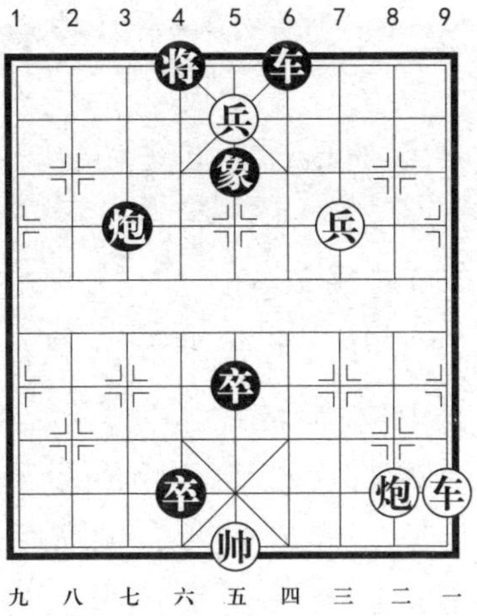

图101-1

注释：

①如改走炮二进八，则车6进8；车一平四，卒4进1；帅五进一，炮3平5；红方上钩被钓，黑胜。

②黑方走车6进3俗称“提车局”。改走车6平7俗称“平车局”（详见第一分局）。

③如改走车一平三，则卒5进1；帅五进一，车6平5；帅五平四，象5进7，黑胜（原谱变3着法）。

④如改走车一退七，则车6平4（如改走车6平5，则车一平六，卒5平4；车六平五，以下黑方有两种应法，结果不同，变化如下：

甲：车5进4；帅五进一，和局。

乙：车5平8；车五进三，炮7进3；车五进二，车8进5；帅五进一，后卒进1；帅五平四，后卒平5；帅四平五，车8平4；车五平四，红胜）；炮二退五，炮7平6；车一平八，象5退3；车八平三（红另有两种着法均负。第一种：车八进七，炮6平9；炮二平一，车4平5；车八退一，卒5进1；帅五平四，车5平6，黑胜。第二种：车八进六，炮6进2；车八平六，车4退2；兵五平六，将4进1，黑胜），象3进5；车三平八，象5退3；车八平三，象3进5；车三平四，卒5平6；车四平五，车4进3；车五进五，车4平5；车五退四，卒6平5，和局。

⑤红方车一平八佳着！另有三种着法均负，变化如下：

甲：车一平三，车4进4；车三平五，车4平5；帅五平四，卒5平6；车五平四，卒6进1，黑胜。

乙：车一平四，卒5进1；帅五进一，车4平5，黑胜（原谱变4着法）。

丙：车一平五，炮6进3（原谱着法是卒5平6；车五进三，卒6进1；车五退二，炮6平5；兵五进一，将4进1；车五进三，将4进1；车五退三，卒4平5；帅五退一，卒6进1；炮二退一，车4进5；兵五平四，车4平5；车五退四，卒6平5；帅五进一，和局）；车五进三，炮6平5；帅五平四，炮5退2，黑胜定。

⑥如改走象5退3，则车八平五，车4进3；兵五进一，将4进1；兵五平四，卒5平6；车五进四，将4进1；车五进一，将4退1；炮二进八，车4平5；车五退六，卒6平5，和局。

⑦如改走卒5平6，则车五平四，象5退7；车四退一，车4退5；车四进五，车4平5；帅五平四，车5平4；车四平三，象7进5；车三平四，红胜。

第一分局

"小钓鱼"主着法第4回合黑方走车6进3，结果成和。如改走车6平7（图101-2），俗称"平车局"，也是和局。

着法：红先和（接图101-2）

5. 兵五平四[①] 炮7平5[②]
6. 帅五平四 卒5进1
7. 后兵平三[③] 象5进7
8. 车一退三 车7进3
9. 车一平五 车7平6

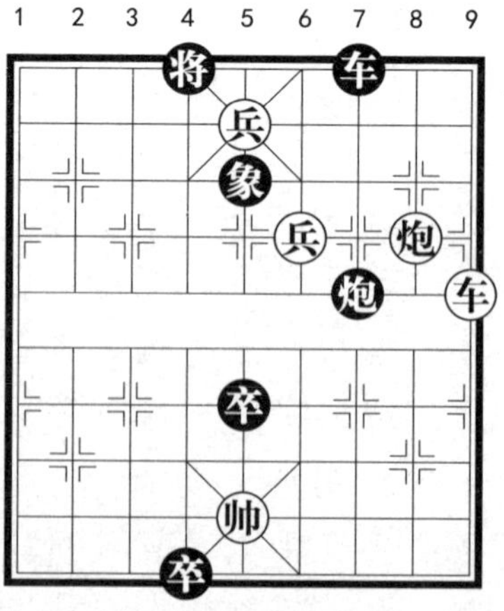

图101-2

10. 车五平四 炮5平6　11. 帅四平五　车6退2

12. 车四平六 车6平4　13. 车六进六　将4进1

和局（原谱变2着法）

注释：

①如改走帅五平四，则卒5进1；兵五平四，炮7平4；车一平六（如改走后兵平三，则车7进3；车一进四，将4进1；炮二进二，将4进1，黑胜），将4平5；炮二平三（如改走前兵进一，则车7平6；车六平四，车6平9；炮二退五，车9平7，黑胜），车7平9；炮三退五，车9进7；车六平四，车9平7；前兵进一，将5进1；后兵进一，车7进1；帅四退一，卒4平5；帅四平五，卒5进1；帅五平六，车7进1，黑胜。

②如改走炮7平6也是和局，详见第二分局。

③如改走炮二平三，则车7平8；炮三退五，车8进8（如改走炮5平8，则后兵进一，象5进3；前兵平五，象3退5；兵四进一，卒4平5；炮三进七，炮8平5；兵五平六，将4平5；炮三退七，炮5退1；车一进二，红胜）；车一进四，将4进1；车一平三，卒4平5；后兵进一（如改走车三退五，则车8退4；车三平四，炮5平6；车四平六，炮6平4；车六平四，车8进5，黑胜），炮5平7；前兵平五，将4平5；兵四平五，将5进1；车三退四，将5退1；车三进三，将5退1；车三退三，将5进1；车三进三，将5退1；车三退三，和局。

第二分局

第一分局着法第5回合，黑方走炮7平5，结果成和。如改走炮7平6；形成图101-3的局面，也是和局。

着法：红先和（接图101-3）

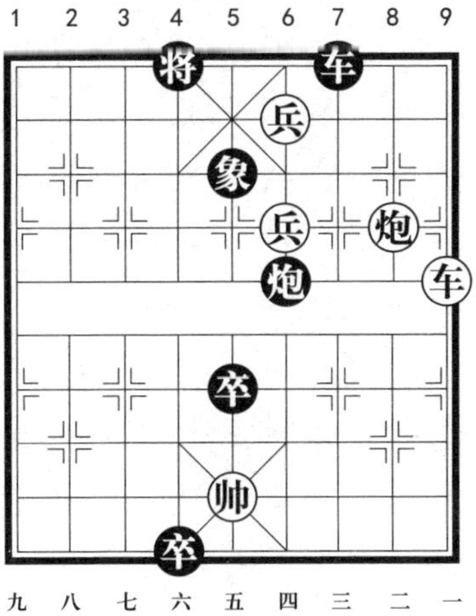

图101-3

6. 后兵平三　象5进7①　　7. 炮二退一②　车7平5③

8. 车一进三④　卒5进1　　9. 帅五平四　炮6平8

10. 兵四平五　车5平6　　11. 车一平四　车6进1

12. 兵五平四　和局

注释：

①如改走车7进3，则车一进四，将4进1；炮二进二，将4进1；车一平六，红胜（《湖涯集》变3着法）。

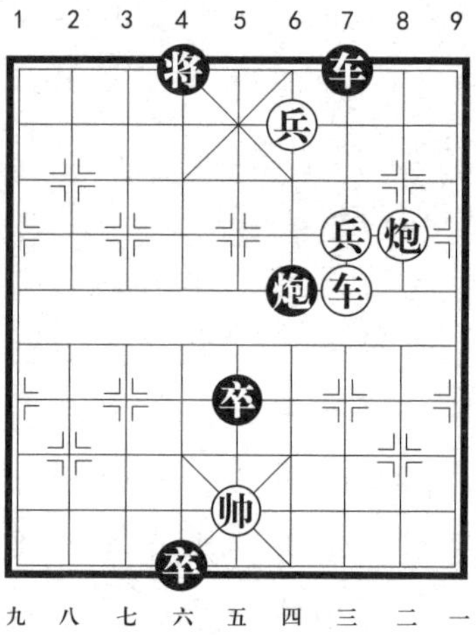

图101-4

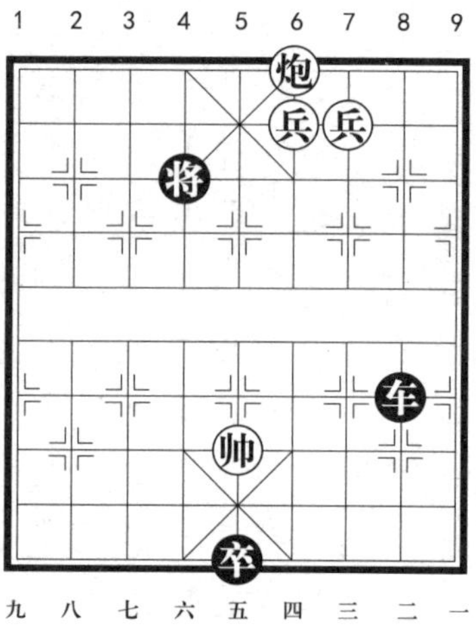

图101-5

②红方退炮正确，如改走车一平三（图101-4），则车7平9；炮二退五，车9进7；车三平四，卒5进1；帅五平四，车9平7；兵三进一（如改走兵四平五，则车7进1；帅四退一，卒4平5；帅四平五，车7进1；车四退五，卒5进1；帅五进一，车7平6；兵三进一，车6退3，黑胜定），卒4平5；车四平六，将4平5；车六平五，将5平4；车五退三，车7平5；炮二进八（如改走炮二进七，则车5平8；兵三进一，车8进1；帅四进一，将4进1；帅四平五，将4进1；炮二平一，车8退5；炮一进一，车8平5，帅五平四，将4平5；炮一平四，车5平8；帅四退一，车8进6，黑胜），车5平8；炮二平一（如改走炮二平四，则将4平5；兵三平四，车8进2；后兵平五，车8平6；帅

四平五，车6退8，黑胜），车8进1；帅四进一，车8退2；兵三进一，将4进1；炮一平四，将4进1；帅四平五（图101-5），卒5平6（这是赵殿忠先生提出的制胜妙着）；炮四退九（如改走帅五退一，则卒6平7；帅五进一，车8平5；帅五平四，车5进3；炮四平一，将4平5；炮一退九，车5退3，黑胜），车8进3；炮四进一，车8退2；帅五退一，车8进1；兵四进一，车8退2；炮四退一，车8平6，黑胜。

③黑方另有三种着法，结果不同，变化如下：

甲：车7进3；车一进四 ，将4进1；炮二进三，将4进1；车一平五，红胜（《湖涯集》变4着法）。

乙：炮6平8；车一退一（《湖涯集》变5着法至此结束，误作红胜），卒5进1；帅五进一，车7平5；帅五平四，车5进4；兵三平四，炮8退4；后兵进一，车5平4；车一平二，炮8平7；车二平五，炮7平5；车五平四，炮5平8；前兵平五，炮8平6；兵五平四，炮6平8，和局。

丙：象7退9；车一进二，炮6平5；帅五平四，车7进3；车一平六，将4平5；车六平五；将5平4；车五退二，车7进5；帅四退一，车7退1；车五平四，卒5进1；炮二退五，车7进2；帅四进一，车7退1；帅四退一，卒5进1；炮二平六，将4平5；车四平五，将5平4；车五平四，将4平5；车四平五，将5平4；车五平四，和局。

④如改走车一退三，则卒5平6（《湖涯集》原谱着法是炮6平8；车一平八，车5进5；兵四平五，卒5进1；车八平五，车5进2；帅五进一，象7退5；兵三平四，炮8平5；兵四平五，卒4平3，和局）；车一平五，车5进7；帅五进一，炮6平8；兵四平五，炮8进5；帅五退一，炮8平5；帅五平四，炮5退2；兵三平四，卒6平5；兵五平四，将4进1；后兵平三，炮5平3；兵三进一，炮3退6；兵三进一，卒5进1，黑胜。

第102局　炮打两狼关

《蕉竹斋象棋谱》97局本第90局“炮打两狼关”（图102-1），江湖棋局，红炮瞄准了黑方的两个车，用红方退炮打车并抽吃另一黑车胜定的假象引敌人入彀。同型局有《竹香斋象戏谱》三集第21局“蓝田散彩”、《渊深海阔》第350局“七政五行”、《湖涯集》第28局“炮炸两狼关”等。

着法：红先和

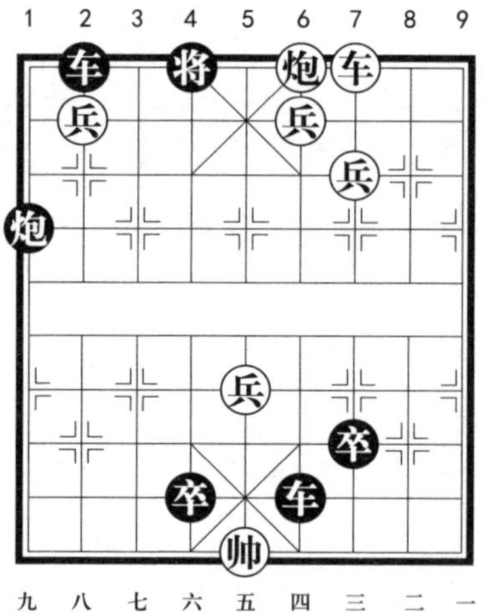

图102-1

1. 炮四平八① 将4进1
2. 兵八平七 将4进1
3. 车三平六 将4平5
4. 兵三平四 车6退6②
5. 车六平五③ 将5平4
6. 炮八平六 车6退1④
7. 炮六退八 车6平3
8. 车五平六⑤ 将4平5
9. 炮六平五 将5平6⑥
10. 车六平四 车3平6
11. 车四退一⑦ 将6退1

和局（原谱着法）

注释：

①如改走炮四退八，则将4进1；兵八平七（如改走炮四平一，则炮1平5；帅五平四，车2平7；兵八平七，将4进1；炮一进六，炮5退1；兵三进一，炮5进1；兵三进一，卒7平6；炮一退二，卒4进1，黑胜），将4进1；车三平八，卒4进1；帅五平四，炮1进6；红炮轰车的方向错误，黑巧胜（原谱变5着法）。

②如改走将5平6，则车六退二，将6退1；炮八退一，将6

退1；车六进二，红胜。

③红方车六平五正确，另有两种着法均负，变化如下：

甲：车六退八，炮1平5；帅五平六，车6进7，黑胜。

乙：车六退三，车6进6；炮八平四，车6平8；车六平四，车8进1；车四退六，炮1平5，黑胜。

④图102-2形势，黑方另有两种着法，结果不同，变化如下：

甲：炮1平4；车五退三，车6退1（如改走炮4退3，则车五平八，将4平5；兵七平六，将5平4；兵四平五，红胜）；车五平六，将4平5；兵七平六，车6进7；车六进一，红胜。

乙：卒4平5；帅五进一，车6退1；兵五进一（如改走车五退三，则车6平3；车五平六，将4平5；车六平九，卒7平6；车九平五，将5平4；车五平六，将4平5；帅五平六，卒6平5；炮六平四，车3进5；兵五进一，将5退1；兵五进一，将5退1；炮四退九，卒5进1；帅六平五，车3平5；帅五平六，车5退2，和局），车6平3；兵五进一，车3进7；帅五退一，将4退1(如改走车3退5，则兵五平四，将4退1；车五退四，炮1退1；车五平六，炮1平4；炮六退二，车3平5；兵四平五，车5平8；车六退三，卒7进1；炮六退三，红胜)；兵五平四，炮1退2；车五退七，将4退1，车五平六，炮1平4；车六平三，炮4进1；车三平五，车3退5，和局。

⑤图102-3形势，红方车五平六正确，另有两种走法均负，变

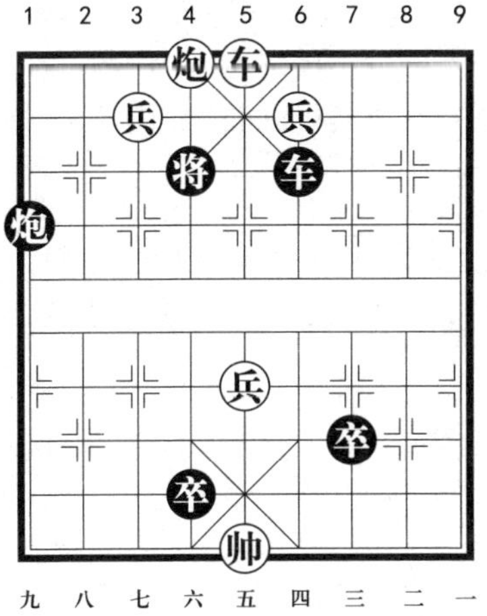

图102-2

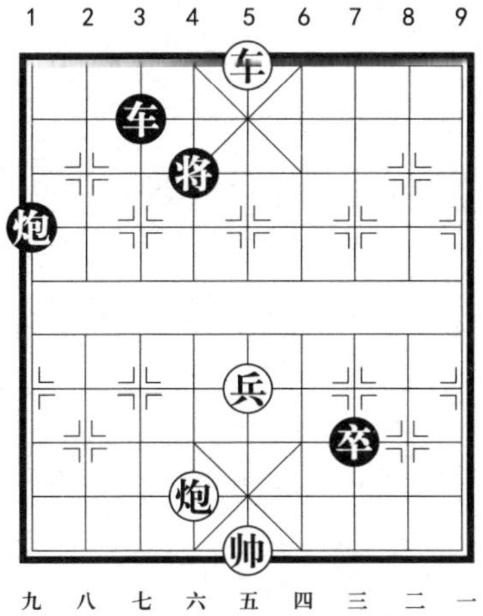

图102-3

化如下：

甲：车五退三，车3进8；帅五进一，炮1进5；炮六进一（如改走炮六进二，则车3退1；帅五退一，车3退1；兵五进一，车3平5；帅五平四，炮1平5；车五平四，炮5退3；车四退二，卒7平6，黑胜势），车3退1；帅五退一，卒7平6；兵五进一，卒6平5，黑胜（原谱变4着法）。

乙：兵五进一，将4退1；兵五进一（如改走车五退三，则车3进8；帅五进一，车3退4；炮六进二，炮1退1；车五平六，将4平5；炮六平五，炮1平5；车六平五，卒7平6；车五进一，将5平4；车五退一，车3平4；车五平四，车4进3；帅五退一，卒6平5，黑胜），车3进8；帅五进一，炮1进5；炮六进四（如改走炮六进一，则车3退2；兵五进一，卒7平6；兵五进一，炮1退7；车五平九，炮1平3；车九退一，车3进1；帅五退一，卒6平5；帅五平四，卒5进1；车九退八，卒5平6；帅四平五，车3平5；帅五平六，卒6进1，黑胜），车3退1；帅五退一，车3平4；车五退三，车4退1；车五平六，将4平5；兵五进一，车4平5；帅五平六，炮1平9；炮六平一，卒7平6；炮一退一，卒6进1；炮一退一，车5平3；炮一平五，将5平6；炮五退三，卒6平5；兵五进一，炮9进1，黑胜。

⑥如改走炮1平5，则炮五进五，车3进2（如改走卒7平6，则兵五进一，卒6进1；帅五平六，车3进4；兵五进一，车3退1；车六退四，车3进4；车六退一，车3退4；车六进一，和局）；兵五进一，卒7平6；兵五进一，卒6进1；帅五平六，车3进1；车六退四，车3进4；车六退一，车3退4；车六进一，和局（原谱变3着法）。

⑦如改走车四平三，则车6平8；炮五进一，卒7平6；车三平四，车8平6；车四退一，将6退1；和局（原谱变2着法）。

第103局　灵丹换骨

《竹香斋象戏谱》二集第2局“灵丹换骨”（图103-1），与《百变象棋谱》第59局“偷营劫寨”、《韬略元机》卷一第19局“游丝系虎”及卷二第7局“挞士变活”、《心武残编》第62局“游丝系虎”、《渊深海阔》第354局“西伯伐崇”实质相同，江湖棋局，黑方车马组成“抽将”之势，毫不畏惧红车下底用车炮双将，因有弃象弃士再回车“解将还将”的手段。

着法：红先和

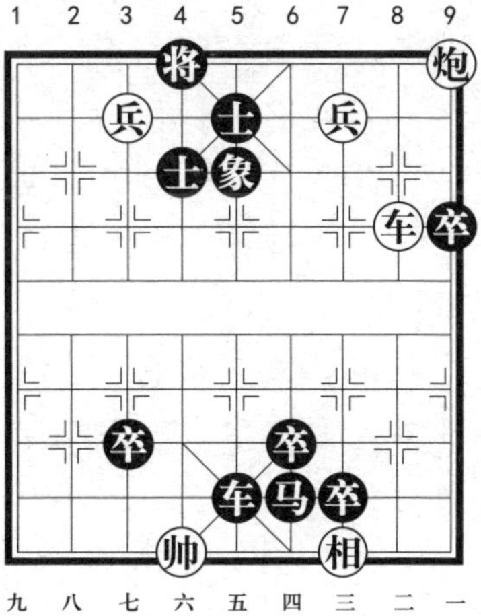

图103–1

1. 车二进三　象5退7
2. 车二平三　士5退6
3. 炮一平四[①]　卒3平4[②]
4. 炮四退八　车5退8
5. 兵七进一　将4进1
6. 车三平五　士4退5[③]
7. 帅六平五[④]　卒4进1[⑤]
8. 车五退一　将4进1
9. 炮四退一　卒7平6
10. 兵三平四　卒4平5
11. 车五退七　前卒平5
12. 帅五进一　卒9进1　13. 炮四平八　卒9进1
14. 炮八进二　卒9平8　15. 相三进五

和局（原谱1本着法）

注释：

①红炮打士，正如《韬略元机》卷一第19局的局名“挞士变活”。如改走车三平四，则车5退8“解将还将”；帅六进一，卒3进1，黑胜。

②如改走卒6平7，则兵三平四，后卒平6；兵四平五，车5退7；炮四退八，车5退1；车三退一，车5平8；车三平五，红胜。

③如改走卒7平6，则兵三平四，士4退5；兵四平五，将4进1；车五平六，将4平5；车六退七，红胜（原谱变1着法）。

④红方帅六平五佳着！另有两种着法均负，变化如下：

甲：兵三平四，卒4进1；帅六平五，卒4进1；帅五进一，卒7平6，黑胜（原谱变2着法）。

乙：炮四退一，卒6进1；帅六平五，卒7进1；车五退一，将4进1；兵三平四，卒7平6；帅五平六，卒4进1，黑胜。

⑤图103-2形势，黑方卒4进1正确，另有三种着法均负，变化如下：

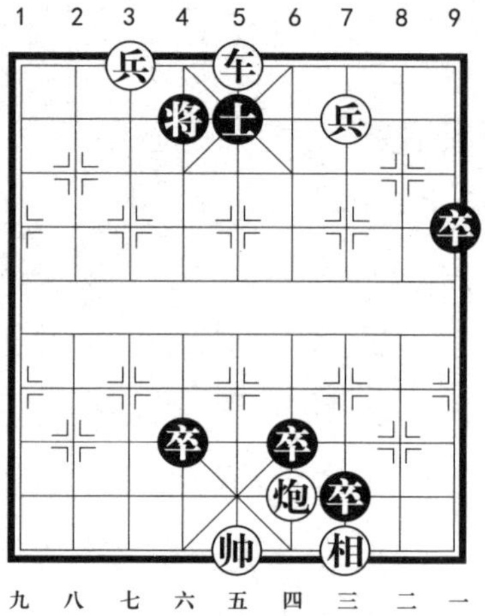

图103-2

甲：卒7平6；车五退一，将4进1；车五退一，将4退1；兵三平四，红胜。

乙：卒6平5（原谱变3着法，误作和棋，其实是红胜）；炮四进七，将4进1；相三进五，卒7平6；车五平二，卒4进1；车二退二，士5进6；车二平四，将4退1；车四退六，红胜。

丙：卒4平5；兵三平四，卒7平6；兵四平五，将4进1；车五平六，将4平5；兵五平四，将5平6；兵四平三，将6平5；帅五平六，将5退1；车六退一，将5进1；车六退一，将5退1；车六平四，红胜。

第104局　双龙戏珠

《百局象棋谱》第7局“双龙戏珠”（图104），与《心武残编》第27局“下车伏谒”、《渊深海阔》第360局“双龙戏珠”、《竹香斋象戏谱》初集第49局“大双马”（又名“双燕穿帘”）相同，是黑方伏有退炮“解杀还杀”隐着的江湖棋局。同型局有《百变象棋谱》第52局“百战不殆”、《百局象棋谱》第52局“双马同槽”、《心武残编》第28局“送往迎来”、《竹香斋象戏谱》二集第14局“杜陵春社”、《蕉竹斋象棋谱》97局本第20局“马失污泥”、《蕉竹斋象棋谱》97局本第46局“卧槽双驹”等。

着法：红先和

1. 车一进三　后马退8
2. 车一平二　马6退7
3. 炮二平八①　车8平9②
4. 车二平一　车9平7
5. 车一平三　车7退9
6. 兵八平七③　象1退3
7. 炮八进三　象3进5
8. 炮八平三　炮6退8
9. 炮二退八

和局（原谱着法）

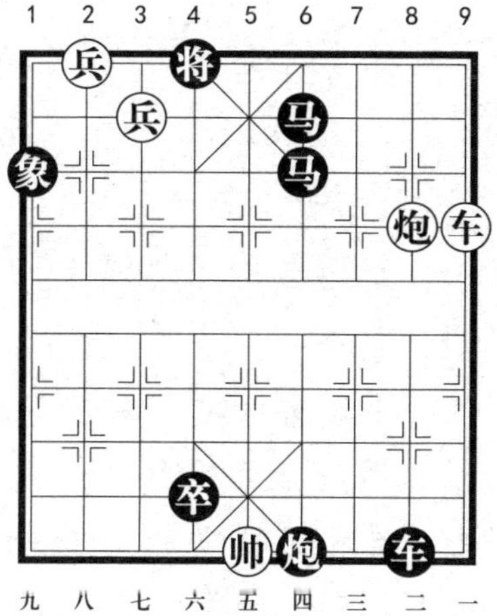

图104

注释：

①如改走车二平三，则炮6退9“解杀还杀”！黑胜。

②如改走车8退9，则炮八进二，卒4进1；帅五进一，车8进8；帅五进一，炮6退9；兵八平七，炮6平3；炮八进一，红胜。

③如改走炮八进二，则车7平5；帅五平四，车5进2；炮八平九，将4平5，黑胜。

第105局　火烧葫芦谷

图105是《棋谱秘录》乾集第9局，与《神妙变化象棋谱》第9局“火烧葫芦谷”相同，着法类似《韬略元机》卷二第39局“徐方震惊”。

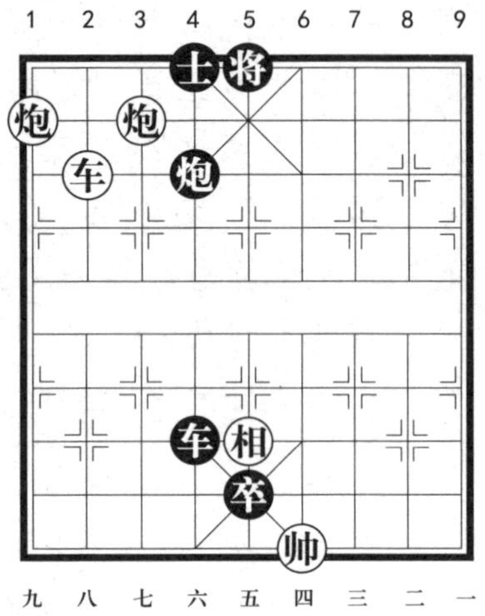

图105

着法：红先胜

1. 炮七进一　将5进1
2. 车八进一　将5进1
3. 炮九退一　炮4退1
4. 车八退一　将5退1
5. 车八平六　车4退5[①]
6. 炮七退一　将5退1
7. 炮九进二　士4进5
8. 炮七进一

红胜（原谱着法）

注释：

①黑方另有两种着法均负，变化如下：

甲：车4平3（这是《神妙变化象棋谱》“火烧葫芦谷”的着法，原谱以下是误走炮七退五的）；炮九进一（这是正确的取胜着法），车3退6；车六进一，将5进1；车六平七，红胜。

乙：车4平1；炮七退一，将5退1；车六平五，士4进5；车五进一，将5平4；炮九平六，红胜。

第106局　鸮立中天

《适情雅趣》第297局“鸮立中天”（图106），红方表演“夹车炮”的杀法，第10回合起也可以着炮七进五（陆俊杰先生的着法），士4退5；炮九退一，将5平4；车八进二，将4退1；车八进一连杀，红胜。

着法：红先胜

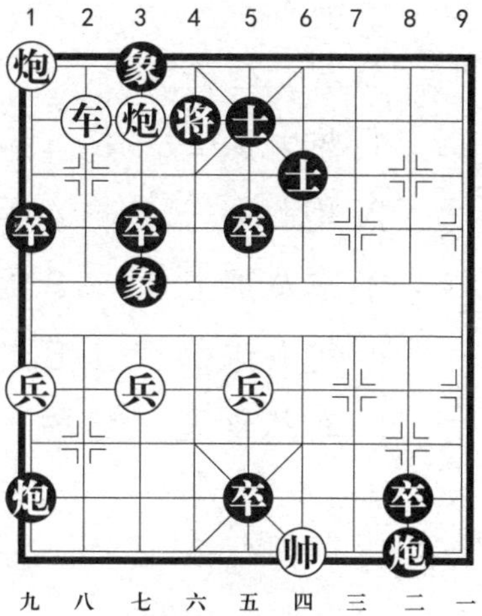

图106

1. 车八进一　　象3退5 ①
2. 炮七退一　　象5进3 ②
3. 炮九退一　　将4进1 ③
4. 炮七进一　　将4平5
5. 车八退二　　士5进4
6. 炮七退一　　士4退5
7. 炮七退二　　士5进4
8. 炮七退一　　后卒进1
9. 车八退二　　卒3进1
10. 车八平七　　士4退5
11. 车七平五　　将5平4
12. 车五平六　　将4平5　　13. 炮七平五　红胜（原谱着法）

注释：

①如改走象3退1，则炮九退一，将4退1；炮七平八，将4平5；车八平七，士5退4；车七退一，士4进5；炮九进一，红胜。

②如改走将4进1，则车八退五，象5进3；炮九平八，士5退6；车八平六，将4平5；车六进四，红胜。

③如改走象3退1，则炮七进一，将4退1；炮七平八，将4平5；车八平七，士5退4；车七退一，士4进5；炮九进一，红胜。

第107局　忠孝两全

《适情雅趣》第328局“忠孝两全”（图107），象棋名家徐家亮先生认为原谱红方首着按上局“鹗立中天”的着法走车八进一劣，改走炮九退一才能获胜。

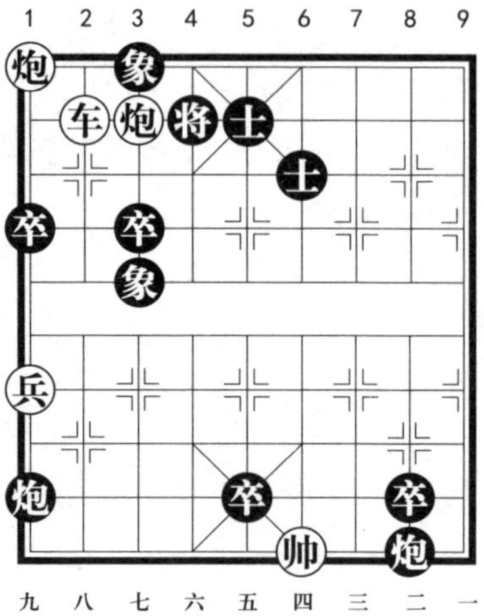

图107

着法：红先胜

1. 炮九退一　将4退1
2. 炮七退一　将4平5
3. 车八退七　卒8平7
4. 炮九进一　士5退4
5. 车八平五　红胜

第108局　退闲式步

《适情雅趣》第17局“退闲式步”（图108），红方第2回合于黑方“花心”献兵很巧。

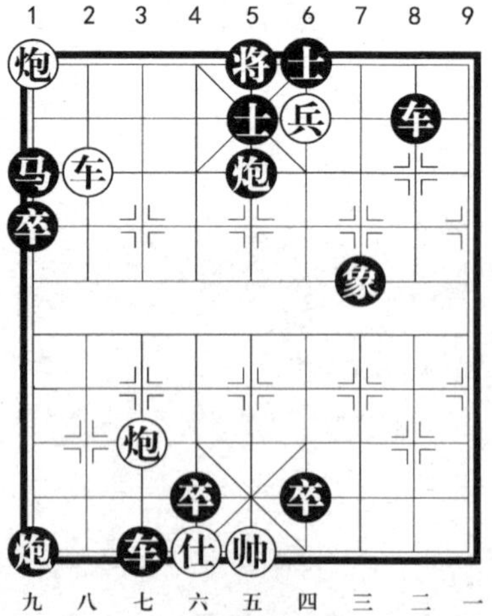

图108

着法：红先胜

1. 车八进二　士5退4
2. 兵四平五　士6进5
3. 车八退九　马1退2
4. 炮七进七

红胜（原谱着法）

第109局　火炎昆岗

《适情雅趣》第279局“火炎昆岗”（图109），红方进炮底线“解杀还杀”，必然形成“铁门闩”杀法。

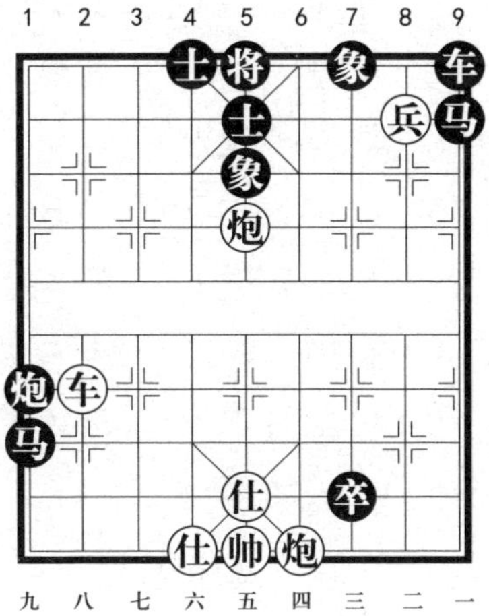

图109

着法：红先胜

1. 炮四进九①

红胜（原谱着法）

注释：

①黑方如续走将5平6，则车八平四，将6平5；帅五平四，卒7进1；帅四进一，炮1平3；车四进六，红胜。

第110局　深入敌境

《适情雅趣》第344局“深入敌境”（图110），红方首着进车底线，伏车七平五绝杀与车七平四再兵六进一巧杀的双重打击，黑方难以防御。

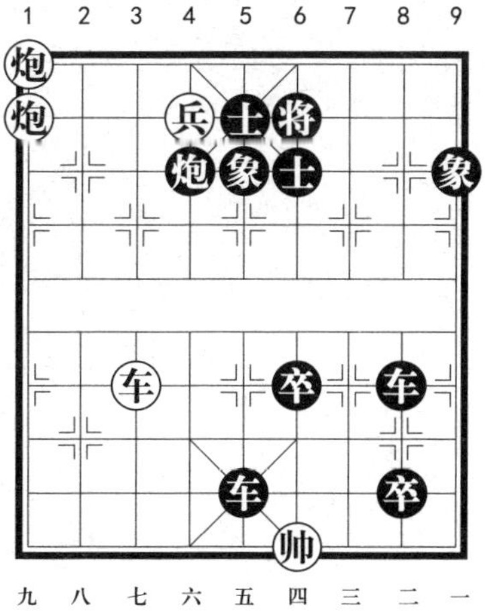

图110

着法：红先胜

1. 车七进六　卒8平7

2. 车七平四　将6退1

3. 兵六进一　象5退3

4. 兵六平五

红胜（原谱着法）

第111局　投躯帝庭

图111是《百局象棋谱》第105局“投躯帝庭”，源自《适情雅趣》第269局，辑著者三乐居士发现本局红方可以连照巧胜。

着法：红先胜

1. 车二平五　将5平4
2. 车五进七　将4进1
3. 炮二进八　士6退5①
4. 车五平六②　将4退1
5. 兵四进一

红胜（原谱着法）

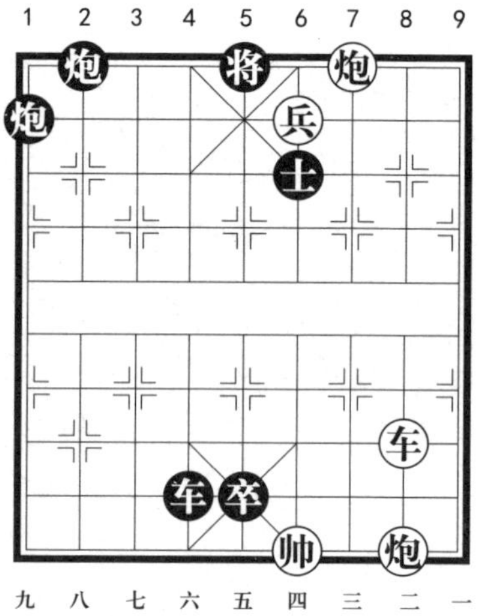

图111

注释：

①如改走将4进1，则车五退二或车五平六，再重炮杀，红胜。

②红方弃车，妙着！如改走兵四平五，则将4进1；车五平六，将4平5；车六退八，卒5平4；炮二平九，将5退1；帅四进一，《适情雅趣》的着法至此结束，误作红胜，实际上黑炮走到黑将后面，即使无卒，单炮也可和红双炮。

第112局　大将当关

《百变象棋谱》第14局“大将当关”（图112-1），与《韬略元机》卷二第29局“雷声普化”、《心武残编》第133局“辕门射戟”、《竹香斋象戏谱》初集第27局“辕门树帜”、《渊深海阔》第277局“反风灭火”、《棋谱秘录》和集第1局、《神妙变化象棋谱》第14局“大将当关”、《湖涯集》第34局“辕门树帜”、《蕉竹斋象棋谱》33局本第18局“大将当关”相同，根据《梦入神机》中的“过不留迹”加工所得，由于着法奇特，象棋特级大师杨官璘前辈称其为“千古绝唱”。

着法：红先和

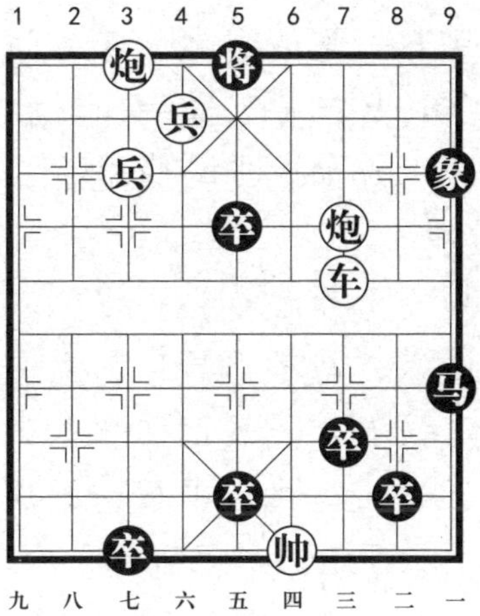

图112–1

1. 车三平五① 卒7平6②
2. 车五退四③ 卒3平4
3. 炮三退五④ 卒8平7⑤
4. 车五平三 将5平6⑥
5. 炮七平六 马9进7
6. 炮六退九 卒6进1
7. 帅四平五 卒6平7
8. 兵六平五⑦ 卒7平6
9. 炮六平七⑧ 卒6平5
10. 帅五平六 马7退5⑨
11. 兵七平六 马5退6⑩
12. 兵六进一 马6退4
13. 炮七进九 马4退5
14. 兵六平五 象9进7
15. 炮七平五 象7退5
16. 炮五退二 前卒平6
17. 帅六进一 卒5进1
18. 炮五平九 卒5进1
19. 炮九退六

和局（《棋谱秘录》原谱着法）

注释：

①这是难以想到的妙着！如改走车三平四，则卒7平6；车四退三，马9进7；车四平三，卒3平4，黑胜。

②如改走后卒进1，则炮三平八，前卒进1；帅四平五，将5平6；兵六平五，红胜。

③如改走车五进一，则将5平6；车五平四，将6平5；车四平五（如改走车四退四，则卒5进1；帅四进一，卒8平7，黑胜），将5平6；车五退五，卒3平4；炮三退五，卒8平7；车五平三，马9进7；炮七平六，卒6进1，黑胜。

④红方炮三退五正确，另有两种着法均负，变化如下：

甲：炮三退六，马9进7；炮三进一，卒8平7；车五进五，将5平6；车五平四，将6平5；车四退四，卒4平5，黑胜。

乙：炮七平六，马9进7；车五平三，卒8平7；炮三退五，将5平6；炮六退九，卒6进1；帅四平五，卒6平5，黑胜。

⑤如改走马9进7，则炮七平六，卒8平7；车五进五，将5平6；炮六退九，卒6进1；帅四平五，卒6平5；车五退五，马7进5；帅五进一，红胜定。

⑥如改走马9进7，则车三进一，卒6平7；帅四进一，红胜定。

⑦如改走兵七平六，则卒7平6；炮六平七，卒6平5；帅五平六，马7退5；后兵平五，马5退7；炮七进二，马7进6；炮七平五，马6退7（如改走马6退5，则兵五平四，马5进4；炮五平四，将6平5；炮四退一，前卒平6；兵四进一，卒6平5；兵六平五，将5平4；兵四进一，红胜）；炮五平七，马7进5；炮七退一，马5退7；炮七进一，马7进5；炮七退一，马5退7，和局。

⑧图112-2形势，红方炮六平七正确，另有三种着法均负，变化如下：

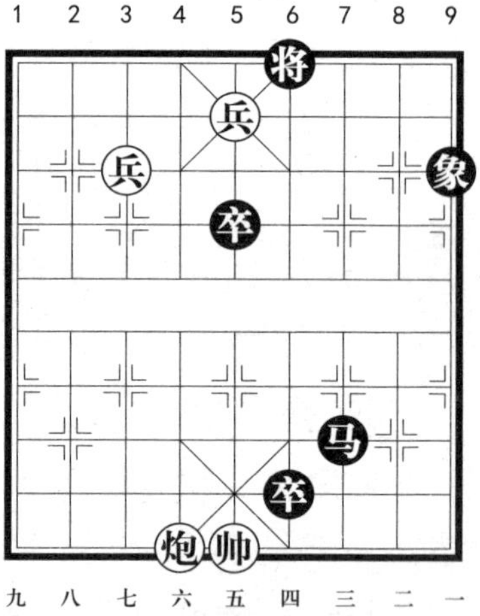
图112-2

甲：炮六平九，卒6平5；帅五平六，马7退5；炮九进一，前卒平4；帅六平五，马5进3；炮九平七，卒4平3；帅五平六，马3退5；兵七平六，卒3平4；帅六平五，马5进3；兵六平五，卒4平5，黑胜。

乙：炮六进九，卒6平5；帅五平六，马7退5；炮六退六，马5进4；炮六退一，马4进2；炮六退一，前卒平4；帅六平五，马2退3；兵七平六，卒4进1，黑胜。

丙：炮六进三，卒6平5；帅五平六，马7退5；兵七平六，马5退4；炮六进一，马4进2；炮六退三，前卒平4；帅六进一，马2退4；兵六进一，马4退3；帅六平五，卒5进1；帅五进一，卒5进1；帅五退一，卒5进1；帅五退一，卒5进1；帅五平六，卒5进1，黑胜。

⑨如改走马7退6，则兵七平六，马6进4；炮七进二，马4退2；炮七退一，马2退3；炮七平九，后卒进1；兵六平七，马3退1；兵七平六，马1进3；兵六平七，马3退1；兵七平六，和局。

⑩黑方另有两种着法均和，变化如下：

甲：前卒平4；帅六平五，马5退3；炮七平八，卒5进1；炮八进九，马3退4；炮八平六，马4退2；兵六平七（如改走炮六平五，则马2退3；兵六进一，马3进5；兵六平五，象9进7；炮五退四，和局），马2退3；兵七进一，卒5进1；兵七进一，卒5进1；兵五平六，卒4平3；帅五进一，和局。

乙：马5退7；炮七进二，马7退6；兵六进一 后卒进1；炮七进七，马6退5；兵六平五，后卒进1；炮七平五，后卒平4；炮五退八，和局（《竹香斋象戏谱》原谱1本着法）。

第113局　将军挂印

《湖涯集》第18局“将军挂印”（图113-1），与《蕉竹斋象棋谱》97局本第45局“沉底二炮”相同，江湖棋局，红方起手炮三进九轰掉黑车，然后炮二进九再车一平六速胜的假象具有挡不住的诱惑力。同型局有《湖涯集》第19局“四寇擒王”、《蕉竹斋象棋谱》33局本第28局“伍子胥过关”等。

着法：红先和

1. 炮三进九	车6平7	2. 炮二平四①	车7平6②
3. 车一进九③	炮1退7	4. 车一平四④	炮1平6
5. 前兵平四	卒6平5⑤	6. 兵四进一	后卒进1
7. 相五进七	将4进1	8. 兵九平八	卒3平4

9. 兵八平七⑥　将4平5
10. 兵七平六　卒4进1
11. 兵四平三　前卒进1
12. 炮四进一　卒4平5
13. 兵三平二　中卒平6
14. 帅四退一

和局（《蕉竹斋象棋谱》原谱着法）

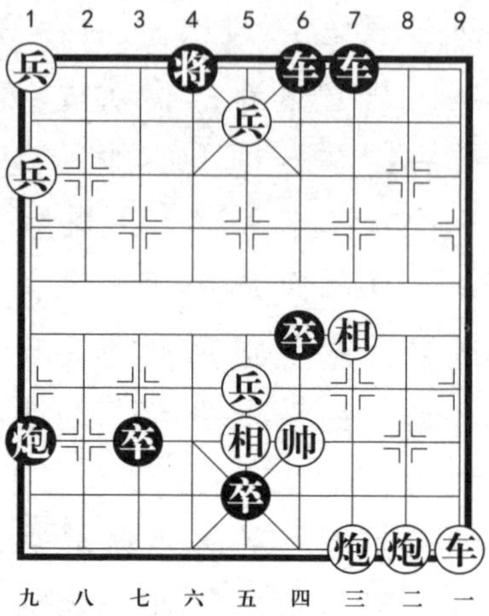

图113-1

注释：

①红方炮二平四正确，另有两种着法均负，变化如下：

甲：炮二进九，车7进3；车一平六，卒3平4；车六进二，车7平4；车六平九，卒6进1；红落入圈套，黑胜（《蕉竹斋象棋谱》变3着法）。

乙：车一进三，卒6平7；炮二进八，卒7进1，黑胜。

②如改走车7平8，则车一进九，炮1退7（《蕉竹斋象棋谱》变4着法是车8平9；前兵平八，红胜）；车一平二，炮1平8；炮四进四，卒3平4；兵九平八，红胜（《蕉竹斋象棋谱》变5着法）。

③如改走车一进三，则炮1退4；相五进七，卒3平4（《蕉竹斋象棋谱》变2着法是炮1平6；帅四平五，炮6平5；帅五平四，卒3平4；炮四平六，卒4平5；相七退五，炮5平6，黑缓胜）；炮四平六，卒4平5；相七退五，炮1平6，黑胜。

④如改走车一退六，则车6平8；车一退一，卒6进1；炮四进三，车8进6，黑胜。

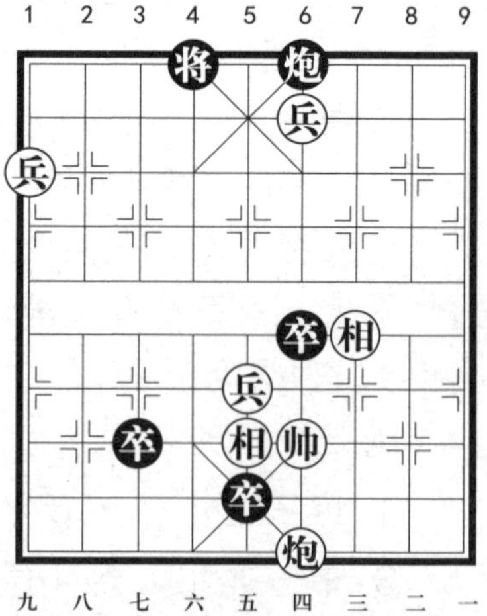

图113-2

⑤图113-2形势，黑方卒6平5正确，如改走卒6平7，则兵四进一，卒7进1；相五进七，将4进1（如改走卒3平4，则炮四平六，卒5平4；兵五进一，前卒进1；兵五进一，将4进1；兵五进一，卒7平6；帅四退一，将4平5；帅四平五，将5平6；兵九平八，卒6进1；兵五平四，红胜）；帅四平五，卒5平4（《蕉竹斋象棋谱》变6着法是卒5平6；炮四平六，卒7平6；兵五进一，将4平5；兵五进一，将5平6；兵五平四，后卒平5；帅五平四，卒6平5；炮六平四，卒3平4；兵九平八，将6平5；后兵平五，红胜）；炮四平六，将4平5（如改走卒4进1，则兵五进一，卒3平4；帅五退一，卒7平6；兵五进一，卒6平5；兵五平六，将4平5；兵九平八，将5平6；兵四平三，卒5平6；兵六平五，卒6进1；兵五平四，红胜）；兵五进一，卒7平6；兵五进一，将5平6；兵五平四，卒6平5；帅五平四，卒4平5；炮六平四，卒3平4；兵九平八，红胜。

⑥《湖涯集》原谱着法至此结束，和局。

第114局　乘风破浪

《百局象棋谱》第65局“乘风破浪”（图114-1），江湖棋局，看上去红方起手炮三进六，车6平7；炮二进六再弃炮，然后平车杀卒即胜。原谱误作和局，《湖涯集》收入改正为红胜。

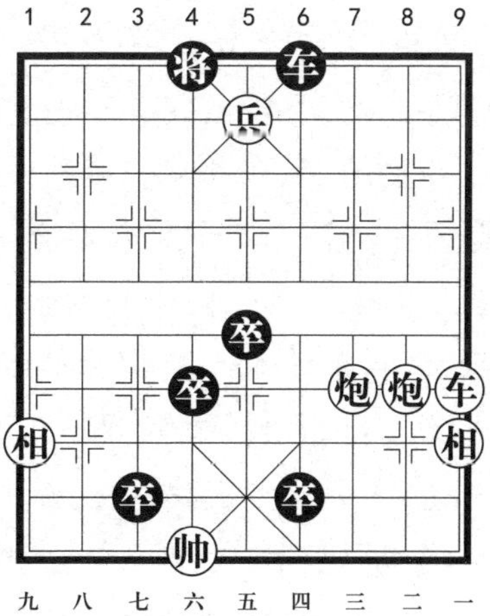

图114-1

着法：红先胜

1. 炮二进六[①]　车6平8

2. 炮三退二　卒3平4

3. 炮三平六　卒4平5

4. 炮六进七　卒6平5

5. 相一退三　车8平7　　6. 相三进一　车7平6②

7. 兵五平四　前卒进1③　　8. 帅六进一④　车6平8

9. 相一退三　车8平7⑤　　10. 兵四平五⑥　车7进8

11. 帅六进一　车7退8　　12. 炮六退二　车7进7

13. 帅六退一　车7进1　　14. 帅六进一　车7退8

15. 车一进四　红胜

注释：

①红方弃二路炮佳着！如误走炮三进六，则车6平7；炮二进六，车7进9；相一退三，卒3平4；帅六平五，后卒平5；车一平三，卒4进1，黑巧胜。

②如改走车7平8，则相一退三，车8平7；相三进一，车7平8；相一退三，车8平7；相三进一，黑方长杀，不变作负，红胜。

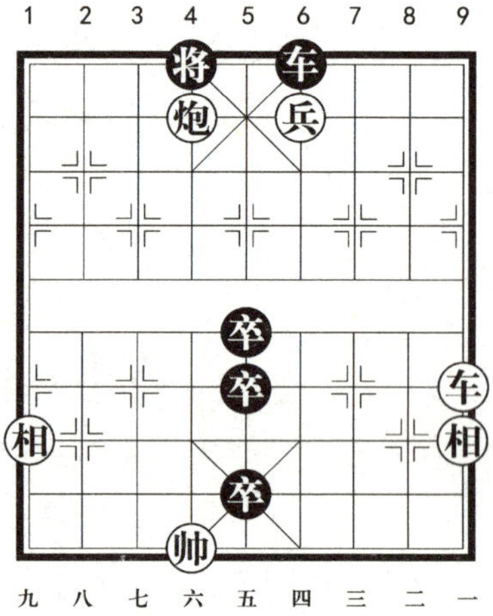

图114–2

③图114–2形势，黑方另有两种着法均负，变化如下：

甲：车6平5；车一进三，《湖涯集》第2变着法至此即作红胜，以下应是车5平8；车一平三，中卒进1；相一退三，中卒平4；车三平六，将4平5；炮六退六，车8进1；炮六平五，卒5平4；车六退二，红胜。

乙：车6平8；车一平三，中卒进1；相一退三，后卒平4；车三进三，卒4进1；车三平六，后卒平4（如改走卒4进1，则炮六退六，将4平5；车六平五，将5平4；兵四平五，红胜）；炮六退五，将4平5；车六平五，将5平4；车五退五，车8平7；相三进一，车7进7；帅六平五，卒4平5；车五平七，将4进1；炮六平一，红胜。

④如改走帅六平五，则车6进1；炮六退八，前卒平6；车一进四，卒5进1；车一平六，将4平5；车六平五，将5平6；和局（这是

《湖涯集》变3着法，也是《百局象棋谱》的着法）。

⑤黑方另有两种着法均负，变化如下：

甲：将4平5；炮六平五，红胜（《湖涯集》变4着法）。

乙：车8进8；帅六进一，后卒平4；车一平五，将4进1；帅六平五，车8退3；车五进五，连杀，红胜。

⑥《湖涯集》原谱着法至此即作红胜。

“乘风破浪”类型的江湖棋局有《心武残编》第1局“间壁猜枚”、《心武残编》第2局“开渠引水”、《心武残编》第3局“沉鱼落雁”、《心武残编》第4局“推强扶弱”、《渊深海阔》第274局“破浪乘风”、《竹香斋象戏谱》三集第34局“八仙航海”、《蕉竹斋象棋谱》97局本第14局“四屏山”等，最流行的是“三战吕布”。

1981年夏，笔者在本溪市中心公园看到两位山东人摆的棋势（图114－3），比“三战吕布”多出红方七・四位兵与黑方3・4位卒，恰巧可以作为“乘风破浪”的改正和局。

着法：红先和

1. 炮二进六① 车6平8
2. 帅五平六② 炮9进7
3. 炮三退二③ 炮9进2
4. 车一退三 卒6平5
5. 相三进五 卒4进1
6. 相五进三 卒3进1④
7. 炮三平二⑤ 车8平6
8. 炮二平三 车6平8
9. 炮三平二 车8平6
10. 炮二平三 车6平8
11. 炮三平二 车8平6
12. 炮二平三 和局

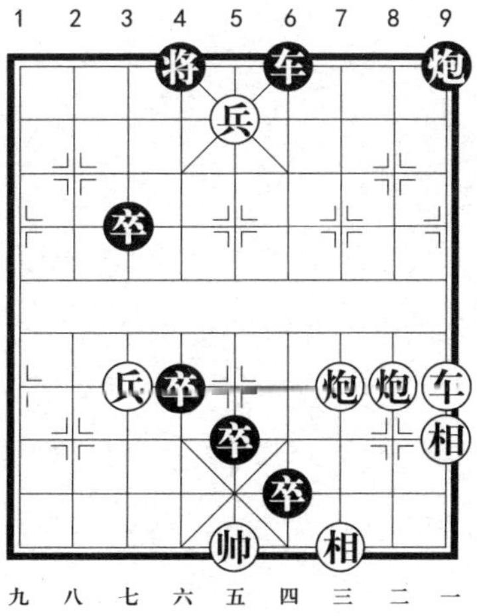

图114–3

注释：

①红方起手炮二进六是难以想到的正着。如改走炮三进六，则车6平7；炮二进六，车7进9（弃车解杀，妙）；相一退三，卒5进1；帅五平六，卒5平4（图穷匕见）；帅六进一（如改走帅六平五，则后卒平3；下着4路卒有杀，黑巧胜），卒4进1；帅六退一，卒4进1；帅六平五，卒4进1；红中计，黑胜。

②双方战斗如此激烈，竟然悠闲地移动老帅，真是绝妙！如改走炮三退二，则卒6平5；帅五平六，前卒平4；帅六进一，卒4进1；帅六退一，卒4进1；帅六平五，卒4平5；帅五平四，车8平6连杀，黑胜。

③如改走车一退一，则卒4进1；炮三退二，卒6进1，黑巧胜。

④如改走车8平6，则车一平二，车6平9；炮三平一，车9平6；兵七进一，车6平9；车二平四，车9平8；炮一平二，车8平9；相三退一，车9平7；炮二平一，车7平8（如改走车7平5，则车四进八，车5平8；车四平三，卒5平4；帅六平五，后卒平5；兵五平六，将4平5；车三退七，车8进9；相一退三，红胜定）；炮一平三，车8平5（如改走车8平7，则车四进三，红胜）；车四进八，车5平8；相一退三，车8平7；兵五平六，将4平5；车四平五，将5平6；车五退七，车7进1；兵六平五，红胜。

⑤红方炮三平二正确，另有两种着法均负，变化如下：

甲：车一平四，卒5平6；车四平五，卒6平7，黑胜。

乙：炮三平一，车8进8；炮一平五，卒4进1；帅六平五，卒4平5；帅五平四，车8平6，黑胜。

第115局　声势相倚

《适情雅趣》第177局“声势相倚”（图115），结尾红车平八“解杀还杀”，漂亮。

着法：红先胜

1. 炮一平九　车1平2
2. 前车进三　将4进1
3. 后车进三　将4进1
4. 后车平八

红胜（原谱着法）

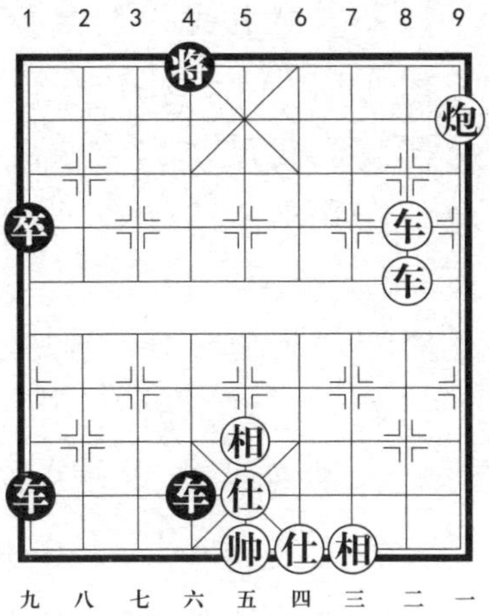

图115

第116局　同心赞政

《适情雅趣》第248局“同心赞政”（图116），红方使出车入虎穴的绝着，黑方绝望。

着法：红先胜

1. 车三退一　将6退1
2. 车三平五①

红胜（原谱着法）

注释：

①黑如续走车5退6，则车四平三，将6平5；车三进三，红胜。

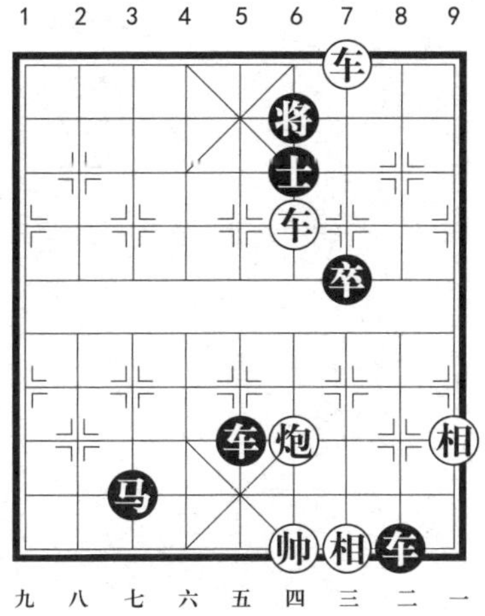

图116

第117局　八阵图

《百变象棋谱》第1局“八阵图”（图117），与《适情雅趣》第188局“载沉载浮”、《渊深海阔》第47局“一刺焦兰”及《棋谱秘录》坤集第52局类同，红方第4回合车三平五于黑方“花心”献车是超级妙着。

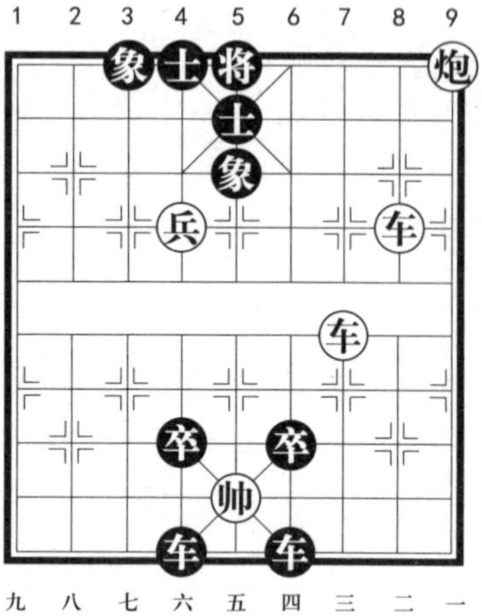

图117

着法：红先胜

1. 车三进五　士5退6
2. 车三退一　士6进5
3. 车二进三　士5退6
4. 车三平五　士4进5
5. 车二退一　象5退7　6. 车二平五　将5平4
7. 车五进一　将4进1　8. 兵六进一　将4进1
9. 车五平六

红胜（原谱着法）

第118局　怀春育孕

《适情雅趣》第237局“怀春育孕”（图118），红方献车“花心”的杀法别具特色。

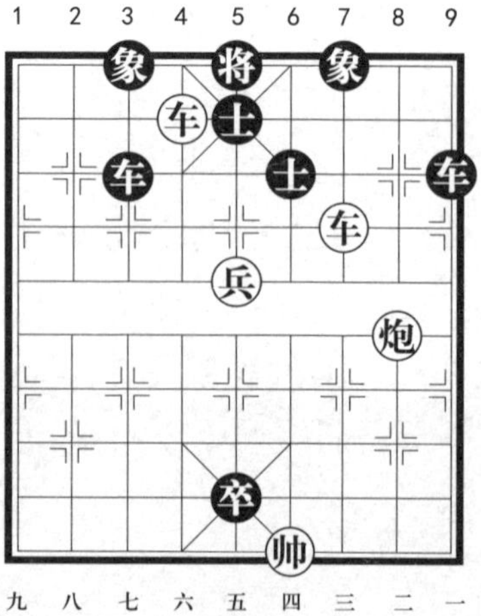

图118

着法：红先胜

1. 炮二进五　象7进5
2. 车三进三　士5退6
3. 车六平五　士6退5
4. 车三平四

红胜（原谱着法）

第119局　黾勉同心

《适情雅趣》第178局“黾勉同心”（图119），“小兵得势赛车勇”，红方的肋兵比肋车作用大，所以红起手弃车而不弃兵。

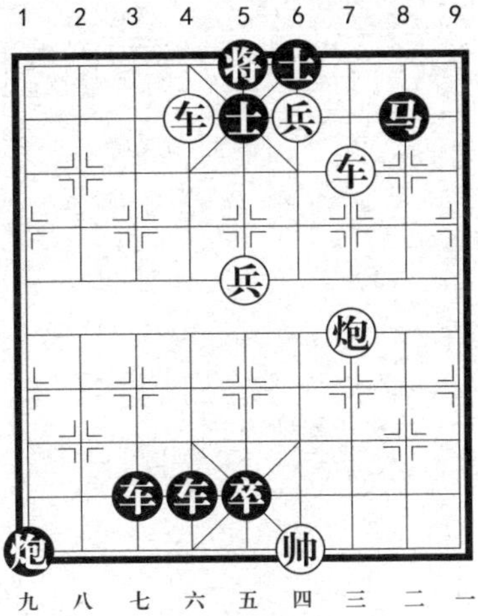

图119

着法：红先胜

1. 车六平五　将5平4①

2. 车三平六　车4退6

3. 车五进一②

红胜（原谱着法）

注释：

①如改走士6进5，则车三进二，马8退6（如改走士5退6，则车三平四，马8退6；炮三进五，红巧胜）；车三平四，士5退6；炮三进五，士6进5；兵四进一，红胜。

②黑如续走将4平5，则炮三进五，士6进5；兵四进一，红胜。

第120局　逾垣难避

《韬略元机》卷四第39局“逾垣难避”（图120），第3回合红方车九平二献车是获胜的关键之着。

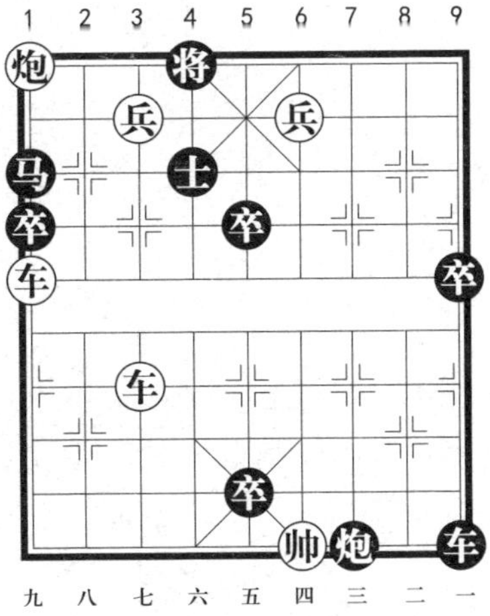

图120

着法：红先胜

1. 兵七平六　将4进1

2. 炮九平一　车9平8

3. 车九平二　车 8 退 5　　4. 炮一退一　车 8 退 3
5. 兵四平五　士 4 退 5　　6. 车七平六　红胜（原谱着法）

第121局　祸生肘腋

《适情雅趣》第244局“祸生肘腋”（图121），红方献车“花心”的又一巧妙胜法，黑方首着如将 5 平 4，则车八退一，将 4 进 1；车八退一，将 4 退 1；车八进一，将 4 进 1；车一平六连杀，红胜。

着法：红先胜

1. 兵七平六　马 2 退 4
2. 车一进六　将 5 退 1
3. 炮七进七　士 4 进 5
4. 炮七退一　士 5 退 4
5. 车一平五　炮 5 退 2
6. 炮七进一

红胜（原谱着法）

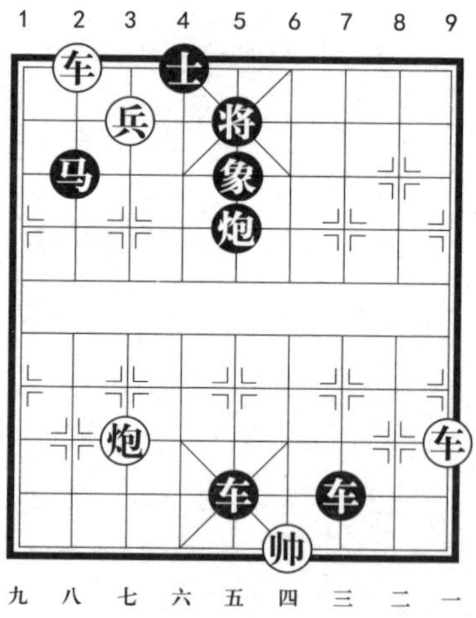

图121

第122局　一计害三贤

《百变象棋谱》第28局“一计害三贤”（图122），与《韬略元机》卷二第8局“计害三贤”、《竹香斋象戏谱》初集第57局“上河景物”、《渊深海阔》第22局“计害三贤”及《神妙变化象棋谱》第45局“一计害三贤”相同。同型局有《适情雅趣》第204局“雷震八荒”、《韬略元机》卷四第22局“出将入相”及《棋谱秘录》和集第9局等，红方弃双车取得“借炮使相”的机会，别具一格。

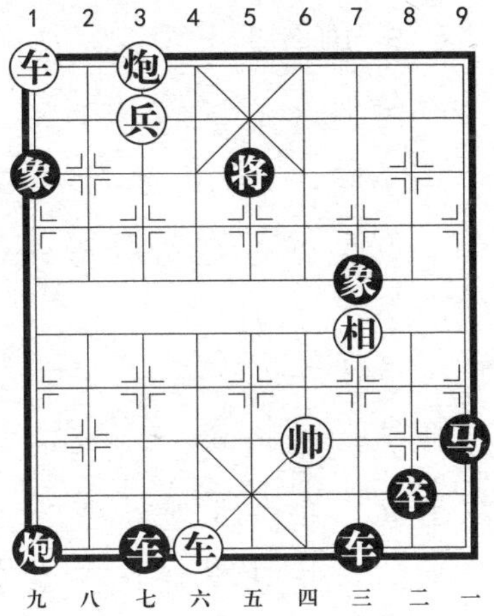

图122

着法：红先胜

1. 车六进七　将5退1
2. 兵七平六　将5退1
3. 炮七退八　炮1退9
4. 车六平五　象7退5
5. 炮七平五　象5进3
6. 相三退五　象3退5
7. 相五退七　象5进7
8. 相七进五　象7退5
9. 相五退三　象5进3
10. 相三进五　象3退5
11. 相五进三　象5进3
12. 相三退一

和局（原谱着法）

第123局　朝野从容

《适情雅趣》第347局“朝野从容”（图123），红方勇弃一车，以车炮“双照”杀。

着法：红先胜

1. 车八进七　士5退4
2. 车二平六　士4退5
3. 炮五平八　卒6平5[①]
4. 车八平六　士5退4
5. 炮八进七

红胜（原谱着法）

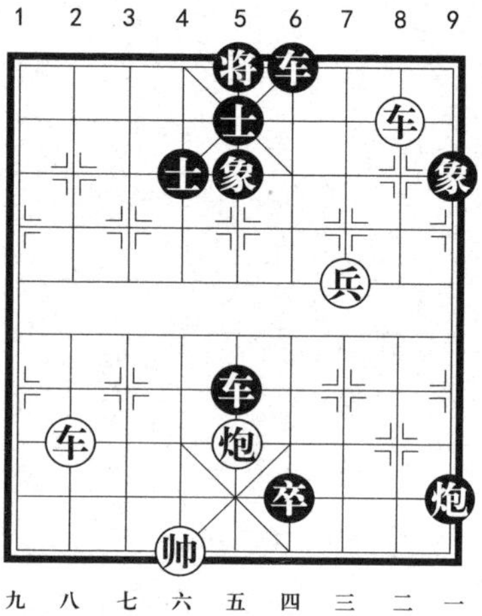

图123

注释：

①黑方另有两种着法均负，变化如下：

甲：车5平2；车八退六，车6进7；车八进六，将5平6；车六平五，车6平4；帅六平五，象9进7（如改走车4进1，则车八平六，车4退8；车五退一，红胜定）；车五平二，象7退9；车八退一，车4平6；车八平四，车6退6；车二进一，象9退7；车二平三，红胜。

乙：车5进3；帅六平五，车6进7；帅五平六，将5平6；车六平五，车6平4；帅六平五，象9退7；兵三平四，炮9退3；兵四进一，红胜定。

第124局　星移斗转

《竹香斋象戏谱》初集第54局“星移斗转”（图124-1），与《适情雅趣》第74局“登高履险”及《棋谱秘录》乾集第20局类同，惊险奇特，耐人寻味。

着法：红先胜

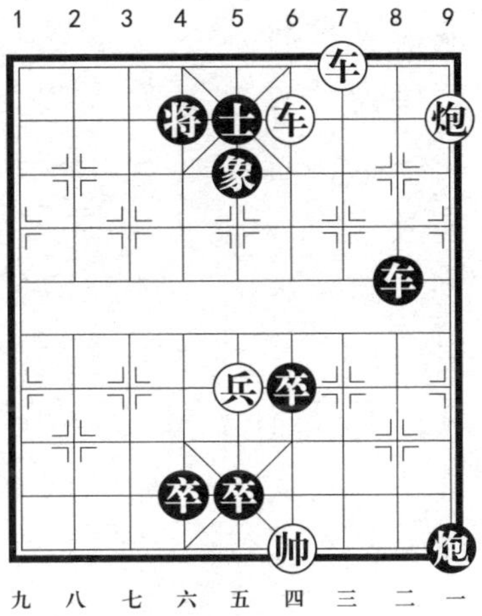

图124-1

1. 车四退三　将4进1
2. 车四平六①　车8平4
3. 车三平八　卒5平6
4. 帅四进一　卒6进1
5. 帅四进一　车4平6
6. 帅四平五　车6退3
7. 车八退八　象5进7
8. 车八平六　将4平5
9. 炮一退六②　车6平8
10. 车六平四　车8进5
11. 帅五退一　车8平5
12. 帅五平六　士5进4
13. 车四进一③　炮9平4④
14. 车四平八　车5平4
15. 炮一平六　炮4平1
16. 车八退二　车4平5
17. 炮六平九　车5进2
18. 帅六进一　车5退4
19. 帅六退一　车5平4
20. 炮九平六　炮1退5
21. 车八平五　将5平6
22. 车五进六　将6退1
23. 帅六平五　车4平6
24. 炮六平八　炮1退3
25. 炮八进六　炮1进1
26. 车五平六　车6退2
27. 车六退一　象7退9
28. 车六平九　车6平5
29. 帅五平六　炮1平2
30. 车九平八　炮2平3
31. 车八平七　炮3平2

32. 车七进三　将6退1　　33. 车七退一　炮2进7
34. 炮八退一　将6进1　　35. 炮八平六　将6平5
36. 车七进一　将5退1　　37. 车七进一　将5进1
38. 车七平六　和局

注释：

①如改走车四平二，则象5退7；炮一退六（如改走车二退四，则炮9退7；车二进六，象7进5；车二平一，卒4进1；车一平五，将4平5；炮一退八，卒6进1，黑胜），将4退1；车二退四（如改走车二平六，则士5进4；炮一进四，卒6进1；炮一平六，将4平5；炮六退五，卒5平6；帅四平五，后卒平5；车六平五，象7进5；车五平一，卒5进1；帅五平六，卒6进1；车一退五，卒5进1，黑胜），卒6平5；炮一进六（如改走炮一退一，则后卒进1；车二平三，炮9平8；炮一平二，象7进9；炮二进七，士5进6；炮二退七，将4退1；炮二平一，炮8退9，黑胜），将4退1；炮一退六，象7进9；车二进八，将4进1；车二退八，炮9平7；车二平三，炮7平8；车三平二，炮8平7；车二平三，炮7平8；炮一平二，将4退1；炮二退一，后卒进1；炮二平五，卒5进1；车三平二，炮8平7；车二平三，炮7平8；车三平二，炮8平7；车二进八，炮7退9，黑胜。

②图124-2形势，红方炮一退六可以成和，如改走兵五进一（原谱误作和局的着法），则车6平9；车六进五，车9进5；车六平五，将5平4；车五进二，车9平5；帅五平四，炮9平5，黑胜。

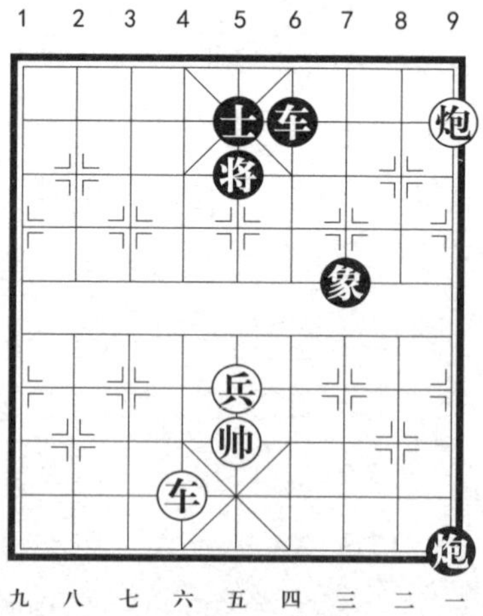

图124-2

③图124-3形势，红方车四进一正确，如改走炮一平六，则炮9平3；炮六平七，车5平4；炮七平六，将5退1；车四平五，象7退

5；车五进一，炮3退2；车五进四，炮3退6；车五退二，炮3平4；车五退二，车4进1；车五平六，象5进3，黑胜。

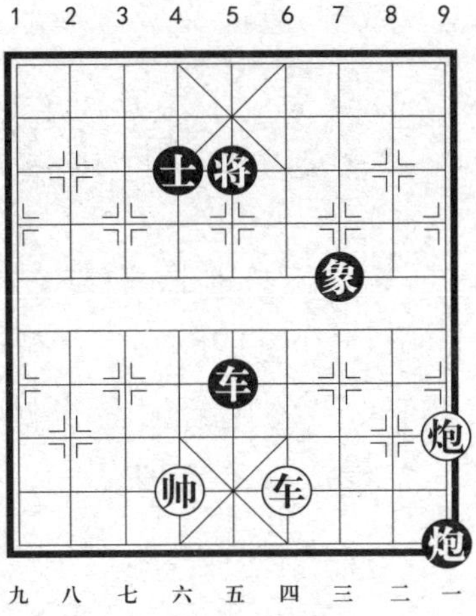

图124-3

④平炮的变化是赵殿忠先生所拟。浙江一位棋友用软件拆解得出的着法是车5进2；帅六退一，将5退1；车四平六，车5进1；帅六进一，车5退7；炮一平五，将5平6；炮五平一，将6退1；车六平八，炮9平3；车八平七，炮3平8；车七平二，炮8平3；车二进七，将6进1；车二平七，炮3平8；车七退一，将6退1；炮一平二，将6平5；车七进一，将5进1；车七退七，和局。

第125局　中外二圣

《适情雅趣》第58局“中外二圣”（图125），与《棋谱秘录》乾集第10局类同，红方第3回合退炮到黑方“宫顶线”是取胜关键之着。

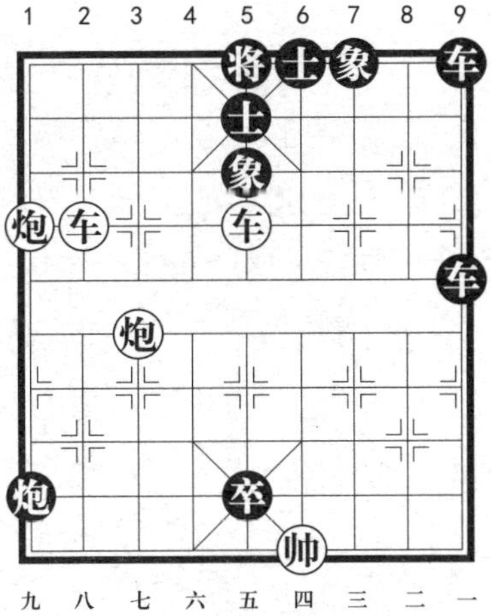

图125

着法：红先胜

1. 车八进三　士5退4
2. 炮七进五　士4进5
3. 炮七退二　士5退4
4. 车五进一　象7进5
5. 炮九平五

红胜（原谱着法）

第126局　路隔星河

《适情雅趣》第218局“路隔星河”（图126），本局将红方献兵“花心”的绝着彰显得淋漓尽致。

着法：红先胜

1. 炮三平五　　车5进1
2. 车一平五　　车5退2
3. 炮一进三　　士6进5
4. 车三进五　　士5退6
5. 兵六平五

红胜（原谱着法）

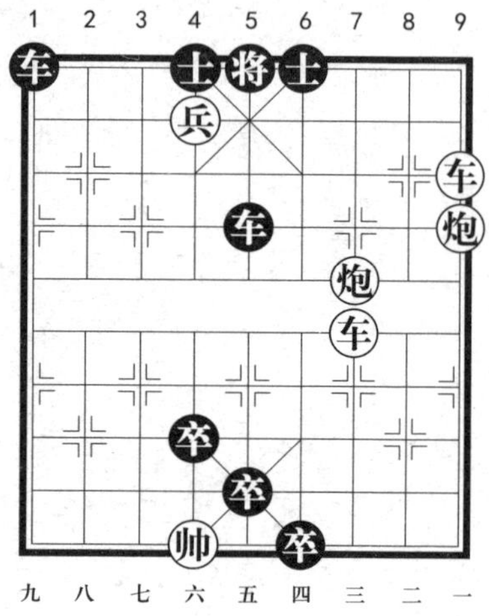

图126

第127局　曲突徙薪

《适情雅趣》第117局“曲突徙薪”（图127），红方首着献车是“解杀还杀”的妙着。

着法：红先胜

1. 车八平二　　车8进5
2. 炮八进七　　象3进1
3. 车六进一　　将5平4
4. 兵六进一　　将4平5
5. 兵六进一

红胜（原谱着法）

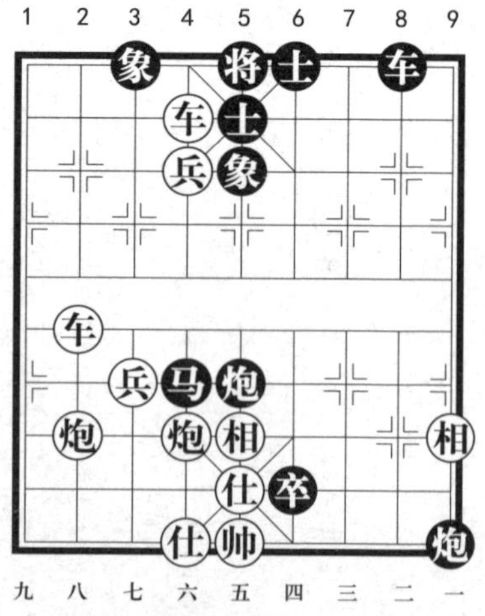

图127

第128局　豪杰并争

《梦入神机》中的“豪杰并争”（图128），红方两度弃车终于取胜。

着法：红先胜

1. 车一平四　　车6进1
2. 车四退八　　卒2平3
3. 车四进九　　将5平6
4. 车六进六　　将6进1
5. 炮六进六　　将6进1
6. 车六平四　　红胜

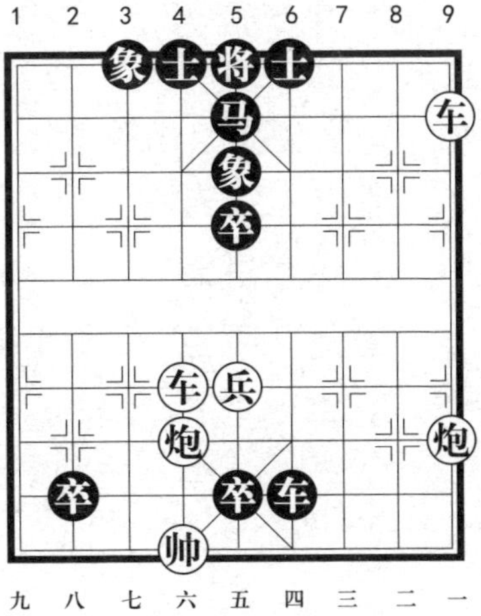

图128

第129局　军中烈士

《适情雅趣》第223局“军中烈士”（图129），红方第2回合支仕露帅伏“对面笑”的杀着，是首回合大胆弃车的后续手段。

着法：红先胜

1. 车九平五　　士4进5
2. 仕五进四　　将5平4
3. 车八进九　　将4进1
4. 炮九进五

红胜（原谱着法）

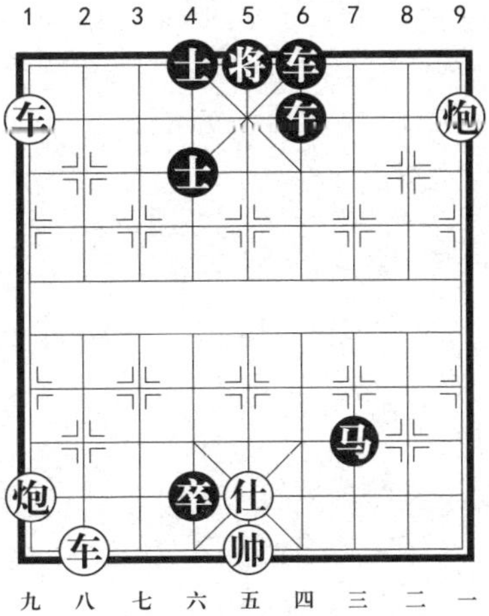

图129

第130局　诱虎夺穴

《梦入神机》中的“诱虎夺穴”（图130），红方起手进炮士角，必定形成“平顶冠”杀势。

着法：红先胜

1. 炮六进五　　士5进4
2. 炮八平五　　卒1平2
3. 车六平五　　红胜

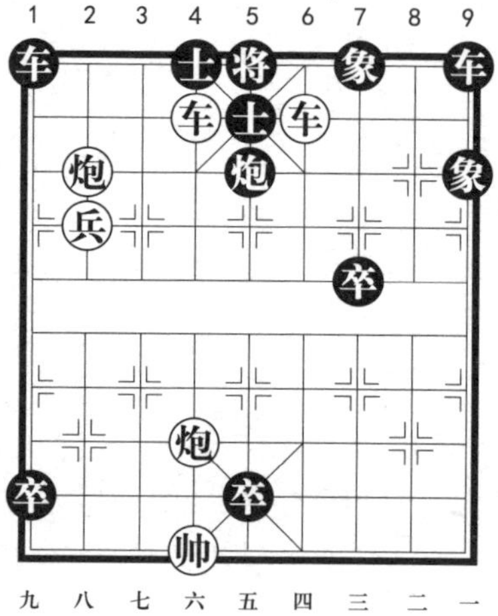

图130

第131局　明修栈道

《适情雅趣》第243局“明修栈道”（图131），与《韬略元机》卷四第40局“狼机莫测”、《渊深海阔》第192局“魏隼搏兽”及《棋谱秘录》乾集第10局类同，红弃子妙杀。

着法：红先胜

1. 兵三平四　　将6进1
2. 车八进二　　将6退1
3. 车八平四　　将6进1
4. 车五进二　　将6退1
5. 车五平四　　将6进1
6. 后炮平四

红胜（原谱着法）

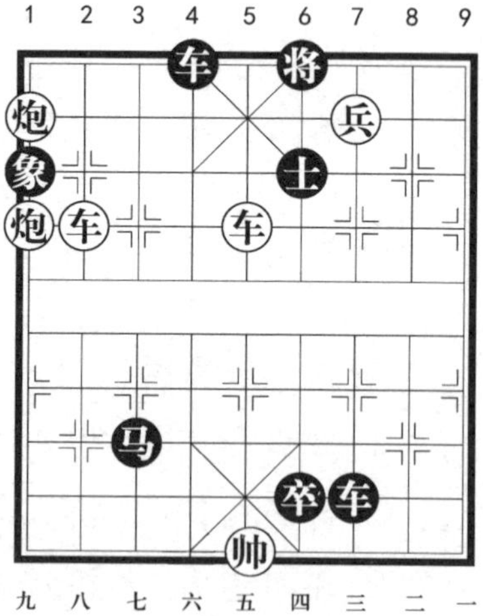

图131

第132局　四忠二烈

《韬略元机》卷三第57局“四忠二烈”（图132），与《适情雅趣》第15局“妙振兵铃”、《渊深海阔》第190局“扫靖狼烟”类同，还有《适情雅趣》第53局“开窗邀月”、《韬略元机》卷三第28局“夺天改命”、《韬略元机》卷三第29局“定国安邦”、《渊深海阔》第188局“剿捕赤眉”、《渊深海阔》第193局“岑马争元”等，都是这种美妙的杀法。

着法：红先胜

1. 车二进四　马9退8
2. 兵六进一　将5平4
3. 车四进一　士5退6
4. 兵七平六　将4进1
5. 炮一平六　士4退5
6. 炮五平六

红胜（原谱着法）

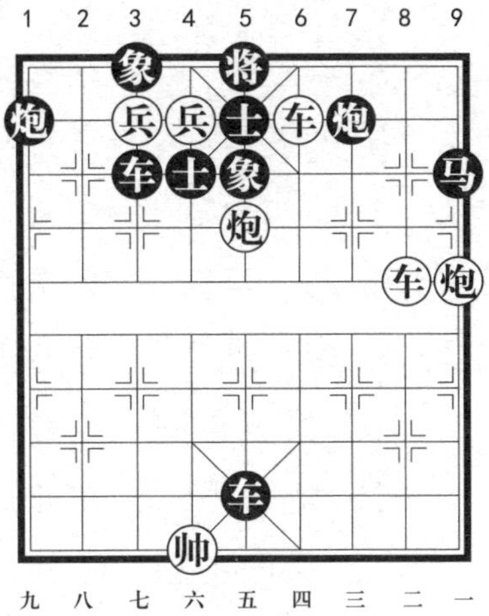

图132

第133局　笙箫夹鼓

《心武残编》第87局“笙箫夹鼓”（图133-1），与《竹香斋象戏谱》三集第24局“花影阑干”、《蕉窗逸品》第6局“桃红柳绿”及《蕉竹斋象棋谱》97局本第57局“桃红柳绿”类同，江湖棋局。这种红方双车挡住红炮照将的路线，伏有红起手连弃双车再用炮下底速胜假象的江湖棋局，俗称“双车盖炮”类型，古谱中记载了几十局。红方首着平车“将军”时，黑方不吃红车而垫炮解将，是“笙箫夹鼓”的特点，同型局有《百变象棋谱》第19局“十八学士”、《韬略元机》卷一第22局“功成身退”、《心武残编》第81局“闰余成岁”、《百局象棋谱》第72局“桃红柳绿”、《渊深海阔》第177局“雪夜访贤”、《竹香斋象戏谱》三集第9局“云台霜戟”等。

着法：红先胜

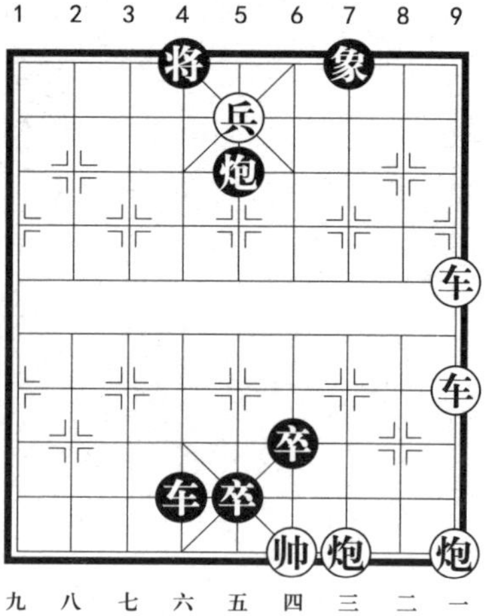

图133–1

1. 后车平六　炮5平4
2. 车六平四①　卒6进1
3. 车四退二　卒5平6
4. 帅四平五　炮4平8②
5. 炮三进一　卒6平5
6. 帅五平四　卒5平6③
7. 帅四平五　车4退2
8. 车一平五　象7进5④
9. 炮三进八⑤　象5退7⑥
10. 兵五平四　炮8退2⑦
11. 炮一平二　车4退5
12. 兵四平五　车4进7
13. 兵五平四　车4退7
14. 兵四平五　车4进2
15. 兵五平四　车4进5
16. 车五进一　和局

注释：

①红方车六平四正确，另有两种着法均负，变化如下：

甲：兵五进一，将4平5；车六平五，炮4平5；车五退二，车4平5；车一平四，炮5平6；炮一进九，将5进1；车四进二，车5平6，黑胜。

乙：车六进四，车4退6；车一退四，车4平7；炮三平二，车7平8；炮二平三，车8进7；车一平三，车8平7；车三退一，卒6进1，黑胜。

②黑方炮4平8正确，另有两种着法均负，变化如下：

甲：车4平5；帅五平六，车5退7；车一平八，车5平3；车八进四，将4进1；炮一进八，红胜定。

乙：炮4平6；车一平五，炮6平8；炮三进一，车4退2；炮三平二，炮8退2；兵五平四，将4进1（如改走车4退5，则炮一平二，车4平6；后炮进九，象7进9；前炮平一，红胜定）；炮二进七，将4退1；炮一平二，炮8平9；前炮进一，象7进9；车五进四，将4进1；后炮进八，将4进1；车五退二，红胜。

③如改走车4退2，则车一平四，炮8退2；炮三平二，车4退3；炮一平二，炮8平9；前炮进八，象7进5；车四进四，红胜。

④黑方另有两种着法，结果不同，变化如下：

甲：炮8平5；车五平六，车4退2；炮一进九，象7进9；炮三进八，红胜。

乙：炮8进7；炮一进九，象7进9（如改走象7进5，则炮三进八，炮8退9；炮一退九，象5退7；兵五平四，车4进2；炮一平二，和局）；炮三进八，炮8退9；兵五平六，将4进1；炮三平六，炮8平5；车五平六，车4退2，炮六退四，炮5平4；和局。

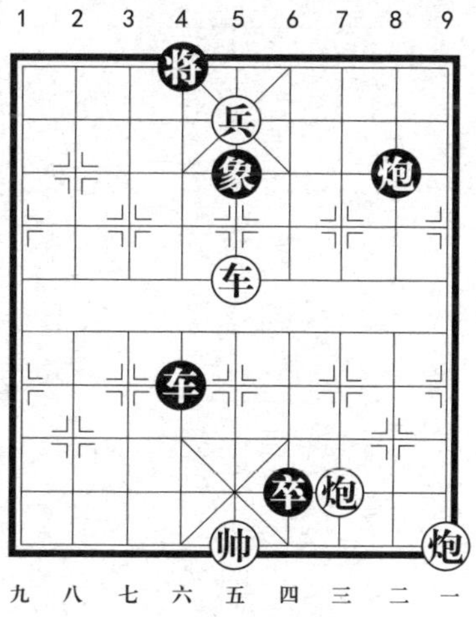

图133-2

⑤图133-2形势，红方炮三进八佳着！另有两种着法均负，变化如下：

甲：炮一平二，象5进7；兵五平四，炮8平5；车五平八，车4平5，黑胜。

乙：炮三平二，象5进7；兵五进一（如改走炮二进一，则炮8平5；炮二平五，车4平7；炮一平四，车7进3，黑胜），将4进1；车五进三，将4进1；炮一平四，炮8平6；炮四平三（如改走炮四平一，则车4平7；炮二进六，炮6进3；炮二退七，车7平8；炮二平三，车8进3，黑胜），炮6平9；炮二平一，炮

9平8；炮一平二，车4平7；炮三进一，卒6平7；车五退七，将4退1；车五进七（如改走炮二进五，则炮8平5；车五平六，将4平5；帅五平六，车7平5，黑胜），将4进1；车五退七，将4退1（如不利用棋规获胜而改走车7平4，则车五平六，车4进2；炮二平六，卒7平6，成为有趣的残局，详细变化请见图133-3的变化）；车五进七，将4进1；车五退七，将4退1；红方长打，不变作负，黑胜。

⑥如改走象5进7，则炮三平二，炮8平9；炮二平五，炮9平5；车五平六，则车4退2；炮一进九，红胜。

⑦如改走将4进1，则车五进三，将4进1；车五退一，将4退1；炮一进八，炮8退1；兵四平五，将4退1；兵五进一，红胜。

图133-3形势，红方巧和的方法如下：

着法：红先和

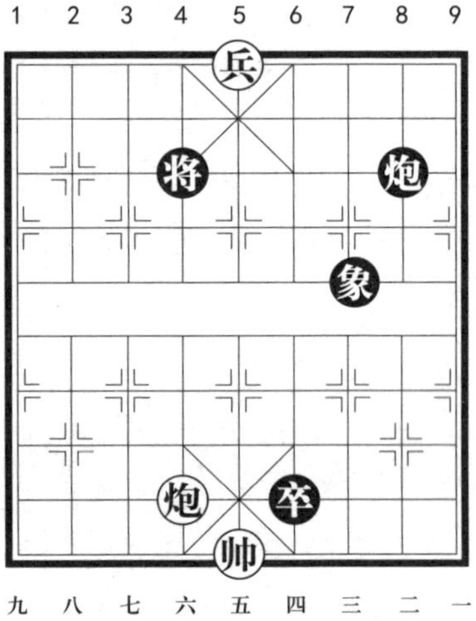

图133-3

1. 炮六进五　象7退5
2. 炮六平五　炮8退1
3. 兵五平四[①]　炮8平2
4. 兵四平五　象5退3
5. 炮五平三　炮2平5[②]
6. 炮三进一　炮5进2
7. 炮三平二　将4退1
8. 炮二退二　象3进1
9. 炮二平六　象1进3
10. 炮六进一　将4进1
11. 兵五平四　炮5退2
12. 兵四平五　炮5平4　13. 炮六进二　将4退1
14. 兵五平四　象3退5　15. 兵四平五　和局

注释：

①红兵五平四正确，另有两种着法均负，变化如下：

甲：兵五平六，象5退7；炮五进二，炮8退1；炮五进一，象7进5；炮五退一，将4退1，黑胜。

乙：炮五退一，象5退7；炮五平四，炮8退1；炮四进四，炮8平6；兵五平四，象7进5；兵四平五，将4退1；兵五平四，将4退1，黑巧胜。

②如改走炮2退1，则炮三进三，炮2平5；炮三平七，和局。

第134局　小鸳鸯

《蕉竹斋象棋谱》97局本第4局“小鸳鸯”（图134-1），双车盖炮类型的江湖棋局。

着法：红先和

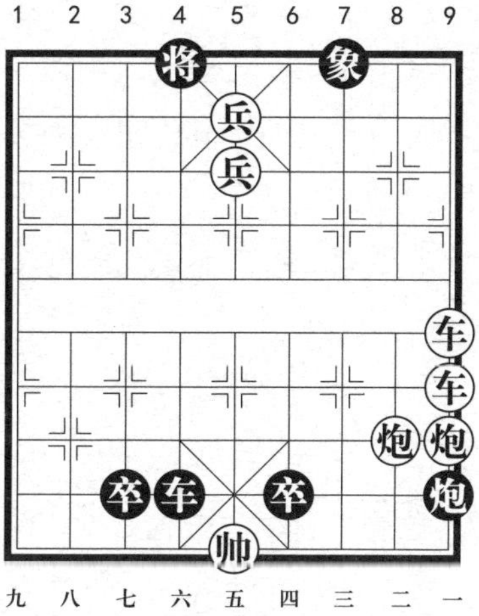

图134-1

1. 前兵进一[①]	将4平5		
2. 前车平五	象7进5[②]		
3. 炮二退二[③]	炮9退2		
4. 炮一退一[④]	卒6进1[⑤]		
5. 帅五平四	车4平9		
6. 车五进三	将5平4		
7. 帅四平五	炮9退5[⑥]		
8. 车五退六	车9进1		
9. 炮二平四	车9退3		
10. 炮四进一	车9进3		
11. 炮四退一	车9退3		
12. 炮四进一	卒3进1		
13. 炮四退一	车9进3	14. 车五平六	炮9平4
15. 车六进六	卒3平4	16. 车六退七	车9退3
17. 炮四进一	车9平5	18. 炮四平五	车5平8
19. 炮五平四	车8平5	20. 炮四平五	炮4进5

21. 车六进二　和局

注释：

①红方起手前兵进一正确，另有两种着法均负，变化如下：

甲：后车平六，车4退2；车一平六，车4退1；炮一进七，象7进9；炮二进七，炮9退8；红上当，黑胜。

乙：炮二进七，象7进9；前兵进一，将4平5；前车平五，将5平4；炮一平六（如改走兵五平六，则车4退6；炮一平六，车4进5；炮二退九，卒3平4，黑胜），车4退1；炮二退九，卒3平4；车一进四，卒4进1；炮二平六，车4进2，黑胜。

②如改走将5平4，则炮二平六，车4退1；兵五平六，卒6进1（如改走车4退5，则炮一平六，车4进5；车五进五，将4进1；车一进五，将4进1；车五平六，红胜）；帅五平四，炮9退2；车五平七，车4退5；车七退三，车4进5；炮一退一，车4进2；帅四进一，车4平7；车七平六，将4平5；车六平五，将5平4；车五进二，车7退1；帅四退一，车7平9；帅四平五，炮9退5；车五进六；将4进1；车五平三，车9退2；车三平五，和局。

③红方炮二退二是稳妥的着法，另有四种着法均负，变化如下：

甲：车一平四，将5平4；车四退二，车4进1，黑胜。

乙：车一平八，将5平4；车八退三，炮9进1；炮一退一，炮9平2；炮一平六，卒3进1；炮六退一，卒3平4，黑胜。

丙：车一进六，炮9退8；炮二退一，车4退1；车五进三（红另有两种着法。第一种：炮二平七，将5平4；炮一退二，炮9平5，黑胜。第二种：炮一退一，将5平4；炮一平四，炮9平5，黑胜），将5平4；炮一退二，炮9进8；炮二平七，炮9平3；炮一平四，炮3进1，黑胜。

丁：车五退一，黑方胜法请见分局。

④如改走炮二进一，则卒6进1；帅五平四，车4平8；车五进三，将5平4；帅四平五，车8进1；帅五进一，卒3平4；帅五平四，车8退1；帅四进一，车8退1；帅四退一，炮9平3，

黑胜。

⑤如改走车4退1，则炮二进一（如改走炮一平七，则炮9进3；炮二进一，将5平4；炮七平六，车4平7；炮二平三，将4进1；车五平六，将4平5；车六平五，炮9退1；车五进二，卒6平5；车五退五，炮9平5；帅五进一，车7退1；炮六平九，车7平5；帅五平六，象5进7；炮三进一，车5平1；炮九平七，车1平3，黑胜），将5平4；炮一平四，车4进2；帅五进一，卒3平4；炮四平六，炮9进2；炮二进一，车4退1；帅五退一，车4退6；炮二平一，和局。

⑥如改走车9平4，则炮二进一，车4退2；帅五进一，炮9进2；炮二平七，炮9平3，和局。

分　局

“小鸳鸯”主着法弈至第3回合时，红方走炮二退二，结果和局。《蕉竹斋象棋谱》原谱着法是走车五退一（图134-2），误作和局，其实黑方可以取胜

着法：黑先胜（接图134-2）

3. …………	炮9退2
4. 炮二退一	卒6进1
5. 帅五平四	车4平8
6. 车五平一①	车8退1
7. 帅四进一	卒3平4
8. 炮一退一②	车8进1
9. 帅四进一	车8退3
10. 炮一进一③	车8平7
11. 帅四退一	车7平6
12. 炮一平四	车6平5

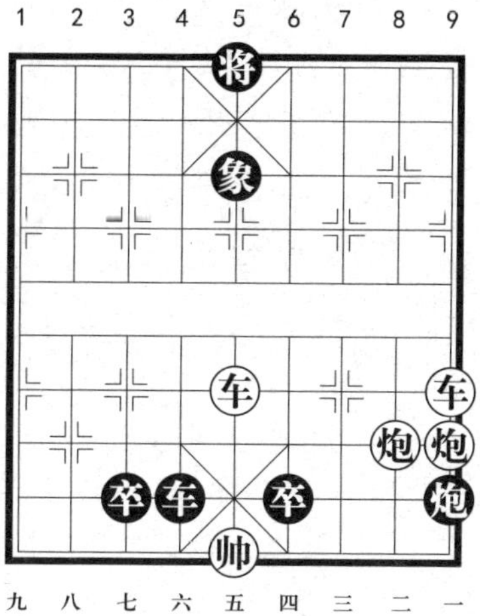

图134-2

13. 炮四平一　卒4平5　　14. 帅四进一　车5平7

15. 帅四平五　卒5平6　　16. 帅五平四④　车7平6

17. 帅四平五　车6平5　　18. 帅五平四　卒6平7

19. 车一平四　象5进3　　20. 炮一平三　车5进3

黑胜

注释：

①如改走帅四平五，则炮9退5；炮一平五（如改走车五进四，则将5平6；炮一平四，车8平6；车五平四，炮9平6；车四平五，炮6平5，黑胜），炮9平5；车五进四，将5平6；炮五进六，卒3平4；车五平四，将6平5；帅五平四，卒4平5，黑胜。

②如改走炮一退二，则车8进1；帅四进一，车8退3；车一平五，车8进4；车五进四，将5平4；车五平一，车8平6；帅四平五，车6平5；帅五平四，将4平5；炮一进一，车5退3；车一平四，车5平9；车四平五，将5平4；炮一平三，车9平7；炮三平五，车7平6；帅四平五，车6平4；帅五平四，卒4平5；帅四平五，卒5平4，黑胜。

③如改走炮一平三，则车8平7；炮三进二，车7平6；炮三平四（如改走帅四平五，则车6进1；车一进六，将5进1；炮三退一，将5平6；帅五平六，卒4平3，黑胜），象5退7；车一平三，卒4平5；车三进六，将5进1；车三退一，将5退1；车三退五，车6平8；车三退一，车8平5，黑胜。

④如改走车一平四，则车7平5；帅五平四，卒6平7；炮一平三，象5进7；车四进二，车5进3，黑胜。

第135局　高檀溪

《蕉竹斋象棋谱》97局本第11局“高檀溪”（图135-1），与《湖涯集》第14局“马跳檀溪”相近，主要是在《蕉窗逸品》第5局“马跃檀溪”棋图中添了黑象，增加了红方求和的难度。这是双车盖炮类型的江湖棋局，黑马轻灵飘逸，红方须小心谨慎。

着法：红先和

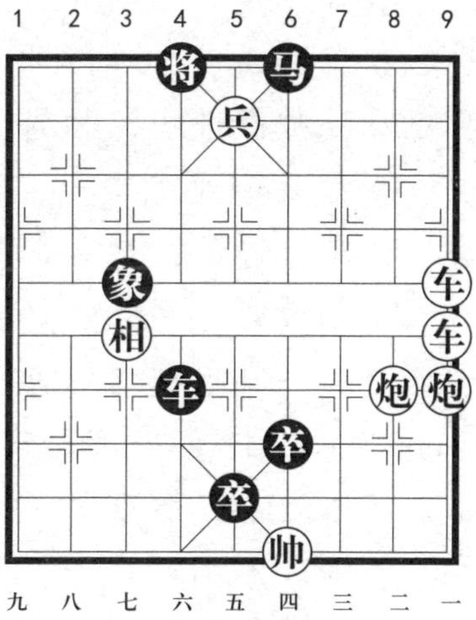

图135-1

1. 炮二进六[①]　马6进4
2. 兵五进一　将4平5
3. 前车平五[②]　马4进5
4. 车五退四[③]　卒6进1
5. 帅四平五　卒6平5
6. 帅五进一　车4平5
7. 帅五平四[④]　马5进4[⑤]
8. 车一平四[⑥]　马4进3
9. 炮二退九[⑦]　车5进2
10. 帅四进一[⑧]　车5进1
11. 炮一平四[⑨]　车5平8
12. 车四平五　将5平6
13. 帅四退一　车8退1
14. 帅四退一　马3进4
15. 帅四平五　车8进1
16. 帅五进一　马4退3
17. 帅五平四　车8退1
18. 帅四退一　马3进5
19. 帅四平五　车8平6
20. 车五平四　将6平5
21. 炮四退一　将5平4
22. 车四平六　将4平5
23. 车六平五　将5平6
24. 车五退三　车6退1
25. 车五进三　和局（原谱变2着法）

注释：

①如改走后车平六，则车4退1；车一平六，马6进4；兵五平六，将4平5；车六平五，将5平6；车五退四，车4进4；车五退一，卒6进1，黑胜（原谱变20着法）。

②红方前车平五正确，如改走后车平五则负，黑胜方法请见第一分局。

③如改走车五进一，则将5平4；车五退五，卒6进1；帅四平五，车4进3，黑胜（原谱变15着法）。

④如改走相七退五也是和局，详见第二分局。

⑤如改走马5进7，则车一平四，车5平9；炮二退七，车9进2；帅四退一，车9平5；炮二平五，马7进8；车四退三，车5平6；帅四进一，和局（原谱着法）。

⑥如改走炮二退七，则马4进3；车一平四，马3进4；帅四进一，车5进3；炮一平四，车5平7；黑胜（原谱变11着法）。

⑦如改走炮一退三，则车5进2，帅四退一（原谱变12着法是帅四进一，马3进4，黑胜），马3退5；车四平五，将5平4；车五平六，将4平5；车六退二，马5进4；炮一进九，将5进1；相七退五，黑难胜。

⑧如改走帅四退一，则马3退5；车四平五(原谱变14着法是车四退一，马5进4，黑胜)，将5平4；炮一平四，车5平6；帅四平五，车6退2，和局。

⑨如改走炮二进一（这是原谱变13着法），以下正确的走法应是马3进4；炮一平四，车5平7；炮二平三，车7退1；车四平五，将5平6；车五退四，车7退2；车五平六，车7平6；帅四平五，车6平5；帅五平六，将6平5，黑胜。

第一分局

“高檀溪”弈至第3回合时，红方走前车平五，结果和局，如改走后车平五（135-2）则负。

着法：黑先胜（接图135-2）

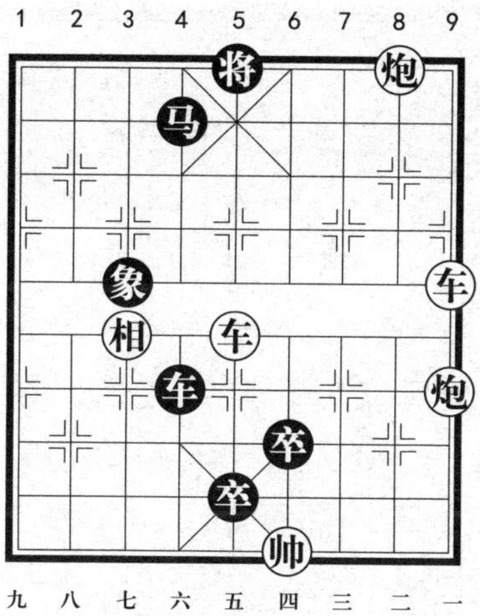

图135-2

3. ………… 马4进5
4. 车五退三 卒6进1
5. 帅四平五 卒6平5
6. 帅五进一 车4平5
7. 相七退五① 马5进6②
8. 炮一平四③ 车5进1
9. 帅五平四 马6进4
10. 炮四进六 将5进1
11. 车一平四 车5进1
12. 帅四退一 马4进2
13. 车四进三 将5进1
14. 车四平六 马2进4
15. 车六退六④ 车5平8
16. 车六退一 车8平4
17. 炮四退七 将5平6
18. 炮二平五 车4退1
19. 炮四退一 车4平8
20. 炮五退九 车8平5
21. 炮五平六 将6平5

黑胜

注释：

①红方另有两种着法均负，变化如下：

甲：帅五平四（这是原谱变18着法），以下黑方正确的着法应是马5进6；相七退五，马6进5；车一平六，马5退7；帅四退一，车5进3，黑胜。

乙：帅五平六（这是原谱变19着法），以下黑方正确的着法应是马5进4；炮二退六，车5进2；帅六进一，车5进1；帅六退一（如改走炮二平六，车5退3，黑胜），马4进3；炮二平六，马3进2；帅六进一，车5退2，黑胜。

②如改走马5进4，以下红方有两种着法，变化如下：

甲：车一平七，车5进1（如改走马4进5，原谱变16着法至此结束，误作黑胜，实际上红可续走炮一进六，将5进1；车七进三，将5进1；炮二平五，红胜），帅五平六，车5退1，黑优。

乙：车一平六（这是原谱变17着法），以下黑方正确的着法应是车5进1；帅五平四，马4进6；炮一平三，车5平7；车六退二，马6进4；车六退一，车7平4；炮三平四，车4平8；炮二平一，车8进1；帅四退一，车8退2；炮四退一，车8进1；帅四进一，将5平6；炮四进一，车8进1；帅四退一，车8退2；炮四退一，车8进1，黑胜。

③如改走车一平四，则马6进7；帅五平四，车5进1；车四进四，将5进1；车四退一，将5进1；炮二平五，马7进8；帅四退一，车5平7；炮一退三，车7平4，黑胜。

④如改走炮四退七，则车5进1；帅四进一，马4退5；炮四平五，马5进7；炮二平四，马7进8；帅四进一，车5退2，黑胜。

第二分局

“高檀溪”弈至第7回合时（图135-3），黑车正在“将军”，原谱着法红方走帅五平四，结果和局，如改走相七退五也是和局。

着法：红先和（接图135-3）

7. 相七退五　　马5进7
8. 车一平三[1]　　车5进1
9. 帅五平四　　车5退1[2]
10. 炮一退一　　马7进5
11. 车三平四[3]　　马5进3
12. 车四进五[4]　　将5进1
13. 车四退一　　将5进1
14. 炮二平五　　车5平7
15. 炮一平五　　马3进5
16. 炮五退七　　车7进2

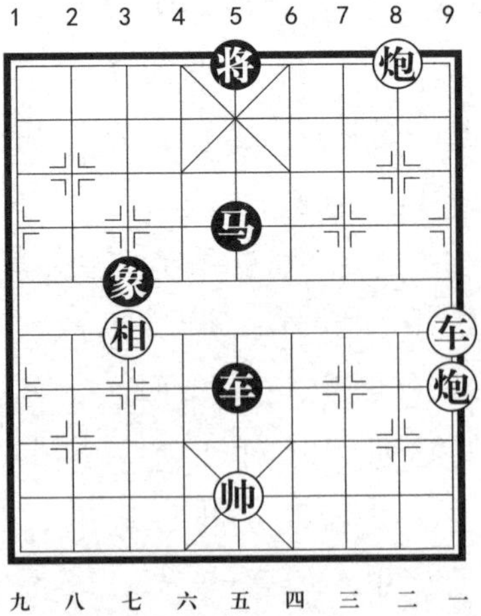

图135-3

17. 帅四退一　车7平5

和局

注释：

①红方另有两种着法，结果不同，变化如下：

甲：车一平四，车5进1；帅五平四，车5进1；帅四退一，车5进1；帅四进一，马7进5；炮一退一，马5进4，炮一平五，车5退2，黑胜（原谱变8着法）。

乙：车一进五，车5进1（如改走马7进6，则帅五平六，车5退2；炮二退九，将5进1；炮二平五，红胜）；帅五平四，车5进1（如改走马7进5，则炮二退一，将5进1；炮一进五，将5进1；车一平五，将5平4；车五平七，红胜）；帅四退一，车5进1；帅四进一，以下黑方有两种着法：第一种：车5平9；炮二退一，将5进1；炮一进五，将5进1；车一平五，将5平4；车五平六（如改走帅四平五，则马7进6；帅五平四，马6进4；车五退七，车9退2；车五平六，车9平4；炮一退八，车4进1；帅四进一，车4进1；炮一进七，将4平5；帅四退一，车4退1；帅四退一，车4退2；炮二退一，将5退1；炮二退六，车4平6；炮二平四，车6平9，黑胜），将4平5；车六平三，车9退8；车三退四，车9平8；车三平五，将5平4；帅四平五，车8进7；帅五退一，车8平4；和局。第二种：马7进5；炮二退一，将5进1；炮一进五，将5进1；车一平五，将5平4；车五平六，将4平5；车六退六，象3退1（如改走车5平8，则车六平五，车8退8；车五进一，将5平4；帅四平五，车8进7；帅五退一，车8平4；车五进四，车4平9；车五退三，车9平4；车五平七，红胜）；炮二平三，象1进3；炮一平二，象3退1，和局。

②黑方另有两种着法，结果不同，变化如下：

甲：马7进5；炮一进五，车5平9；车三平五，将5平4；炮一退四，红胜（原谱变4着法）。

乙：车5进1；帅四退一，车5进1；帅四进一，马7进5（如改走车5退3，则炮二退七，车5平9；车三进一，车9平

5，和局），红方此时有三种着法。第一种：车三退二，马5进3；炮二退八，马3进5；炮一进五，象3退5（原谱变10着法是车5平9；车三平五，将5平4；炮一退六，红胜）；炮二进八，车5平9；车三平五，车9退8；炮二退五，车9进1；炮二平八，将5进1；帅四平五，将5平6，和局。第二种：车三退二，车5退3；炮一退二（如改走炮一退一，则马5进7；炮二退六，原谱变9着法至此结束，误作和局，其实黑应接走车5进2；帅四退一，车5进1；帅四进一，车5平7；车三进一，车7退3；炮二进六，车7进2；帅四退一，车7退1；炮一进七，将5进1；帅四进一，车7平9，黑胜），马5进7；帅四退一，车5进3；帅四进一，车5退3；帅四退一，车5进3；帅四进一，车5平7；炮一进八，将5进1；炮二平三，和局。第三种：炮一进六，将5进1；车三进四，将5进1；车三退六，车5退3；炮二平五，将5退1；炮五退五，车5退1，和局。

③图135-4形势，红方车三平四正确，另有两种着法均负，变化如下：

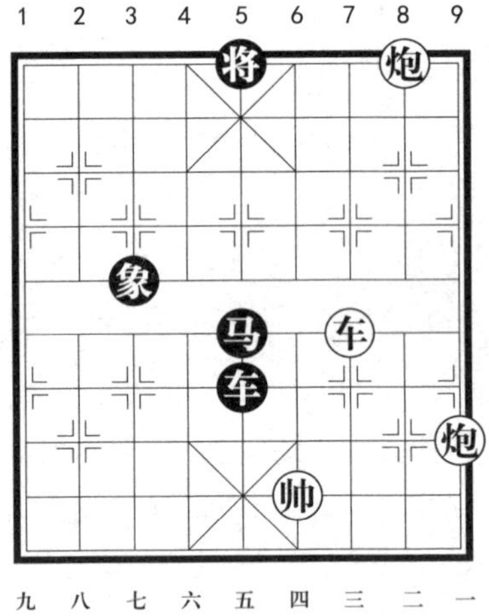

图135-4

甲：炮二退六，马5进7；炮一平三，车5进2；帅四退一，车5退1；帅四进一，车5平7，黑胜（原谱变5着法）。

乙：车三退二，马5进7；炮二退六，车5进2；帅四退一，以下黑有两种着法。第一种：车5退4；炮二退二（原谱变7着法是炮一退一，车5进5；帅四进一，车5平7；车三进一，车7退3，黑胜），车5进5（原谱变3着法是车5平6，炮二平四，车6平8，炮四平三，马7进9；车三平一，车8平6；炮三平四，车6平5；炮四进一，和局）；帅四进一，车5平7；炮二进一，象3退1；车三进一，车7退3；炮一进七，车7进2；帅四退一，车7退1；炮二进七，将5进1；帅四进一，车7平9，黑胜。第二种：车5进1；帅四进一，车5平7；炮二退一，象3退1；车三进一，车7退3；炮二进七，车7进2；帅四退一，车7退1；炮一进七，将5进1；帅四进一，车7平9，黑胜。

④如改走炮二退八，则车5平8；炮二平三，车8平7；炮三平一，车7进2；帅四退一，车7平9，黑胜（原谱变6着法）。

第136局　二炮争先

《蕉窗逸品》第8局“二炮争先”（图136-1），与《湖涯集》第5局及《蕉竹斋象棋谱》97局本第2局“小二炮”相同，又名“阳春白雪”，江湖流行棋局，有红方弃炮闪出车路连杀速胜的假象。这种红方车伏炮后，乃诱惑力最强的江湖棋局体式，俗称“双炮盖车”类型，古谱中记载了几十局。黑方第2回合以车反照是“二炮争先”的特点，类似的棋局有《心武残编》第11局“奇峰双插”、《百局象棋谱》第69局“忙里偷闲”、《渊深海阔》第174局“十面埋伏”、《竹香斋象戏谱》二集第4局“小连车”、《湖涯集》第12局“八仙过海”、《蕉竹斋象棋谱》97局本第78局“金鸡报喜”等。

着法：红先和

1. 后炮平六[①]　车4进4
2. 炮二平六　车4平5[②]
3. 帅五平六[③]　车5平7
4. 车二进九　后车退7
5. 车二平三　车7退8
6. 帅六平五[④]　车7进9[⑤]
7. 帅五进一　车7退4[⑥]
8. 炮六退四[⑦]　车7平5

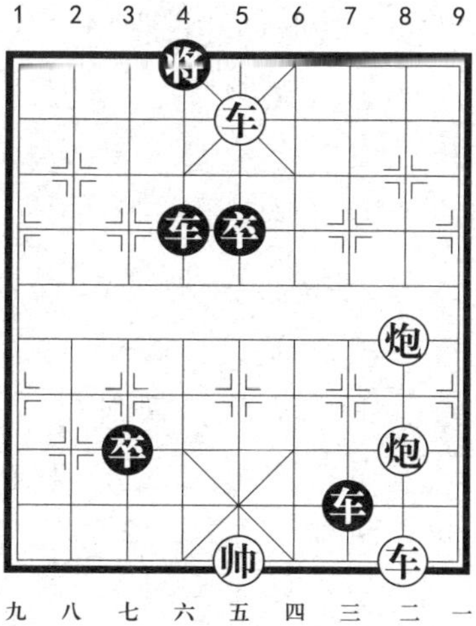

图136-1

9. 帅五平四　车5进4[⑧]　10. 炮六进一　车5平4
11. 炮六平五　车4退5[⑨]　12. 炮五退一　卒5进1[⑩]
13. 车五退二[⑪]　车4进4[⑫]　14. 帅四进一[⑬]　车4平5
15. 炮五进五　车5退3　16. 帅四退一[⑭]　卒3进1[⑮]
17. 帅四退一　将4进1　18. 帅四进一　车5平6
19. 帅四平五　卒3平4　20. 帅五进一　车6平4
21. 帅五平四　车4平5　22. 车五平六[⑯]　将4平5
23. 车六退一　车5平6　24. 帅四平五　车6退1
25. 车六平七　将5平6　26. 帅五平六　卒4平5
27. 帅六平五　卒5平6　28. 帅五平六　车6进3
29. 帅六退一　车6平5　30. 车七进三　将6退1
31. 车七退三　将6平5　32. 车七平八　车5退1
33. 帅六进一　和局

注释：

①如改走前炮平六，则车4进2；炮二平六，车4平5；帅五平四（如改走帅五平六，则车7平4；帅六进一，卒3平4；《蕉窗逸品》外编第一局变一着法至此结束，黑胜；《蕉竹斋象棋谱》变13着法是接走帅六退一，卒4进1，黑胜），车7退8；以下红方有三种着法均负，变化如下：

甲：炮六平四，车5平4；车五退二，车4进4（《蕉竹斋象棋谱》变14着法是车7进8；车五进二，车4进4；车五退八，车4退1，黑胜）；车五退六，车4退2；炮四退一，车4平7，黑胜（《蕉窗逸品》外编第一局变三）。

乙：车二进二，车5进3；炮六平三，车5退1（《蕉窗逸品》外编第一局变二着法是车7平9，没有续走车五平二，直接作为黑胜）；车二进六，车7平6；车二平四，车6进1；车五平四，车5平7，黑胜。

丙：车五平四，卒3平4；车二进八，车5平4；车四平八，车4平6；帅四平五，车7进9；帅五进一，卒4进1；帅五进一，车7平5，黑胜。

②如改走车4平7，则车二进九，后车退7；车二平三（可以走车五退二，红胜），车7退8；车五退二，红胜（《蕉窗逸品》外编第一局变四）。

③如改走帅五平四，则车7退8，形成图136-2的局面，红方有三种着法均负，变化如下：

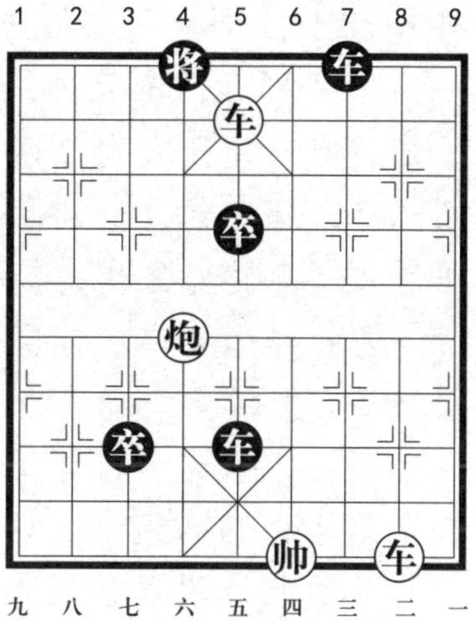

图136-2

甲：炮六平四，车5平6；帅四平五，车6退2；车二进八，车6平4，黑胜。

乙：车五平四，车5平4；炮六平五，卒3进1（可以走车4进2；炮五退四，卒3平4；车二进二，卒4平5；车二平五，车7进9；帅四进一，车7平5，黑胜定），车二进三，卒3平4；车二平八，车7进9；帅四进一，卒4平5；帅四平五，车7退1；车四退七，车4进1；帅五退一，车7平6，黑胜（《蕉竹斋象棋谱》变15着法）。

丙：车二进八，车7平6；车二平四（如改走车五平四，则车5平6；车四退六，车6进7；帅四平五，将4平5；炮六退四，将5平6；车二退七，车6平5；车二平五，卒3平4；车五进一，卒4平5；炮六进七，后卒进1；炮六平五，前卒平4；帅五进一，卒5进1；炮五平八，卒5进1；炮八退五，将6平5；帅五退一，卒5进1；帅五平四，卒4进1；炮八退二，卒5平6；炮八平五，将5平6，黑胜），车6进1（可改走车5平6；车四退六，车6进7；帅四平五，车6平5；帅五平四，卒3平4；炮六进三，卒4进1；车五平四，卒5进1；炮六平五，车5平7；车四退四，车7进1；炮五退一，卒4平5，黑胜）；车五平四，卒3平4；车四退七（改走车四退五，将4平5；车四平六比较顽强），车5平8；车四进八，将4进1；帅四进一，车8进1；帅四退一，车8进1；帅四进一，卒4平5；炮六退三，车8平4；炮六平五，车4退1，黑胜（《蕉竹斋象棋谱》变16着法）。

④双方交锋未几，即形成“车炮对车双卒”的实用残局，红方帅六平五正确，如改走车五退二，则车7进5；以下红方有三种着法均负：

甲：炮六进二，卒3平4；帅六平五，卒4进1；车五进三，将4进1；炮六平四，车7进4；炮四退六，卒4进1；帅五进一，车7平6；车五平二，车6平5；帅五平四，将4平5；车二平四，车5退1；帅四进一，卒4平5；车四退三，卒5平6；车四退二，车5退1；帅四退一，卒6平7；车四进二，车5进1，黑胜（《蕉竹斋象棋谱》变12着法）。

乙：炮六退二，车7进4；帅六进一，卒3平4，黑胜（《蕉窗逸品》外编第一局变五）。

丙：炮六退一，车7进1；炮六进三，车7进3；帅六进一，车7退1；帅六退一，卒3平4；《蕉窗逸品》外编第一局变六着法至此结束，黑胜，以下应是帅六平五，卒4进1；车五进三，将4进1；炮六平四，车7进1；炮四退六，卒4进1；帅五进一，车7平6再车6平5占中，黑胜。

⑤如改走车7进5，则炮六退四，车7平5；帅五平四，卒5进1；车五退二，车5平6；帅四平五，卒5进1；帅五进一，卒3进1；炮六平五，卒3平4；帅五进一，车6平8；车五平六，将4平5；帅五平六，卒4平5；车六平五，将5平6；炮五进四，车8进2；炮五退二，车8平6；车五退一，车6进2；炮五进一，和局。

⑥如改走车7平4，则炮六平四，车4退6；炮四进二，车4进5；帅五退一，卒3进1；车五退二，车4进1；帅五进一，卒3平4；帅五平四，车4平8；车五退二，车8退3；帅四进一，车8平6；帅四平五，车6平4；帅五平四，和局（《蕉竹斋象棋谱》变11着法）。

⑦图136-3形势，红方炮六退四正确，如改走炮六退三，则卒3进1；炮六进一，车7平5；帅五平四，车5进2；炮六退二，车5进2；炮六进二，卒3平4；以下红方有三种着法均负：

甲：帅四进一，卒5进1；车五退二，卒5进1；车五平六，将4平5；炮六平五，卒5平6，黑胜。

乙：炮六平二，卒4平5；帅四进一，车5平7；帅四平五，前卒平4；帅五平四，车7退2；帅四退一，车7平8，黑胜。

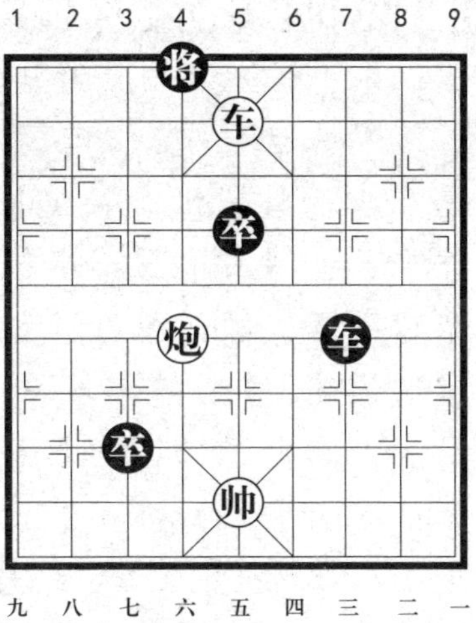

图136-3

丙：炮六平三，卒4平5；帅四进一，车5平7；车五平三，后卒进1；车三退五，后卒进1；炮三退一，车7平6；帅四平五，前卒平6；炮三进一，卒5进1；车三平五，车6平5；帅五平四，车5退3，黑胜。

⑧如改走卒5进1，则车五退二，卒3进1；帅四退一，车5平6；帅四平五，卒5进1；以下红方有两种着法均和，变化如下：

甲：车五退一，车6平8；车五进一（《蕉竹斋象棋谱》变10着法是炮六进四，车8进4；帅五进一，车8退1；帅五进一，卒3平4；炮六退二，车8平5；帅五平四，卒5进1，黑胜），卒3进1；炮六进一，车8进4；帅五进一，卒3平4；帅五进一，车8退2；帅五退一，车8进2；帅五进一，和局。

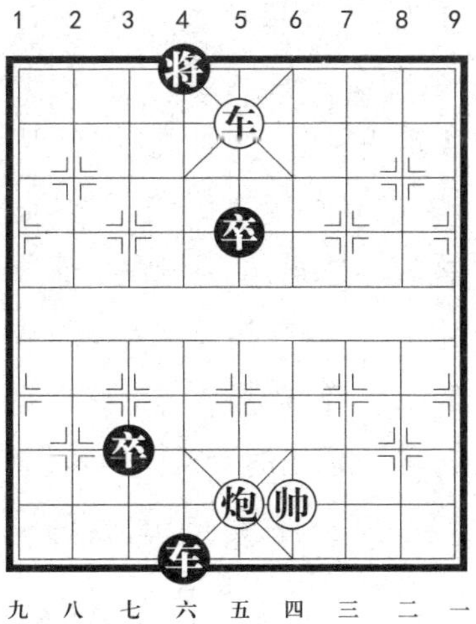

图136-4

乙：炮六进四，卒5进1；炮六退四，车6进1；炮六进三，卒5进1；炮六退三，车6进1；炮六进二，卒5进1；车五退五，车6平4；车五平七，和局（《蕉竹斋象棋谱》变9着法）。

⑨图136-4形势，黑如改走车4退6，则炮五退一，卒3进1；以下红方有两种着法均和，变化如下：

甲：车五平七，车4进5（《蕉竹斋象棋谱》变2着法是卒3平4，车七平五，卒5进1；炮五平六，卒4进1；车五退三，卒4平5；帅四平五，卒5平6；车五退一，车4进6；帅五平四，卒6平7；帅四平五，和局）；帅四退一，车4平5（《蕉竹斋象棋谱》变3着法是车4平7；车七退二，车7平4；车七平五，和局）；车七退二，车5平4（《蕉竹斋象棋谱》变4着法是卒5进1；车七平六，将4平5；车六退一，卒5进1；车六退一，卒5进1；车六退一，卒5进1；车六退一，车5进1；帅四平五，卒5进1；帅五平四，卒3平4；车六平五，将5平4；车五进六，红胜）；车七平五，和局。

乙：车五退一，将4进1（如改走车4进5，则帅四进一，车4平5；炮五进六，车5退4；车五平七，车5退1；车七退六，将4平5；车七进八，将5进1；车七平四，和局）；车五进一，将4进1；车五进一，将4退1；车五退二，卒3平4；炮五平六，卒4进1；帅四平五，将4退1；车五进一，车4平2；车五退一，红巧和。

⑩如改走车4平5，则炮五平六，车5平6；帅四平五，卒5进1；车五平七，车6进5（如改走车6进3，则车七退三，卒5进1；车七平六，将4平5；车六平五，将5平6；车五退一，卒3平4；炮六进一，和局）；车七退六，车6平4；车七平五，车4退5；帅五退一，和局。

⑪如改走车五平七，则车4进4；炮五进一（《蕉竹斋象棋谱》变5着法是帅四退一，车4退1；帅四进一，卒5进1；黑胜），卒3进1（如改走卒3平4，则车七平五，卒4平5；车五退三，车4平5；帅四退一，将4进1；车五退二，红巧和），形成图136-5的局面。以下红方有两种着法，结果不同，变化如下：

甲：车七平五，车4退3；炮五退一，卒5进1；车五退三，车4进3；炮五进一，车4退2；炮五退一，卒5进1；车五进一，卒3平4；炮五平一，卒5进1；炮一平六，卒5平4；炮六平四，车4平7；车五平四，车7进2；帅四进一，车7退1；帅四退一，后卒平5；炮四平八，车7平6；车四退四，卒4平5；帅四退一，后卒平6；炮八进一，将4平5，黑胜。

乙：车七退四，车4退2；炮五进一，卒3平4；车七平四，车4进1；炮五退二，车4退1；车四进五，将4进1；车四退五，卒5进1；炮五平六，卒5平6；炮六进三，卒6进1；炮六进一，将4平5；炮六平五，将5平6；炮五平四，卒6平5；帅四进一，卒4平5；炮四进一，将6平5；炮四平五，和局。

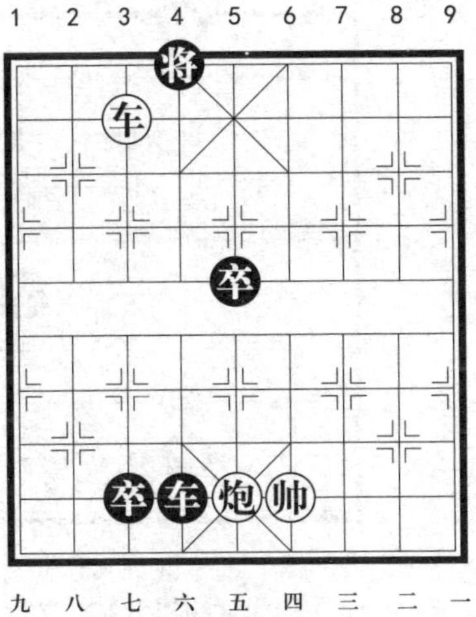

图136-5

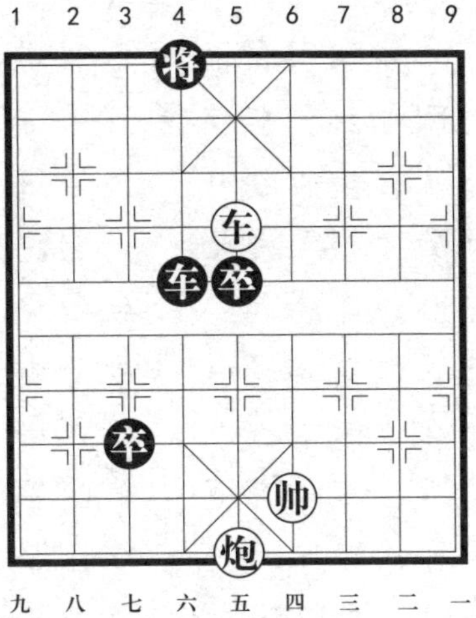

图136-6

⑫图136-6形势，黑方如走卒3进1，红方有三种着法，结果不同，变化如下：

甲：帅四平五，卒3平4；帅五平四，卒5进1；炮五平六，卒5平4（《蕉竹斋象棋谱》原谱着法是卒4进1；车五退二，和局）；炮六平四，后卒进1；车五退二，车4平8；车五进二，车8进4；帅四进一，前卒平5；黑胜。

乙：帅四进一，卒3平4；车五进一，车4进3；帅四退一，车4退2；炮五平六，卒4进1；车五退二，和局。

丙：车五进一，卒3平4；以下红方又有正误两种着法。第一种：车五退一（错误），卒5进1（《蕉窗逸品》正编第一局着法是车4进1；炮五平六，卒4进1；车五退一，和局）；炮五平六，卒5平4；炮六平四，后卒进1；车五退二，车4平8；车五平一，车8进4；帅四进一，前卒平5，黑胜。第二种：炮五平六（正确），卒4进1；帅四平五，车4平1；车五退一，车1进4；帅五进一，车1退4；帅五退一，将4进1；车五进一，红巧和。

⑬如改走帅四退一，则车4退3；帅四进一，卒5进1；《蕉竹斋象棋谱》变7着法至此结束，黑胜，这样的残局形势，理论上是黑方必胜，实际走起来还是需要以妙着才能取胜的，而且非常实用有趣。例如红方接走车五平七，则车4进3；炮五进一，卒3进1；车七退三，卒5平6；车七进六，将4进1；车七退六，卒6平7；车七进五，将4退1；车七退五，车4退4；炮五进一，卒3平4；车七平四，车4平8；车四平六，将4平5；车六平五，将5平4；炮五平六（图136-7），车8进3；炮六进一（如改走炮六进三，则卒7进1；车五平三，车8平5；车三平四，卒4平5；帅四退一，车5平4，黑胜），卒7平6；炮六平九（如改走炮六进二，则卒6进1；车五平四，车8平5；帅四退一，将4平5；帅四进一，车5进2，黑胜），车8平1；炮九平八，车1退1；炮八平七，车1平2；形成图136-8的局面，以下红方有两种着法均负：

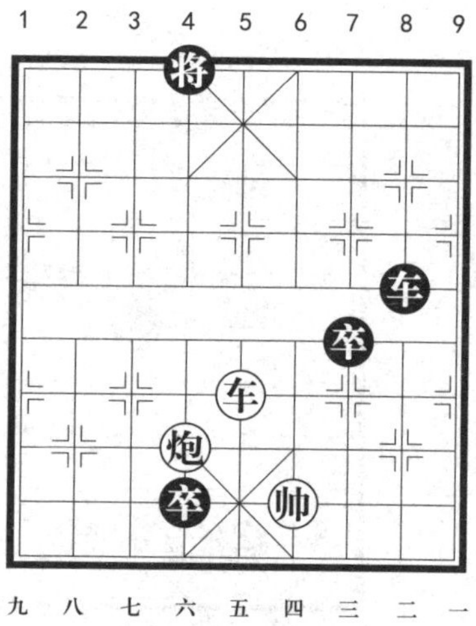

图136-7

甲：车五平三，卒6平5；车三平四，将4平5；车四进六，将5进1；车四退六，车2进2；炮七退一，卒4平5；帅四进一，车2退1；炮七平五（如改走车四平七，则车2平3；车七退一，后卒进1；车七进一，后卒进1，黑巧胜），后卒平6；车四平五，将5平4；车五平九，车2平4；车九平八，卒6进1；车八平四，车4进2，黑胜。

乙：炮七平六，车2平3；车五平三，卒6平5；车三平四，车3进2；炮六退一，卒4平5；帅四进一，车3平4；车四平六，将4平5；帅四平五，前卒平6；帅五平四，车4平5；炮六平五，卒5平6；车六平五，将5平4；车五平二，前卒平7；炮五平六，将4平5，黑胜。

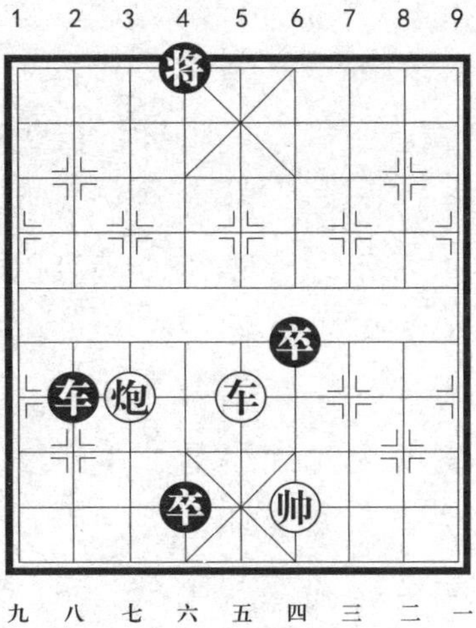

图136-8

⑭如改走车五平六，则将4平5。以下红方有两种着法，结果不同，变化如下：

甲：炮五进一，车5平6；帅四平五，车6退2；帅五退一（如改走车六平八，则车6平7；车八进三，将5进1；车八退一，将5退1；车八退二，车7进4；帅五退一，卒3平4；帅五退一，车7进2；帅五进一，车7退1；帅五退一，卒4进1；帅五平四，卒4平5，黑胜），将5平6；车六进三，将6进1；炮五退三，车6进5；帅五进一，车6退1；帅五退一，卒3平4；帅五退一，卒4平5，帅五平六，卒5进1，黑胜（《蕉竹斋象棋谱》变8着法）。

乙：车六平五，将5平4；帅四退一，和局。

⑮如改走将4进1，则帅四进一，车5平8；炮五退五，车8进2；帅四退一，车8平4，和局（《蕉竹斋象棋谱》变6着法）。

⑯如改走车五进一，则车5平6；帅四平五，车6平8；帅五平四（如改走炮五平四，则车8进2；炮四退三，车8进2，黑胜），车8进2；帅四退一，车8平5；车五退一，卒4平5；炮五退四，车5退4，黑胜。

第137局　震惊百里

《心武残编》第13局“震惊百里”（图137-1）、《渊深海阔》第248局“黄龙归洞”、《湖涯集》第22局“黄龙斗宝”、《蕉竹斋象棋谱》97局本第56局“国文困宫”类同，“双炮盖车”类型的江湖棋局，类似的棋局还有《百变象棋谱》第11局“完璧归赵”、《韬略元机》卷二第40局“条风应律”、《渊深海阔》第196局“卫律逼降”、《竹香斋象戏谱》二集第42局“草掩长门”、《棋谱秘录》和局第53局及《神妙变化象棋谱》第30局“完璧归赵”等。

着法：红先和

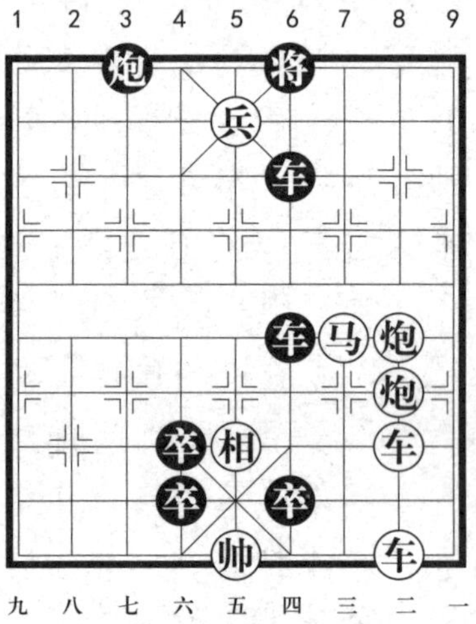

图137-1

1. 前炮平四　车6进3
2. 炮二平四　车6平7
3. 炮四平五①　后卒平5
4. 兵五进一②　将6平5
5. 前车平五　炮3进5
6. 炮五进一③　将5平4④
7. 车五平六⑤　将4平5
8. 车六退一　车7平5
9. 帅五平六　炮3平4
10. 车六平四　炮4退5⑥
11. 车二进一　车5平4
12. 车四平六　炮4进8
13. 车二平六　车4平5　　14. 车六进四　和局

注释：

①如改走前车进七，则车7退5；前车平三，炮3平7；炮四平五，后卒平5，黑胜。

②如改走前车平五，则车7进2；兵五进一，将6进1；车五

平三，卒6平5，黑胜。

③图137-2形势，红方炮五进一佳着！另有三种着法均负，变化如下：

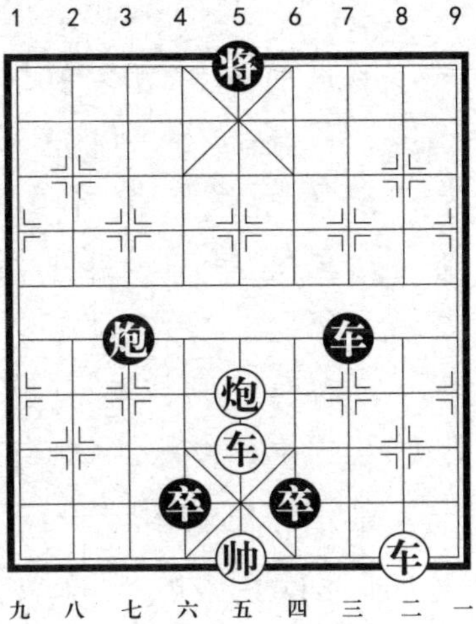

图137-2

甲：炮五平三，炮3平5；车五平四，卒4平5；帅五平六，车7进1；车四平六，炮5平8；车二平一，炮8退5；车一平二，炮8平7；车六平五，将5平6；车五平六，车7平3，黑胜。

乙：炮五平一，炮3平5；车五平四，卒6平5；帅五平四，车7退5；炮一平五（如改走炮一平三，则卒4进1；炮三平五，炮5平3，黑胜），炮5平3；车四平五，车7平6；炮五平四，将5平4；车二进三，炮3进4，黑胜。

丙：炮五平二，炮3平5；车五平四，卒4平5；帅五平六，炮5进1；车四平六，车7平3，黑胜。

④如改走车7平6，则炮五平六，车6平5；车五进二，炮3平5；车二进四，炮5退1；车二进一，炮5退1；车二进一，炮5退1；车二进一，卒4平5；帅五平六，将5进1；炮六平五，炮5平1；车二平九，红胜。

⑤如改走炮五平六，则卒4进1；帅五平六，车7平4；帅六平五，车4进4，黑胜。

⑥如改走炮4退3，则车二进九，将5进1；车二平六，车5平4；车四平六，炮4退1；前车退一，红胜。

第138局 鸿雁双飞

《百局象棋谱》第2局及《渊深海阔》第162局“鸿雁双飞”、与《心武残编》第6局“鸿雁来滨”、《竹香斋象戏谱》三集第37局“鸿雁惊寒”相同（图138-1），是“双炮盖车”类型的江湖棋局，同型局有《韬略元机》卷一第39局“鸿雁双飞”、《心武残编》第5局“紫燕双飞”、《竹香斋象戏谱》二集第41局“小鸿雁”、《蕉竹斋象棋谱》97局本第3局“小鸿雁”等。双方厮杀不久即形成“炮双相多兵对炮高低卒”的残局。

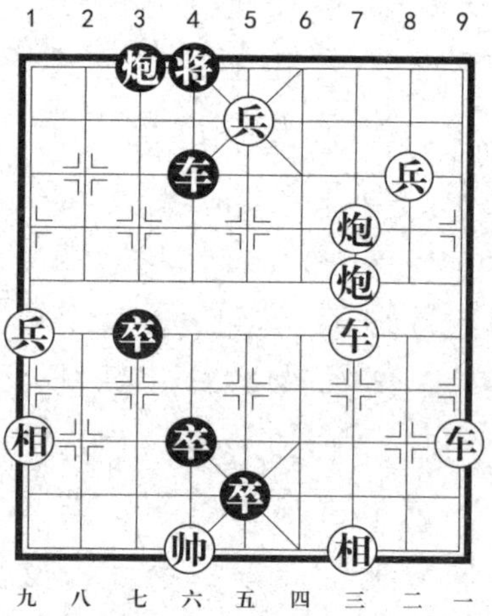

图138-1

着法：红先和

1. 前炮平六　车4进1
2. 炮三平六　车4平7①
3. 车一平六　车7进2
4. 相三进五②　车7平8③
5. 炮六平三　车8平4④
6. 车六进二　卒3平4
7. 炮三平五　卒5平6
8. 帅六进一　炮3进6
9. 相五进三⑤　炮3平5⑥
10. 炮五平六　卒4平5
11. 兵五平四　炮5平7
12. 兵四平五　炮7进2
13. 帅六进一　卒5进1
14. 兵二平三　炮7进1⑦
15. 兵三平四　炮7平5
16. 兵四平五　炮5退7
17. 兵九进一　炮5平8
18. 兵九平八　炮8进7
19. 兵八平七　炮8平5
20. 兵七进一　炮5退8
21. 兵七平六　将4平5
22. 炮六平八　将5平6

23. 炮八退五　炮5退1[⑧]　24. 炮八平四　卒6平7
25. 帅六退一　将6进1　26. 兵六平五　卒5平4
27. 炮四平六　炮5平4　28. 兵五平六　卒4平3
29. 兵六平五　炮4平5　30. 炮六平四　卒3平4
31. 炮四平六　炮5平4　32. 兵五平六　卒4平3
33. 兵六平五　炮4平8　34. 炮六平四　卒3平4
35. 帅六平五　将6平5　36. 相九进七　炮8平5
37. 炮四平九　炮5平8　38. 炮九平四　卒4平5
39. 帅五平六　卒5平4　40. 帅六平五　卒4进1
41. 炮四进一　炮8平5　42. 炮四进四　炮5进3
43. 炮四平三　卒7平8　44. 炮三平九　将5平4
45. 炮九退四　和局

注释：

①如改走车4平6，则车一进七，车6退3；车一平四，炮3平6；车三平六，卒3平4；炮六退三，卒4平5；兵二平三，炮6进6；兵三平四，炮6平5；兵四进一，炮5平2；兵九进一，炮2退5；兵九平八，炮2平6；兵八平七，炮6进5；炮六进一，炮6平5；兵七平六，后卒平4；兵六进一，卒4进1；兵六进一，红胜。

②红方相三进五正确，另有两种着法均负，变化如下：

甲：相三进一，车7平6；炮六平七，卒3平4；炮七退五，炮3进2；兵二平三，炮3平4，黑胜。

乙：炮六平五，卒3平4；相三进五，车7平8；炮五退四，炮3进2；车六平八，炮3平4；帅六平五，车8进4，黑胜。

③如改走车7平6，则炮六平五，卒3平4；炮五退四，炮3进2；帅六平五，车6平8；炮五平六，炮3平4；车六平八，红胜。

④如改走卒3平4，则车六平七，炮3进5；车七平八，车8进4；炮三退五，炮3退5；车八进七，红胜。

⑤红方相五进三佳着！另有三种着法均负，变化如下：

甲：炮五平六，炮3平4；炮六平八，炮4平8；兵二平三，卒4进1；炮八平六，炮8进2；帅六退一，卒4进1；相九进七，卒6平5，黑胜。

乙：兵二平三，炮3平5；相五进三，炮5退5；炮五平六，卒4进1；兵三进一，将4平5；炮六进三，炮5平6；相三退五，炮6进6；黑胜。

丙：相五进七，卒4进1；炮五平六，炮3进1；兵二平三，炮3平4；炮六平八，炮4平7；炮八平六，炮7进1；帅六退一，卒4进1，黑胜。

⑥图138-2形势，黑方另有三种着法均和，变化如下：

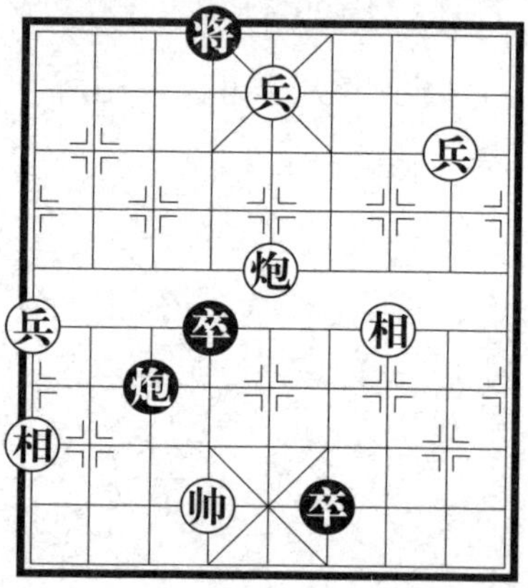

图138-2

甲：卒4进1；炮五平六，炮3进1；相三退五，炮3平4；炮六平七，炮4平2；炮七平六，炮2进2；以下红方有正误两种着法。第一种：相九退七（错误），炮2退4；炮六退一，卒4平5；帅六进一，炮2进3；相五进三，炮2平5；兵五平四（如改走兵二平三，则炮5进1；帅六退一，炮5退8；帅六进一，将4进1；兵三平四，炮5退1；炮六进三，将4平5；炮六平五，卒6平5；炮五退六，卒5平4；帅六退一，炮5平4，黑胜），炮5进1；帅六退一，卒5平4；兵二平三，炮5平7；兵三平四，炮7退1；帅六退一，卒6平5；前兵平五，卒4进1；兵四平五，卒4进1，黑胜。第二种：兵二平三（正确），炮2平5；相五进三，卒4平5；兵五平四，炮5平7；兵三平四，炮7平6；前兵平五，炮6退7；炮六退三，炮6平5（如改走炮6平8，则兵九进一，炮8进5；相九进七，炮8进2；帅六退一，卒6平5；兵九平八，后卒平6；兵八平七，红胜）；兵九进一，卒5平6（如改走卒6平5，则帅六退一，后卒平6；兵九平八，卒6进1；兵八平七，卒6进1；兵七进一，炮5进2；炮六进三，红胜）；兵九平八（如改走帅六退一，则炮5进6；相九进七，后卒平5；相七退五，卒5进1；相三退五，炮5退7，和局），炮5进7；相九进七，后卒平5；相七退五，卒5平6；相五进七，后卒平5；相七退五，卒5平6；相五进七，前卒平5；帅六平五，炮5退8，和局。

乙：炮3进1；相三退五，卒4进1；炮五平六，炮3平4；炮六平七，与本注甲种着法殊途同归，和局。

丙：炮3平8；帅六进一，炮8进3（如改走炮8平5，则帅六平五，炮5退5；帅五平四，卒6平5；兵九进一，卒4进1；兵九平八，卒4平5；炮五平一，将4进1；兵八平七，炮5退1；兵七平六，将4平5；炮一平五，将5进1；兵二平三，将5退1；相九进七，将5进1；兵三平四，将5退1；炮五退四，卒5平6；帅四退一，炮5进8；兵六进一，炮5退4；帅四平五，卒6平5；相三退五，炮5平8；兵六平五，炮8退2；兵四平五，将5平4，和局）；帅六平五，炮8平6；炮五平四，炮6退5（如改走炮6平5，则帅五平四，卒6平5；兵二平三，炮5退8；兵三平四，将4进1；兵九进一，卒4进1；兵九平八，卒4平5；兵八平七，炮5退1；兵七平六，将4平5；炮四平五，炮5平6；兵四平三，炮6平5；兵三平四，炮5平6；兵四平三，炮6平5；兵三平四，和局）；兵二平三，炮6进2；兵三平四，卒4平5；兵九进一，炮6平5；兵四进一，炮5平2；兵九平八，炮2平1；兵八进一，炮1退5；兵八平七，炮1平6；兵五平四，将4进1；兵七平六，卒6平7；帅五平六，卒5平4，和局。

⑦如改走炮7退6，则兵九进一，炮7平8；兵九平八，炮8进7；兵八平七，炮8平5；兵七进一，炮5退8；兵七平六，将4平5；炮六平八，与主着法弈至第22回合时的形势相同。

⑧如改走卒6平5，则炮八平五，红弃炮妙着！是解开“鸿雁双飞”的钥匙，黑无法取胜，和局（这是陈明仁先生提出的新走法）。

第139局　炮打中营

图139-1是《湖涯集》第44局“炮打中营”，是“双炮盖车”类型的江湖棋局，着法别致，假象是红前炮平六，车4进2；炮四平六，车4平6；车四进二，卒8平7；帅四退一，卒7进1；帅四进一，卒4平5，黑巧胜。

原来黑方三卒可以连杀，那么，红方起手老帅躲一步怎么样？躲帅也不行，即帅四退一，车4进3；兵八平七，卒4平5，黑胜。

红帅躲得太早了，先弃掉一炮再退老帅总可以了吧？先弃炮再退帅还是不行，因为前炮平六，车4进2；帅四退一，卒8平7；炮四平五，卒7进1；帅四进一，卒4平5；炮五退三，卒5进1；帅四平五，车4平5；帅五平四，车5退3；车四进六，将4进1；兵八平七，车5进8；兵七平六，将4平5，黑方捷足先登，红方败阵。

着法：红先和

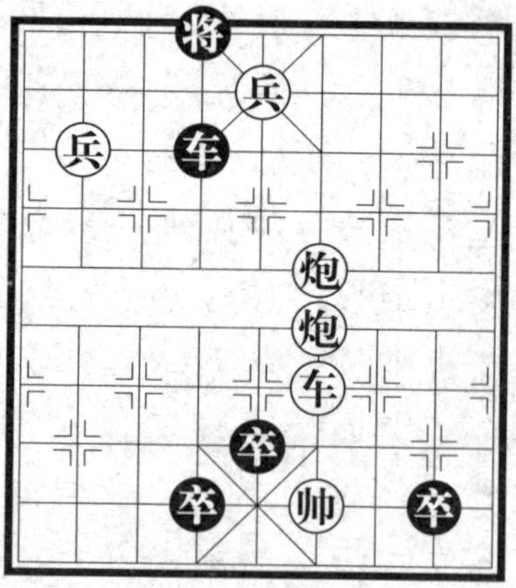

图139-1

1. 前炮平五[①]　卒4平5
2. 炮五退四　卒5进1
3. 帅四平五　车4平5
4. 帅五平四　车5退1[②]
5. 车四平三[③]　车5进4
6. 炮四退一　车5进1
7. 车三进六　将4进1
8. 车三退一　将4进1[④]
9. 车三退一　将4退1
10. 炮四进四　车5退4[⑤]
11. 车三进一　将4退1

12. 炮四进一　车5平2　13. 炮四平五[⑥]　车2平6
14. 帅四平五　车6平5　15. 帅五平四　将4进1
16. 炮五进一　将4退1　17. 炮五退一　车5进5
18. 炮五平八　将4平5　19. 炮八平五　车5退1
20. 帅四进一　车5退3　21. 车三平一　卒8平7
22. 车一平三　车5平1　23. 帅四平五　将5平4
24. 炮五平六　卒7平6　25. 帅五平四　将4平5
26. 炮六平五　卒6平5　27. 帅四平五　车1平5
28. 帅五平四　车5进3　29. 车三平一　卒5平4
30. 车一平二　车5平1　31. 车二平一　将5平4
32. 炮五平六　车1进1　33. 帅四退一　车1平5
34. 炮六平五　将4进1　35. 炮五退五　将4进1
36. 车一退五　将4平5　37. 车一平二　将5退1
38. 车二平一　和局

注释：

①如改走前炮平六，则车4进2；以下红方有三种着法均负，变化如下：

甲：炮四平六，车4平6；车四进二，卒8平7；帅四退一，卒7进1；帅四进一，卒4平5；红中计，黑胜。

乙：炮四平五，卒4平5；炮五退三，卒5进1；帅四平五，车4平5；帅五平四，车5退3；车四进六，将4进1；兵八平七，车5进8；兵七平六，将4平5，黑胜。

丙：帅四退一，卒8平7；炮四平五，卒7进1；帅四进一，卒4平5；炮五退三，卒5进1；帅四平五，车4平5；帅五平四，车5退3；车四进六，将4进1；帅四进一，车5进8；车四平七，将4平5；车七退八，车5退3；车七进七，将5退1；车七平四，车5进3，黑胜。

②图139-2形势，黑方如改走卒8平7，则帅四进一，车5退1；车四平三，车5进7；车三进六，将4进1；车三退一，以下黑方有两种着法，结果不同，变化如下：

甲：将4退1；炮四平五，将4平5；炮五进四，车5平2；帅四平五，车2退1；帅五退一，卒7平6；帅五平四，车2退5；炮五退六，车2进6；帅四退一，车2平5，和局。

乙：将4进1；炮四平九（原谱着法此时错失胜机，误走车三退一，则将4退1；炮四进三，将4平5；炮四平五，车5退6；车三平五，将5进1，和局），一击中的，红胜。

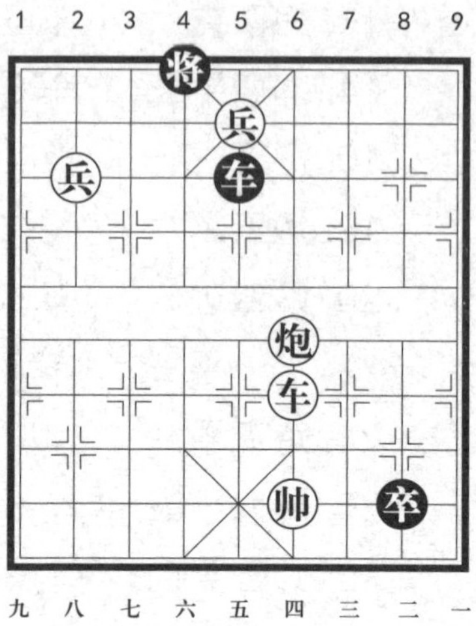

图139-2

③如改走炮四平九，则卒8平7；帅四进一，车5进7；车四进六，将4进1；炮九平四，将4平5，黑胜。

④如改走将4退1，则炮四进五，车5平2；车三进一，将4进1；车三平五，车2退4；车五退五，和局。

⑤如改走车5平2，则帅四平五，卒8平7；车三进一，将4退1；车三平五，车2退4；车五退三，车2平4，和局。

⑥如改走炮四平六，则将4平5；炮六平五，车2进6；帅四进一，车2退1；帅四退一，车2平5；车三平二，卒8平7；帅四退一，车5进1，黑胜。

第140局　小征东

《湖涯集》第6局及《蕉竹斋象棋谱》97局本的首局“小征东”（图140-1），著名江湖棋局，是在《蕉窗逸品》第2局“跨海征东”棋图中增加黑方边象而成，双方搏杀几个回合之后，形成“车炮斗车卒象”的实用残局，拼斗激烈，妙着迭出。下面以《蕉竹斋象棋谱》的着法为主进行分析介绍。

着法：红先和

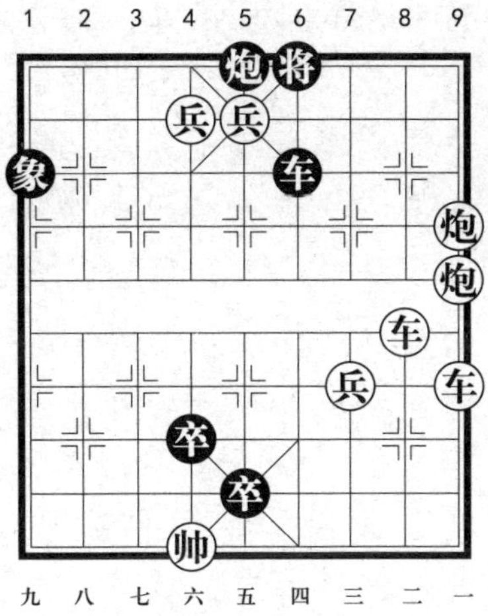

图140–1

1. 兵五进一① 将6平5
2. 车二平五 将5平6
3. 前炮平四② 车6进1
4. 炮一平四 车6平5③
5. 车一进六 将6进1
6. 兵六平五④ 车5退2
7. 车五退三 车5进7
8. 车一平六 卒4平3⑤
9. 车六退八 车5退1⑥
10. 炮四退四 卒3平4
11. 车六平八 车5退1⑦
12. 车八进一 卒4平5⑧
13. 炮四平一 卒5进1
14. 炮一进二 车5退1⑨
15. 车八进一 车5平3
16. 车八平七

和局（原谱着法，红车拦黑车和）

注释：

①如改走前炮平四，则车6进1；炮一平四，车6平8；兵五进一，将6进1；车一进五（原谱变14着法是炮四退四，车8进2；车一退三，车8平3，黑胜），将6进1；车一退一，将6退1；兵六平五，将6平5；车二平五，将5平4（亦可将5平6；车五退二，卒4进1，黑巧胜）；车五退三，车8进6；车五退一，卒4进1，黑胜（原谱变13着法）。

②如改走车五退三，则卒4进1；帅六平五，车6进7，黑巧胜（原谱变12着法）。

③如改走车6平9，则车五退三，车9进3；炮四退五，车9进3；车五平四，将6平5；车四进七，车9退9；车四平五，将5平6；兵六进一，红胜。

④如改走车五退三，则车5进5；车一退一，将6退1；炮四退四，车5平6；帅六平五，卒4平5；车一退八，卒5进1；帅

五平六，卒5平4；帅六平五，车6平5，黑胜。

⑤如改走车5退1，则车六退一，将6退1；炮四退四，卒4平3；车六平七，卒3平4；车七平六，将6平5；炮四平五，车5平7；炮五平三，卒4平5；车六退五，车7进1；车六平五，将5平6；车五退一，车7退2；帅六平五，车7平6，和局。

⑥如改走车5退2，则炮四退四，将6平5；炮四平五，车5平7；炮五退一，车7进3；车六平五，将5平6；车五进一，车7退3；炮五平四，车7进3；炮四平五，车7退5；炮五平四，象1进3；帅六平五，象3退5；车五平七，车7平5；帅五平六，象5进3，和局。

⑦图140-2形势，黑方另有三种着法均和：

甲：车5退2，请见第一分局。

乙：车5退5，请见第三分局。

丙：将6平5，请见第四分局。

⑧如改走车5进1，则车八进六，将6退1；车八平六，将6平5；炮四平五，车5平7；炮五退一，车7进2；车六退六，车7平5；帅六进一，车5退4，和局。

⑨如改走车5退3，则车八进一，车5平3；车八平七，象1进3；炮一平二，车3平4；车七平六，车4平2；车六平八，车2平3；车八平七，将6平5；炮二平一（如改走车七平五，则象3退5；车五平七，车3平9，黑胜），将5退1；炮一平二，和局。

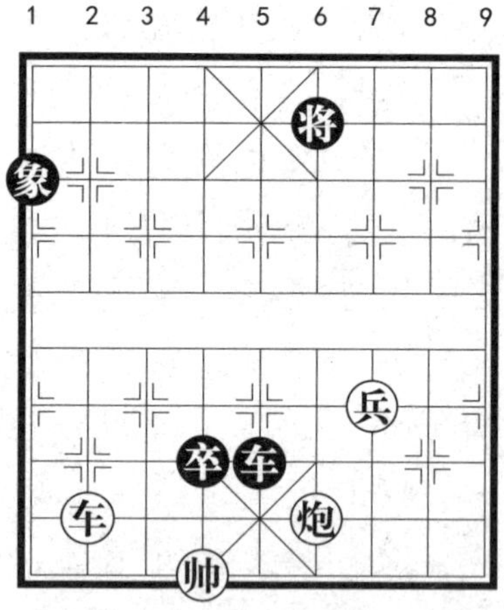

图140-2

第一分局

“小征东”原谱着法弈至第11回合时，黑方如走车5退2也是和局。

着法：黑先和（接图140-2）

11. ………… 车5退2　12. 炮四平五　车5平4
13. 炮五平六① 车4平3②　14. 帅六平五③ 车3平5
15. 炮六平五　车5平4　16. 车八进一　象1退3④
17. 炮五平六　车4平5　18. 炮六平五　车5平6
19. 炮五平四　车6平5　20. 炮四平五　车5进2
21. 车八进六　将6退1　22. 车八平六　车5平7⑤
23. 炮五平三　车7平8　24. 炮三平二

和局（原谱变2着法，红车追黑卒，红炮拦车和）

注释：

①如改走炮五退一，则将6平5（图140-3）；以下红方有四种着法均负，变化如下：

甲：车八平五，将5平4；黑胜（原谱变8着法）。

乙：炮五平一，车4平5；黑胜（原谱变9着法）。

丙：炮五进一，车4平3；炮五退一，将5平4；炮五平三，车3平6；帅六平五，车6平5；帅五平四，卒4平5；车八进七，将4退1；车八平四，卒5进1；车四退六，将4平5；兵三进一，象1进3；兵三进一，象3退5；兵三进一，车5平7；炮三进二，车7平8；炮三退二，车8进4；车

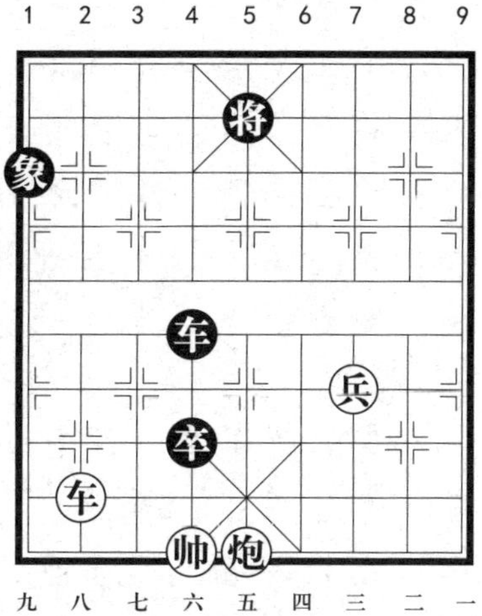

图140-3

四平三，车8退1；炮三进一，车8退4，黑胜。

丁：车八平四，将5平4；炮五平三，卒4进1；帅六平五，车4平5；帅五平四，卒4平5；车四进一，将4平5；兵三进一，象1进3；兵三进一，象3退5；兵三进一，车5平7；炮三进二，车7平8；炮三退二，车8进3；兵三进一，车8平7，黑胜。

②如改走卒4平3，则帅六平五，车4平5；炮六平五，车5平1；炮五平六（如改走车八平六，则将6平5；帅五平四，车1进4；帅四进一，车1退3；帅四退一，车1平6；炮五平四，车6平7；炮四平三，车7平6；车六平四，车6平5；车四进一，卒3进1；帅四进一，和局），卒3平4；车八进一，车1平5；炮六平五，车5进2；兵三进一，车5平7；炮五平三，象1进3；车八进六，将6退1；车八平六，象3退5；车六退四，卒4平5；车六平四，将6平5；车四平五，将5进1；兵三进一，车7进1；车五退二，车7退4；车五进五，将5平6；车五退一，车7平6，和局。

③红方帅六平五正确，如改走炮六平七拦车（图140-4）则负，详见第二分局。

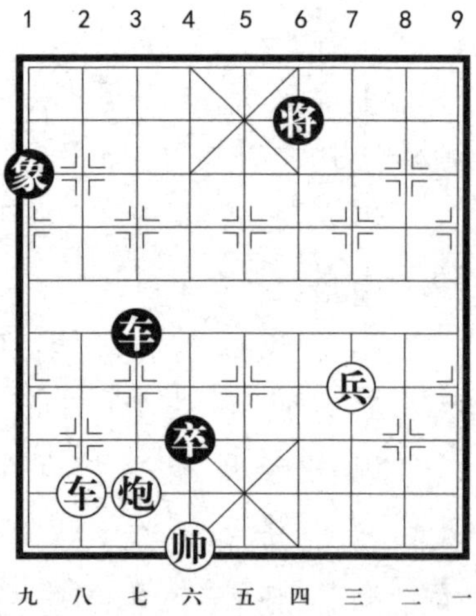
图140-4

④如改走卒4进1，则车八平四，将6平5；车四平五，将5平4；炮五平四，象1进3；兵三进一，象3退5；车五进五，车4平7；车五退一，车7平4；车五退三，和局。

⑤如改走卒4平3，则车六退三，车5平6；炮五平九，卒3进1，车六平五，卒3平4，炮九退一，车6退5，兵三进一，象3进5，炮九平六，将6进1，车五退一，和局。

第二分局

第一分局着法第14回合时，红方走帅六平五，结果成和，如误走炮六平七则败北。

着法：黑先胜（接图140-4）

14. …………	车3平1	15. 炮七退一①	车1平5
16. 车八进七②	将6退1	17. 车八平六	卒4平5
18. 车六退五	卒5进1	19. 兵三进一③	车5进2④
20. 炮七进一	车5平6	21. 炮七退一	车6平3

黑胜

注释：

①如改走车八进七，则将6退1；车八平七，将6平5；车七退五（如改走炮七进三，则卒4平3；车七退二，车1进4；帅六进一，卒3进1；帅六进一，车1平4，黑胜），卒4进1；帅六进一，车1平4，黑胜。

②如改走车八进一，则卒4平5；兵三进一，将6平5；炮七进一，卒5进1；车八平六，象1进3；兵三进一（如改走车六进六，则将5退1；车六退六，象3退5；车六进五，将5平6；车六退五，车5平2；炮七退一，车2进3，黑胜），象3退5；兵三进一，车5平1；炮七退一，车1进4；车六平七，车1退1；车七进六，将5退1；炮七进一，车1退8，黑胜。

③如改走车六退一，则将6平5；兵三进一，象1进3；兵三进一，象3退5；兵三进一，车5平3；炮七进二，车3平2；炮七退二，车2进4；车六平七，车2退1；炮七进一，车2退5，黑胜。

④如改走车5平3，则炮七进三（应改走车六平四，将6平5；车四平五，将5平6；炮七进三，和局），车3平1（应改走车3平6；炮七退三，车6进2；兵三进一，车6平3，黑胜）；以下红方有三种着法：

甲：炮七退三，车1进3；兵三进一，车1平3，黑胜（原谱变10着法）。

乙：炮七平九，车1平6；炮九退三，车6平3，黑胜（原谱变11着法）。

丙：车六平四，将6平5；车四平五，将5平6；炮七平九，和局。

第三分局

“小征东”原谱着法弈至第11回合时，黑方如走车5退5也是和局。

着法：黑先和（接图140–2）

11. …………　车5退5[①]　12. 炮四平五　车5平4
13. 炮五平六　车4平3　14. 帅六平五[②]　象1退3
15. 车八进七　将6退1　16. 车八退六　车3平5
17. 炮六平五　车5进5　18. 兵三进一　象3进5
19. 车八平九　车5平7　20. 炮五平三　卒4平5
21. 帅五平六　卒5平4　22. 帅六平五　车7进1
23. 车九平六　车7退3　和局

注释：

①这是《湖涯集》的着法，俗称“象花车”。

②如改走炮六平七，则将6平5（如改走车3进5，则车八进七，将6退1；车八平六，卒4平5；车六退五，象1退3；车六平四，将6平5；车四平五，将5平6；兵三进一，和局），车八进七，将5退1；车八平六，卒4平5；车六退五，车3平5；炮七平二，卒5进1；炮二进二，车5平3；车六平七，象1进3；炮二平一，和局。

第四分局

“小征东”原谱着法弈至第11回合时，黑方如走将6平5也是和局。

着法：黑先和（接图140-2）

11. ………… 将6平5　　12. 炮四平五 车5平7①

13. 炮五平三② 车7退1③　　14. 车八平五 将5平4

15. 帅六平五 车7进1　　16. 车五进三 卒4平5

17. 车五进一 车7平8　　18. 炮三平二 车8进1

19. 车五退三 车8平4

和局（原谱变5着法）

注释：

①如改走将5平4，则帅六平五，车5退2（如改走车5平7，则炮五平三，车7退1；车八平五，车7平4；车五进三，卒4进1；炮三退一，象1进3；车五进四，将4退1；车五退四，和局），车八进五，车5平4；车八平五，卒4平5（原谱变4着法是卒4进1；炮五平四，象1进3；炮四退一，和局）；炮五平六，车4进3；车五退四，和局（原谱变3着法）。

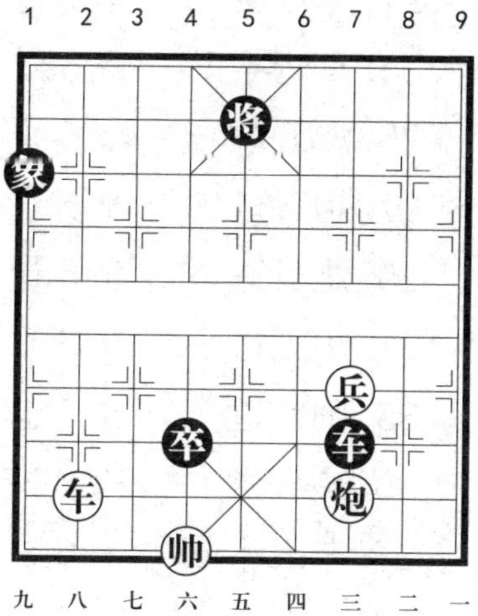

图140-5

②如改走炮五退一，则车7进2；车八平五，将5平4；车五平四，车7平6；车四平五，车6退3；车五平八，车6平4；炮五平三（原谱变7着法是炮五进一，卒4进1；帅六平五，卒4进1；帅五平四，卒4平5；帅四平五，车4进3，黑胜），卒4进1；帅六

平五，车4平5；帅五平四，卒4平5；车八进七，将4进1；车八退一，将4退1；车八平四，车5平7，黑胜（原谱变6着法）。

③图140-5形势，黑方另有两种走法均和，变化如下：

甲：卒4平5；车八进二，象1进3；车八平五，象3退5；兵三进一，卒5平4；车五平六，卒4平5；车六平五，和局。

乙：象1进3，详见第五分局。

第五分局

第四分局着法弈至第13回合时，黑走车7退1结果和局，如改走象1进3也是和局。

着法：黑先和（接图140-5）

13.	…………	象1进3	14.	车八进七	将5退1
15.	车八平六	卒4平3	16.	车六退七	卒3平4
17.	车六平五	将5平6①	18.	车五平八	象3退5②
19.	炮三平五	车7进1	20.	车八进一	车7退1
21.	车八退一	车7退1	22.	炮五退一	车7平6
23.	车八平五	象5进3	24.	车五进三	卒4平5
25.	炮五进一	卒5平4	26.	炮五退一	将6进1
27.	炮五进二	车6进3	28.	炮五退二	车6退1
29.	炮五进一	车6退6	30.	炮五退一	卒4平5
31.	炮五进一	卒5平4	32.	炮五退一	卒4平3
33.	帅六进一	象3退5	34.	车五退二	车6进6
35.	炮五进一	卒3进1	36.	帅六退一	车6退2
37.	车五平七	车6进3	38.	炮五退一	车6退1
39.	车七平六	车6进1	40.	车六平七	车6退1
41.	车七平六	和局			

注释：

①黑方另有两种着法均和，变化如下：

甲：将5平4；车五进三，卒4进1；帅六平五，卒4进1；帅五进一，车7进1；帅五进一，车7平4；兵三进一，车4退6；兵三进一，和局。

乙：卒4平5；车五退一，象3退5；炮三平八，将5进1；炮八进一，卒5进1；车五进一，车7平2；车五进二，车2平4；帅六平五，车4退5；兵三进一，将5平4，和局。

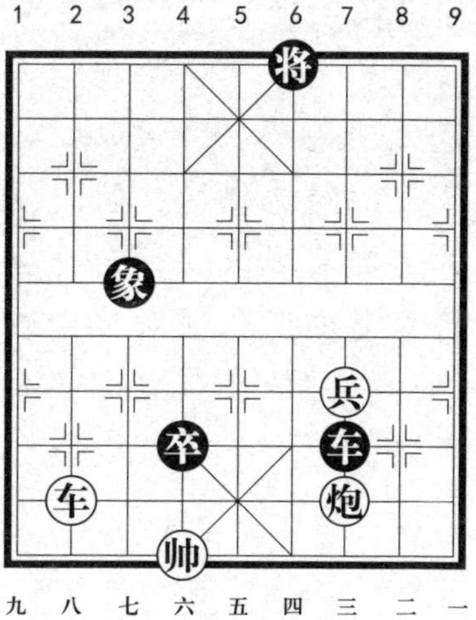

图140-6

②图140-6形势，黑方另有两种着法均和，变化如下：

甲：车7退1；车八平四，将6平5；车四平五，将5平4（如改走将5平6，则帅六平五，象3退5；车五进六，车7平6；炮三平八，卒4进1；炮八退一，和局），帅六平五，车7平4；车五进八，将4进1；帅五进一，车4平7；炮三平四，车7平4；车五退四，和局。

乙：车7平6；炮三平四，将6平5；车八平五，卒4平5；车五退一，象3退5；炮四平八，将5进1；炮八进一，卒5进1；车五进一，车6平2；车五进五，车2平4；帅六平五，车4退5；兵三进一，将5平4；车五平四，车4进2，和局。

第141局　七星聚会

《蕉窗逸品》第1局“七星聚会”（图141-1），与《心武残编》第104局“七星同庆”棋图完全相同，伏有炮二平四，卒5平6；车二进九，象5退7“解将还将”的江湖棋局，《百局象棋谱》《渊深海阔》《竹全角香斋象戏谱》也有记载。

“七星聚会”根据《百变象棋谱》第33局“三军保驾”、《韬略元机》卷一第29局“诸葛出庐”等局加工而成，是“车兵斗车卒”的经典棋局，习之可以提高车兵残局的功力，有“棋局之王”的美誉。现以《蕉窗逸品》正编第一局为主线，另列十六个分局，将繁复的变化理顺成清晰易懂的精彩棋路，全面分析介绍“七星聚会”中“低头卒”“高头卒”“落底车”三种变化，保留原谱全部着法，并从中吸取车兵（车卒）实用残局的经验教训。

正编第一局

着法：红先和

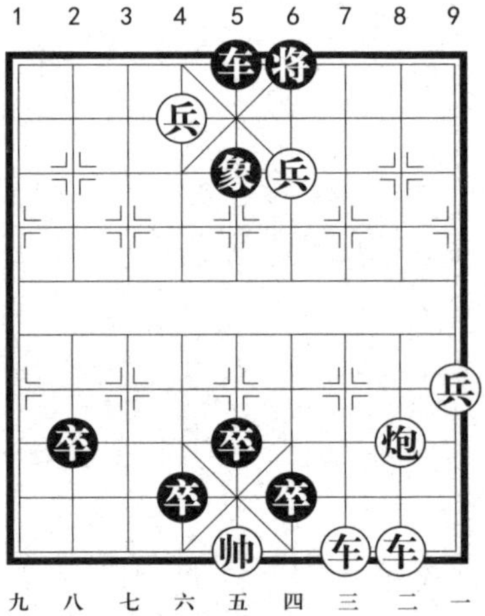

图141-1

1. 炮二平四① 卒5平6
2. 兵四进一 将6进1
3. 车三进八 将6退1
4. 车二进一 前卒平5
5. 车二平五 卒4平5
6. 帅五进一 卒6进1②
7. 帅五进一③ 车5平3
8. 兵六平七 车3平1④
9. 车三退二⑤ 车1进7⑥
10. 车三平四 将6平5
11. 车四退五⑦ 卒2平3⑧
12. 车四平六 卒3进1⑨
13. 车六进一 车1退1⑩
14. 车六进五⑪ 车1平5
15. 帅五平六⑫ 车5进3⑬
16. 车六进二 将5进1
17. 车六平四⑭ 车5平4
18. 帅六平五 车4平9⑮
19. 帅五退一⑯ 车9退1⑰
20. 帅五进一 车9退2
21. 帅五退一⑱ 车9平5
22. 帅五平四 象5进7

23. 车四退一	将 5 进 1	24. 兵七平六	将 5 平 4 ⑲
25. 兵六平五⑳	卒 3 平 4	26. 车四退一	象 7 退 5
27. 帅四进一	车 5 进 3	28. 车四平二	车 5 平 9
29. 车二退一	象 5 退 7	30. 车二平六	将 4 平 5
31. 车六平五	将 5 平 4	32. 帅四退一	

低头卒红车守中，和局（正编第一局）

注释：

①如改走炮二退一，则车5平1，起手红退炮劣，黑胜（外编第一局变一）。

②黑方进卒才能有以后奇妙的变化，如改走车5平3，则兵六平五，卒6进1；帅五平六，车3平4；兵五平六，车4平1；兵六平五，车1平4；兵五平六，车4平3；兵六平五，车3平4；兵五平六，车4平1；双方不变，简单成和。

③如改走帅五平六，则卒2平3；兵六平五（如改走车三退六，则卒3进1；帅六进一，车5平2，黑胜），车5平4；兵五平六，车4平1；原谱外编第一局变2着法至此结束，黑胜。红方如接走兵六平五，卒3进1；帅六进一，车1进7，黑胜。

④如改走车3平5，则兵七平六（如改走车三退二，则象5退3；帅五平六，卒2平3；帅六退一，车5平4，黑胜），车5平3；兵六平七，车3平1；与正编第一局着法弈完第8回合时的形势相同。

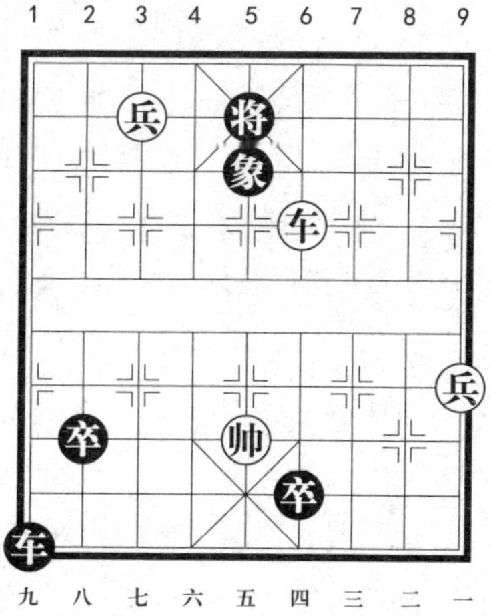

图141–2

⑤如改走车三退一，则将6进1（如改走车1进2，则兵七平六，车1平3；车三平四，将6平5；帅五平四，红胜），以下红方有正误两种着法，变化如下：

甲：车三进一（正确），将6退1；车三退二，与正编第一局着法弈至第9回合时的形势相同。

乙：车三退一（错误），车1进9；车三平四，将6平5，形成图141-2的局面，以下红方有三种着法均负，变化如下：

第一种：车四平六，车1平3；兵七平六（如改走车六退四，则将5平6；车六平八，车3平8，黑胜），将5退1；兵一进一，车3退2；车六退四，车3平4；帅五平六，象5进3，黑胜。

第二种：帅五平四，车1平6；车四平三（如改走车四进二，则将5退1；帅四平五，车6平3；帅五平四，卒6平7；帅四平五，车3平5；帅五平六，车5退1，黑胜），卒2平3；帅四平五（如改走车三进二，则将5退1；兵七平六，卒6平7；帅四平五，将5平6；兵六平五，车6平5，黑胜），车6平4；帅五平四，卒6平7；帅四平五，车4平5；帅五平四，象5进7，黑胜。

第三种：车四退五，卒2平3；车四平六，车1平5；帅五平四，车5平6；帅四平五（如改走车六平四，则车6平4；车四平五，卒3平4；帅四退一，车4平9；原谱外编第一局变2着法至此结束，黑胜。红方如接走车五进三，车9退1；帅四进一，车9退1；帅四退一，卒4平5；车五平四，车9进1；帅四退一，卒5进1，黑胜），将5平6；车六进七，将6退1；帅五退一，车6退2（可以走车6退1；帅五退一，卒3进1，黑胜），原谱外编第一局变3着法至此结束，黑胜。红方如接走车六进一，将6进1；兵七平六，卒3平4；车六平五，车6平5，黑胜。

⑥如改走车1进9，则车三平四，将6平5；兵七平六，卒6平7；车四进二，原谱外编第一局变5着法至此结束，红胜。黑方如接走车1平5；帅五平六，

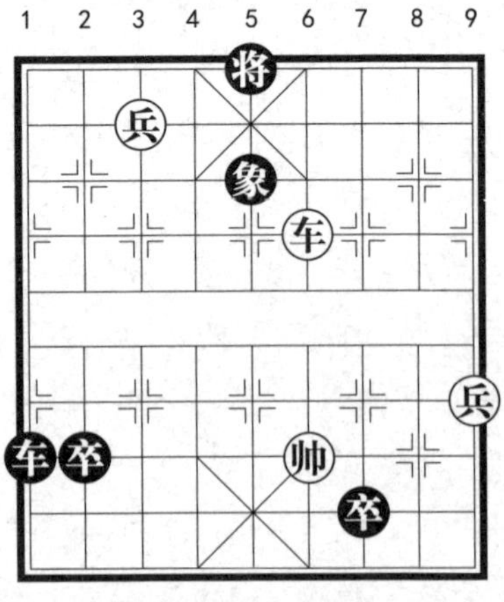

图141-3

象５进３；兵六进一，红胜。

⑦吃卒是正常的走法，如违反常规走帅五平四，则卒６平７，形成图141-3的局面，以下红方有两种着法均负，变化如下：

甲：车四平五，车１进２；车五退五（如改走车五进一，则将５平４；车五退六，车１平４；兵一进一，卒２平３；原谱外编第一局变7着法至此结束，黑胜。红方如接走兵一进二，车４平６；帅四平五，卒３平４，黑胜），车１平６；帅四平五，车６退４；车五平三，车６平５；帅五平四，象５进７，黑胜。

乙：帅四平五，卒２平３；车四平六（如改走帅五退一，则车１进1；帅五进一，车１平４；原谱外编第一局变6着法至此结束，黑胜。红方如接走车四平五，卒３平４；帅五平四，车４平６，黑胜），车１进2；帅五退一，车１平６；原谱外编第一局变6又变着法至此结束，黑胜。红方如接走兵七平六，卒７平６；帅五平六，卒３进1；帅六进一，车６平４，黑胜。

⑧黑方平卒保持复杂的变化，另有两种着法，结果不同，变化如下：

甲：车１进２，《蕉窗逸品》称作“落底车”，结果亦是和局，但没有平卒变化复杂，详细变化请见第十一分局。

乙：卒２进１（错着）；帅五退一，卒２平３；车四进六，将５进1；车四平五，将５平６；兵七平六，红胜。

⑨黑方进卒，《蕉窗逸品》称作“低头卒”，继续保持复杂的变化，另有两种着法亦和：

甲：车１退１，《蕉窗逸品》称作“高头卒”，变化比较简单，请见第九分局。

乙：车１进２，“高头卒”中的简单变化，请见第十分局。

⑩黑方车１退１正确，如改走车１进２则负，请见第八分局。

⑪红方车六进五正确，另有两种着法均负，变化如下：

甲：帅五退一，车１平５；帅五平四，象５退７；兵七平六，卒３平４，黑胜（外编第一局变11着法）。

乙：车六进四，车１平５；帅五平六（如改走帅五平四，则象５退７；车六平四，车５进3；帅四退一，卒３平４，黑胜），车５

平3；车六进三，将5进1；兵七平六，将5平6；帅六平五，车3平5；帅五平六，车5平6；帅六平五，卒3平4，帅五平六，卒4平5；帅六平五，卒5平6；帅五平六，车6进1；帅六退一，车6平5，黑胜（外编第一局变10着法）。

⑫如改走帅五平四，则象5退7；车六平四，车5进3；车四进二，将5进1；车四退一，将5退1；帅四退一，卒3平4，黑胜（外编第一局变12着法）。

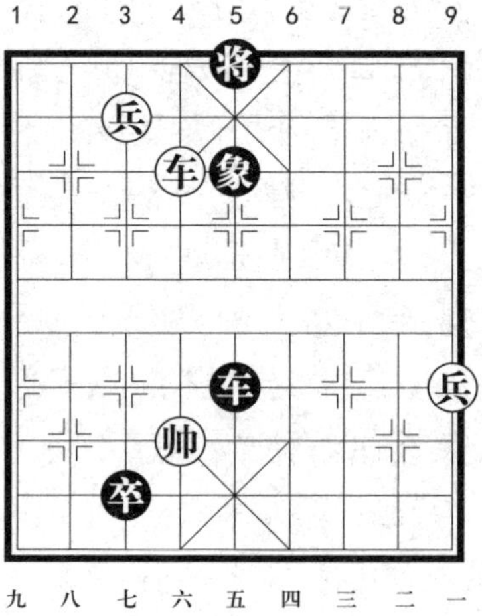

图141-4

⑬图141-4形势，黑方另有四种着法均和，变化如下：

甲：象5退7；车六进二，将5进1；兵七平六，将5平6；车六平三，车5平9；帅六平五，车9平5；帅五平六，车5进2（如改走车5退1，车三退八；外编第一局变13着法至此结束，红方胜。黑方如接走车5平6，帅六平五，车6平5；帅五平六，车5平6；帅六平五，黑方犯规，不变作负，红方胜）；车三退三，将6进1；车三退一，卒3平2；车三进一，卒2平3；车三平二，卒3平2，和局。

乙：将5平6；车六进二，将6进1；车六退四，车5平6；帅六平五，车6平9；车六平四，将6平5；帅五平四，象5进7；车四平五，象7退5；车五平四，象5进7；车四平五，象7退5；车五平四，和局。

丙：将5进1，兵七平六；以下黑方有两种着法：第一种：将5退1；车六平七，车5平4；帅六平五，车4退5；车七平五（外编第三局变3着法是车七退六，车4平5，黑胜），将5平6；车五平四，车4平6；车四进一，将6进1；低头卒兑车，和局（正编第三局）。第二种：将5平6；车六退一，车5平6；帅六平五；卒3平4（原谱外编第三局变2着法是将6进1；车六平五，象5退7；车五进三，红胜）；帅五平六，卒4平5；帅六平五，卒5平6；帅五平六，将6进1；兵六平五，原谱外编第三局变1着法至此结束，误作红胜。其实黑方可接走卒6平5；帅六平五（如改走车六平五，则象5退7；兵一进一，卒5平6；车五退二，车6进1；帅六退一，车6退3；帅六进一，车6平2，和局），车6平5；帅五平六，象5退7；车六进一（如改走兵五平六，则卒5平6；兵一进一，车5退2；车六平三，车5平2；车三进三，车2进3；帅六退一，车2退2；帅六进一，车2平9，和局），象7进5，兵一进一（如改走车六进二，则象5退7；兵五平六，将6退1；兵一进一，车5退1；兵一进一，车5退1，和局），车5退2；车六进二，象5退7；车六退二，象7进5；车六退三，象5退7；兵五平六，卒5平6；车六进二，车5平6；车六平五，车6平2，和局。

丁：车5退1；兵一进一，车5进4，与原谱正编第一局着法实质相同。

⑭艺高人胆大，红方选择车六平四，俗称“小开车”，是“低头卒”中最激烈的变化，另有三种着法，结果不同，变化如下：

甲：车六平二，俗称“大开车”，可以成和（比“小开车”简单），详见第六分局。

乙：车六退一再车六平三，可以称为“中开车”，也是比“小开车”简单的成和走法，请见第七分局。

丙：兵七平六（错误的着法），将5平6，形成图141-5的局面，以下红方有四种着法均负：第一种：车六平二；车5平1；帅六平五，车1退2；帅五退一，车1平4；原谱外编第一局变14着法至此结束，黑胜。红方如接走车二退一，将6退1；兵六平五，卒3平4；帅五退一，车4平5，黑胜。第二种：车六

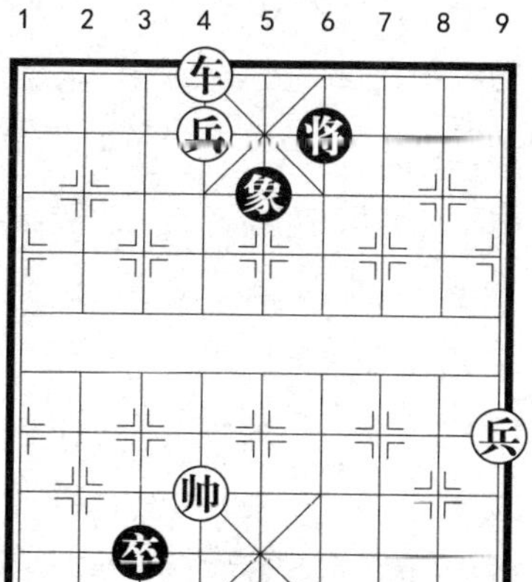

图141-5

平五，车5平4；帅六平五，车4退8；车五退二，车4进8，原谱外编第一局变15着法至此结束，黑胜。红方如接走车五平七，车4平5；帅五平六，将6平5；车七退六，车5退2；帅六退一，车5进1；帅六退一，车5平3，黑胜。第三种：车六平七，车5平6；帅六平五，车6退2；帅五退一，车6退1；帅五进一，卒3平4，原谱外编第一局变15又变着法至此结束。红方如接走帅五平六，卒4平5；帅六平五，卒5平6；帅五平六，车6进1；帅六退一，车6平5；帅六退一，卒6平5，黑胜。第四种：兵一进一，车5平9；帅六平五，卒3平4；帅五平六，卒4平5；帅六平五，卒5平6；帅五平六，车9退2；帅六退一，车9平5，黑胜。

⑮黑方另有三种着法均和，变化如下：

甲：卒3平4；兵一进一，车4平3；帅五平六，车3退8；帅六退一，车3进3；车四退五，车3平5，和局。

乙：车4退3；帅五平四，象5进7；车四退一，将5进1；兵七平六，将5平4；兵六平五，车4平9；原谱正编第二局变1着法至此结束，和局。红方如接走车四退一，象7退5；车四退一，象5退7；车四平六，将4平5；车六平五，将5平4；帅四平五，车9进1；帅五退一，卒3平4；帅五平四，车9退1；帅四进一，和局。

丙：车4平1；帅五退一，车1退3（如改走车1退1，则车四平六，车1退2；车六退一，将5退1；车六平四，车1进2；帅五进一，卒3平4；帅五平六，卒4平5；帅六平五，卒5平6；帅五平四，卒6平7；帅四平五，卒7平6；帅五平四，卒6平5；帅四平五，卒5平4；帅五平六，卒4平3；帅六平五，车1退1；帅五退一，车1进1；帅五进一，黑方长杀，不变作负，红胜）；车四退二（如改走帅五平四，则象5进3；车四退一，将5进1；兵七平六，将5平4；兵六平五，车1平9；车四退一，象3退5；车四退一，象5进3；车四平五，卒3平4；帅四进一，车9平3；兵五平四，车3平8，和局），车1平5；帅五平四，象5进7；车四进一，将5进1；兵七平六，将5平4；兵六平五，车5平9；车四退一，象7退5；车四退一，象5退7；车四平五，低头卒红车守中，和局（正编第二局）。

⑯如改走车四退二，则车9平5；帅五平六，象5退3，黑胜。

⑰如改走车9退3，则车四退二，车9平5；帅五平四，象5进7；车四进一，将5进1；兵七平六，与正编第一局着法弈至第24回合时的形势相同。

⑱红方帅五退一稳健，另有两种走法：

甲：车四退二，详见第三分局。

乙：帅五平四，请见第四分局。

⑲如改走车5进2变化较多，也是和局，详见第一分局。

⑳如改走兵六平七，则车5平3；车四退一，象7退5；车四进一，象5退3；车四退一（如改走车四平五，则卒3平4；帅四进一，车3退1；兵七平八，车3平6；帅四平五，车6进4；车五平二，车6平5；帅五平四，将4平5，黑胜），象3进5；车四进二，形成图141-6的局面，以下黑方有三种着法均和，变化如下：

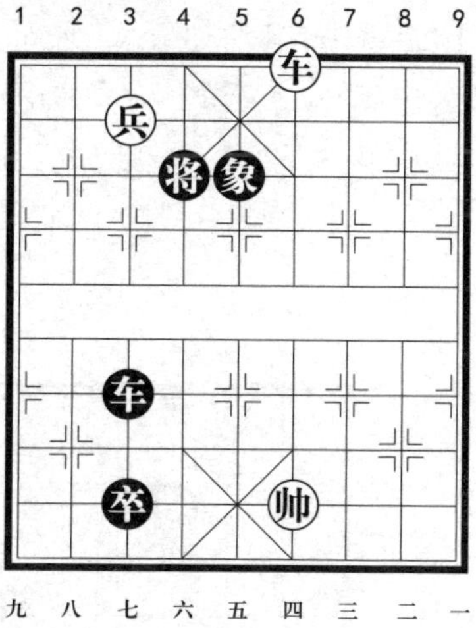

图141-6

甲：车3退5；车四平六，车3平4；车六平四，车4平7（如改走象5进3，则车四退二，象3退5；车四退三，红胜）；车四平六，车7平4；车六平四，车4平3；车四平六，车3平4；车六平四，红巧和。

乙：象5进7；车四平七，卒3平4；帅四进一，车3进1；帅四退一，车3进1；帅四进一，车3退2；车七平六，将4平5；车六平五，将5平4；车五平七（图141-7），车3平6；帅四平五，车6平5；帅五平四，车5退5；车七平六，将4平5；车六平四，车5平8；车四平五，将5平4；车五平七，车8平

9；车七平六，将4平5；车六平五，将5平4；车五平七，和局。

丙：象5进3；车四退四，卒3平4；帅四进一，车3平8；车四进二，象3退5；车四进二，象5进3；车四退三，车8进1；帅四退一，车8退6（图141-8）；帅四进一，车8进3（如改走车8平3，则车四平六，将4平5；车六平五，将5平4；帅四平五，红巧胜）；车四退二，车8进3；帅四退一，车8退5；帅四进一，象3退1；帅四平五（如改走车四进一，则车8进5；帅四退一，将4平5；车四平五，将5平4；车五进三，车8退1；帅四进一，象1退3；车五退二，车8进1；帅四退一，车8退6；车五平四，车8平3；车四进一，象3进5；车四退三，象5退7；车四进三，象7进5；车四进二，车3退1；车四退三，象5退7，黑胜），车8平5；帅五平四，车5平9；帅四平五，车9进5，车四退二，车9退5；车四进二，车9进5；车四退二，车9平6；帅五平四，和局。

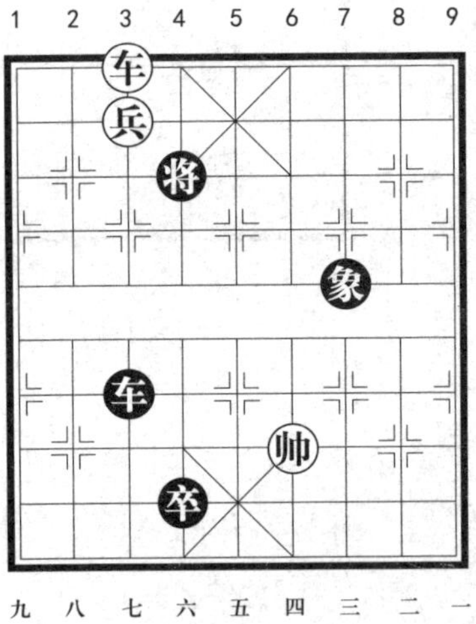

图141-7

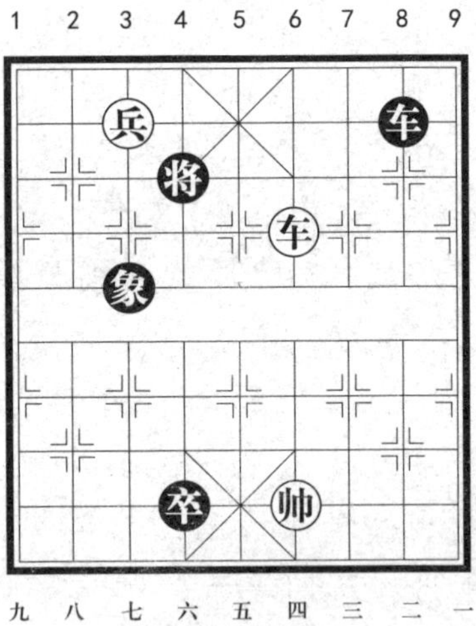

图141-8

第一分局

正编第一局弈至第24回合时（图141-9），黑方走将5平4，结果和局，如改走车5进2变化比较多，也是和局。

着法：黑先和（接图141-9）

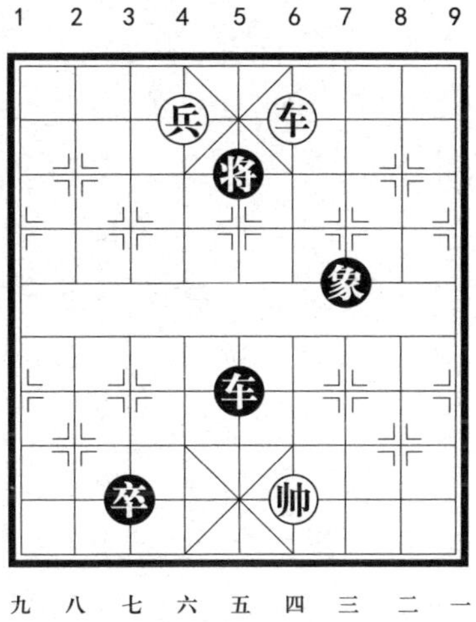

图141-9

24. ………… 车5进2
25. 帅四退一 将5平4
26. 兵六平五 将4平5[①]
27. 兵五平六 车5进1
28. 帅四进一 将5平4
29. 兵六平七[②] 车5平9[③]
30. 车四退一 象7退5
31. 车四进二 象5退3
32. 车四退二 象3进5
33. 车四退一 象5退7
34. 车四平七 将4平5
35. 兵七平六 将5平4
36. 兵六平五 将4平5
37. 兵五平四 将5平4
38. 车七进一 将4退1
39. 车七平五 车9退8
40. 车五进一 将4进1
41. 车五平七 车9进7
42. 帅四进一 卒3平4
43. 车七退一 将4退1
44. 车七平五 车9退1
45. 帅四退一 车9退6
46. 车五进一 将4进1
47. 车五平八 车9进7
48. 帅四进一 车9退1
49. 帅四退一 车9平5
50. 车八退七 车5进1
51. 帅四进一 车5平8
52. 车八进五 车8退2
53. 车八平五 和局

注释：

①黑方另有两种着法，结果不同，变化如下：

甲：车5平9，红方有机可乘，具体胜法请见第二分局。

乙：卒3平4，则车四退一，象7退5；车四退六，车5平6；帅四进一，和局（正编第一局变2着法）。

②如改走兵六平五，则卒3平4；车四退一，象7退5；车四进一（原谱外编第一局变19着法是车四平二，车5退2，黑胜），车5退2；车四进一，卒4平5；帅四退一，象5进3；车四退二，象3退5；车四进二，象5进3；车四退二，象3退5；车四进二，象5进3；车四退二，象3退5；车四退一，车5平4，黑胜。

③如改走将4平5，则车四退一，将5退1；车四平六，车5退1；帅四进一（如改走帅四退一，则卒3平4；兵七平六，将5退1；车六平四，车5进1；帅四进一，卒4平5；帅四进一，车5平6，黑胜），原谱外编第一局变20着法至此结束，误作红胜。实际上黑方可接走车5退6；兵七平六（如改走车六进一，则将5退1；车六平四，车5进7；帅四退一，卒3平4；兵七平六，卒4平5；帅四进一，车5平6，黑胜），将5退1；车六平五，象7退5，和局。

第二分局

第一局分局弈至第26回合时，原谱正编第一局变1着法黑方走车5平9，形成图141-10的局面，误作和局，其实红方有精妙的取胜方法（车兵协杀先吃掉黑象再作成绝杀）。

着法：红先胜（接图141-10）

27. 车四退一　　象7退5

28. 车四进二①　　象5进7②

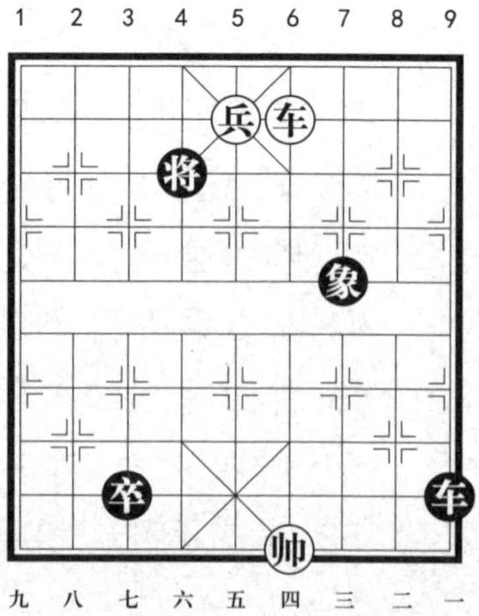

图141-10

29. 车四平七　将4平5　30. 兵五平四　将5平4
31. 车七退二　将4退1　32. 车七退二　车9平4③
33. 车七进三　将4进1　34. 车七退一　将4退1
35. 车七退二　将4进1④　36. 兵四平五　将4平5
37. 兵五平六　将5平4⑤　38. 兵六平七　将4平5
39. 车七平五　将5平4　40. 车五平三　将4平5⑥
41. 车三平五　将5平4　42. 车五平七　将4平5
43. 兵七平六　将5平4　44. 兵六平五　将4平5
45. 兵五平四　卒3平2⑦　46. 车七平四　将5平4
47. 帅四平五　车4进1　48. 帅五进一　卒2平3
49. 车四进二　将4退1　50. 兵四平五　将4退1
51. 车四进二　红胜

注释：

①如改走车四退一，则象5退7；车四平六（应改走车四进一再车四进二仍然可以车兵协杀先吃象再作成绝杀取胜），将4平5；车六平五，将5平4；帅四平五，车9进1；帅五进一，卒3平4；帅五平四，原谱正编第一局变1着法至此结束，和局。以下应是车9退3；帅四进一，车9平8；兵五平四，和局。

②如改走象5退7，则车四平八，将4平5；兵五平六，将5平4（如改走车9平4，则车八平三，将5平4；兵六平五，车4平5；车三平七，将4平5；兵五平四，车5平4；车七退二，车4退6；车七退六，红胜）；兵八平七，将4平5；车八平五，将5平4；车五平三，车9退6；车三平八，车9进7；帅四进一，将4平5；车八退二，将5退1；车八平六，车9平5；兵七平六，将5退1；车六平七，红胜。

③如改走将4进1，则兵四平五，将4平5；兵五平六，将5平4；兵六平七，将4平5；车七平五，将5平4；车五平三，车9平5；车三进二，车5退6；车三进二，车5平9；车三平八，车9进7；帅四进一，将4平5；车八退二，将5退1；车八平六，将5退1；车六平五，将5平4；车五进一，红胜。

④如改走车4进1，则帅四进一，车4退4；车七退四，车4退1（如改走象7退9，则车七进七，将4进1；车七平五，象9进7；帅四平五，车4退1；车五进一，红胜）；车七进五，车4平6；帅四平五，车6平5；帅五平四，将4进1；车七平二，车5进1；车二平六，将4平5；车六平四，将5平4；车四进一，车5退3（如改走象7退5，则车四退二，象5退3；车四平七，象3进1；车七进二，将4退1；车七平九，红胜）；车四退二，车5平7；车四平七，车7进1；车七平六，将4平5；车六平五，将5平4；帅四平五，车7平4；车五进四，红胜。

⑤如改走卒3平2，则车七平三，将5平4；兵六平七，车4平5（如改走将4平5，则车三平五，将5平4；帅四平五，红胜）；车三平六，将4平5；车六进四，车5平3；车六平五，将5平4；帅四平五，红胜。

⑥如改走车4平5，则车三进二，车5退6；车三进二，车5退1；车三退八，车5进2；车三平七，将4平5；车七进六，将5退1；车七平四，红胜。

⑦如改走将5平4，则车七进二，将4退1；车七平五，红胜。

第三分局

正编第一局着法第21回合，走成图141-11的形势，红方接走帅五退一，结果和局，如改走车四退二，原谱误作黑胜，实际上是和局。

着法：红先胜（接图141-11）

21. 车四退二　车9平5[①]

22. 帅五平四　车5进3[②]

23. 车四进一　将5退1

24. 车四进一　将5进1

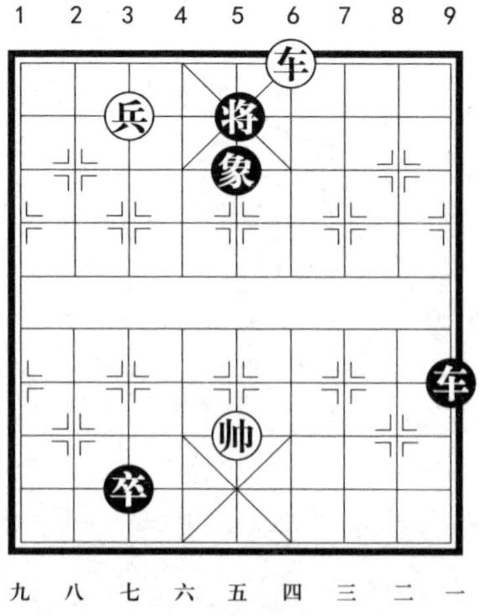

图141-11

25. 帅四退一③　卒3平4　　26. 车四平六　卒4平5
27. 帅四进一　车5平6④　　28. 帅四平五　卒5平6
29. 车六退八　车6平3　　30. 兵七平六⑤　将5退1
31. 帅五平四　卒6平7　　32. 帅四平五⑥　车3退2⑦
33. 车六进一　车3退1　　34. 帅五退一⑧　车3平5
35. 帅五平六　象5退7　　36. 车六平八　车5平4
37. 车八平六　车4平5　　38. 车六平八　将5平6
39. 车八进七　将6进1　　40. 车八平三　卒7平6
41. 车三退一　将6进1　　42. 帅六进一　车5平2
43. 车三退一　将6退1　　44. 车三退一　将6进1
45. 车三平五　和局

注释：

①如改走卒3平4，则车四进二（红如改走：甲：帅五平六，象5退7；车四平六，卒4平5；车六进一，将5进1，车六退一，将5退1；兵七平六，将5退1；兵六进一，将5进1，黑胜。乙：车四平五，将5平6；帅五平六，车9平4；帅六平五，车4平3；车五进一，将6进1；帅五平六，卒4平3；帅六平五，车3进1；帅五退一，车3平4；车五进一，卒3平4；帅五退一，将6退1；车五退一，将6进1；车五进一，将6退1；车五退一，将6进1；车五进一，将6退1；红方长打犯规，黑胜），车9平5；帅五平六，车5平4；帅六平五，车4退2；车四平二，车4平7；车二平四（如改走帅五平六，则象5退7；车二退一，将5进1；车二退一，将5退1；车二平六，卒4平5；车六进一，将5进1，黑胜），车7平4；车四平二，车4平3。以下红方有正误两种着法：

甲：帅五平六（错误），卒4平5；帅六平五，卒5平6；帅五平六，车3平4；帅六平五，车4平7；车二平四（如改走帅五平四，则象5退7；车二退一，将5退1；车二平四，卒6平5，黑胜），车7平3；帅五平四，卒6平7；车四退一，将5退1；帅四平五，车3平5；帅五平六，象5进7；车四平六，车5进

3；帅六退一，卒7平6；车六进一，将5进1；兵七平六，将5平6；帅六退一，卒6平5，黑胜。

乙：车二平六（正确），将5平6；车六退三，车3平6；帅五平六，卒4平3；帅六平五（如改走车六平五，则车6进5；车五退五，将6退1；兵七平六，车6退2；车五进一，车6退6；车五进五，车6平4；帅六平五，卒3平4；车五退一，车4平1；帅五平六，卒4平5；帅六平五，卒5平6；帅五平六，车1进6；帅六退一，车1进1；帅六进一，车1平5，黑胜），卒3平4；帅五平六，卒4平5；车六平五，卒5平6；兵七平六，车6平4；帅六平五，车4退3；车五平四，将6平5；车四退五，车4进3；车四进三，和局。

②原谱外编第一局变16着法至此结束，误作黑胜。

③图141-12形势，红方帅四退一正确，如改走车四平六，则车5平6；帅四平五，将5平6；帅五退一（如改走兵七平六，则车6平5；帅五平六，车5平8；帅六平五，卒3平4；帅五平六，卒4平5；帅六平五，卒5平6；帅五平六，车8退2；帅六退一，车8平5；帅六退一，卒6平5；兵六平七，车5平6，黑胜），车6退3；帅五进一，卒3平4；帅五平六，卒4平5；车六退一，将6退1；帅六平五，卒5平6；车六进一，将6进1；帅五平六，车6进1；帅六退一，车6平5；车六退一，将6退1；帅六退一，卒6平5，黑胜。

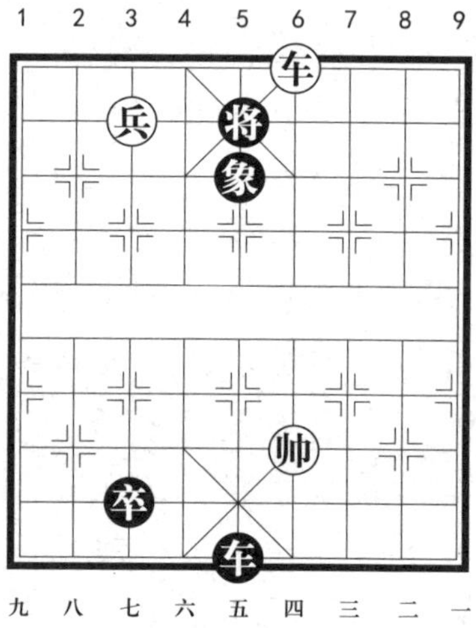

图141-12

④如改走象5进7，则兵七平六，将5进1；车六平五，将5平4；兵六平七，车5平3；帅四平五，车3退8；帅五退一，车3进7；帅五退一，将4退1，和局。

⑤如改走车六进七，则将5退1；帅五平四，车3平6；帅四平五，车6平2；帅五平四，卒6平7；帅四平五，将5平6；帅五平六，卒7平6；车六进一，将6进1；车六平一，卒6平5；帅六平五，卒5平4；车一退一，将6进1；车一平六，车2平8；帅五平六，卒4平3；帅六平五，车8平5；帅五平六，象5进3；车六退一，将6退1；车六平二，车5平2；车二进一，将6进1；帅六平五，车2退2；帅五退一，车2平4；车二退一，将6退1；帅五退一，车4平5；帅五平六，车5进1，黑胜。

⑥图141-13形势，红方帅四平五正确，如改走车六平五，则车3退7；车五进五，车3平4；兵六平七，车4进5；车五退四，车4进2；车五进五，将5平4；车五退六，车4平2，黑巧胜。

⑦如改走车3平5，则车六平五（如改走帅五平四，则象5进7；车六平三，车5退7，黑胜），车5退1；帅五退一，和局。

⑧图141-14形势，红方帅五退一正确，如改走车六平九，则车3平5；帅五平四，车5平6；帅四平五，将5平6；车九进七，将6进1；车九平一，车6进1；帅五退一，卒7平6；帅五平六，车6退1；帅六进一，车6平4；帅六平五，车4平2；帅五平六，卒6平5；帅六平五，卒5平4；帅五平六，卒4平3；车一退一，将6退1；帅六平五，车2进1；帅五退一，车2平4，黑胜。

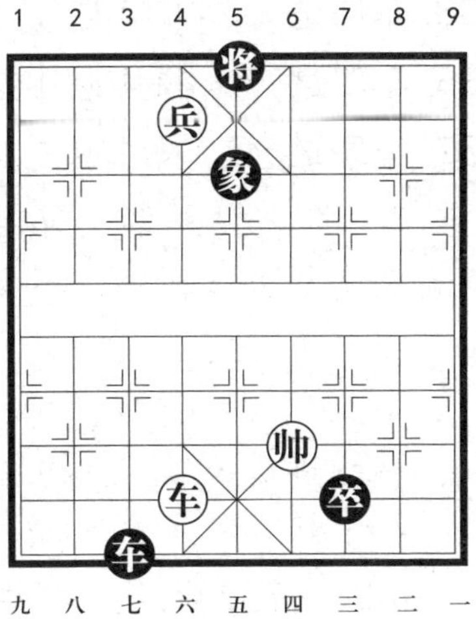
图141-13

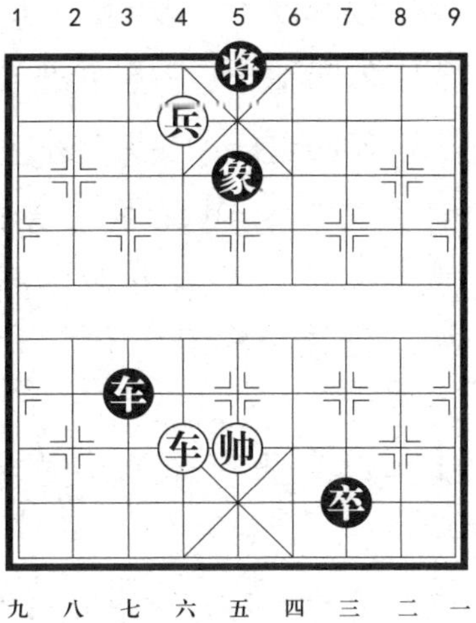
图141-14

第四分局

正编第一局着法第21回合红方走帅五退一，结果和局，如改走帅五平四，形成图141-15的局面，原谱认为黑方可以取胜，但着法值得商榷。

着法：黑先（接图141-15）

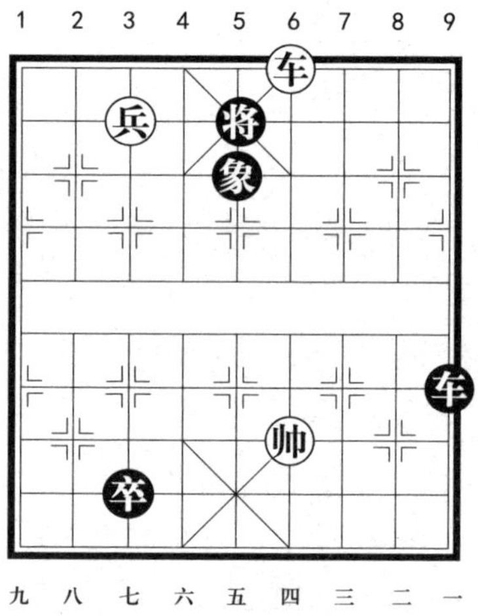

图141-15

21. ………… 象5退7①

22. 车四退一 将5进1

23. 车四进一② 将5退1

24. 车四退一③ 将5进1

25. 车四进一 将5退1

26. 车四退一 将5进1④

27. 车四退二 卒3平4

28. 车四平五 将5平4

29. 车五平四 车9进1

30. 帅四退一 车9退6

31. 兵七平八 车9进7⑤

32. 帅四进一 车9平5

33. 车四进三 将4退1

34. 车四退一⑥ 将4进1

35. 车四进一 将4退1

36. 车四退一 将4进1

37. 车四进一 将4退1

双方不变，现代书谱有认为红方“一将一捉黑象”犯规，黑胜，也有认为黑象与此时的残局胜负无关，红方车四进一不属于捉象，所以应该是不变作和。

注释：

①如改走象5进7，则车四退一，将5进1；以下红方有正误两种着法：

甲：兵七平六（原谱的走法，错误），车9退4（红错黑亦错，应走车9进1；帅四退一，车9退5；帅四进一，卒3平4；车四平五，将5平4；兵六平七，车9平8；车五进一，车8进

5；帅四退一，车8退6；车五平四，车8平3；车四退二，象7退5；车四退一，象5退7；车四进一，象7进5；车四进二，车3退1；车四退三，象5退7；车四进一，将4退1；车四进一，将4进1；车四退二，车3进6，黑胜），车四平五（错失和局的机会，应走车四退二，卒3平4；车四平五，将5平4；兵六平五，车9进7；帅四退一，车9退3；帅四进一，车9平8；兵五平四，和局），将5平4；兵六平七，卒3平4；车五退二（如改走兵七平六，则车9平6；帅四平五，车6进7；车五平二，车6平1，原谱外编第一局变18着法至此结束，黑胜。以下应是帅五平四，车1退2；帅四退一，车1平5，黑胜），车9进5，原谱外编第一局变17着法至此结束，黑胜。以下应是帅四退一，车9退6；车五平四，车9平3；车四进一，象7退5；车四退一，象5退7；车四进一，象7进5；车四进二，车3退1；车四退三，象5退7，黑胜。

乙：车四进一（正确），将5退1；车四退一，将5进1；车四进一，卒3平4；车四平五，将5平4；车五平七，车9退5；车七平六，将4平5；车六平五，将5平4；车五平七，车9平8；车七平六，将4平5；车六平五，将5平4；车五平七，和局。

②红方进车含有车四平五“将军”再车五平三吃象的棋之意，如改走兵七平六，则车9进1；帅四退一，车9退5；车四平五，将5平4；兵六平七，卒3平4；帅四进一，车9进4；车五退三（如改走兵七平六，则车9平6；帅四平五，车6进3；车五平二，车6平1；帅五平四，车1退2；帅四退一，车1平5，黑胜），车9进1；帅四退一，车9退6；车五平四，车9平3；车四进二，象7进5；车四进二，车3退1；车四退三，象5退7，黑胜。

③如改走车四退三则负，详见第五分局。

④现代书谱有的认为红方以上着法“一将一捉”，不变作负，也有认为红车四进一不属于“捉”，双方不变作和。因为第21回合红方帅五平四有棋例纠纷对红方不利，所以不如正编第一局帅五退一或第三分局车四退二稳妥。

⑤如改走车9平2，则车四进一，象7进5；车四进二，车2平8；车四平六，车8平4；车六平四，车4平7；车四平六，车7平4；车六平四，车4平9；车四平六，车9平4；车六平四，和局。

⑥如改走兵八平七，则将4平5；车四退一，将5进1；兵七平六，车5退1；帅四退一，卒4平5；帅四退一，将5平4；兵六平七，车5平8，黑胜。

第五分局

第四分局弈至第24回合时，红方如走车四退三，形成图141–16的局面，黑方胜法如下：

着法：黑先胜（接图141–16）

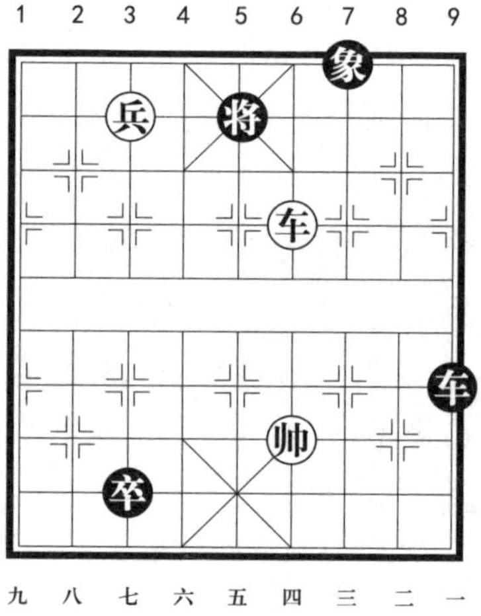

图141–16

24. ………… 卒3平4
25. 车四平五 象7进5
26. 车五平四[①] 卒4平5
27. 车四进二 将5退1
28. 车四进一 将5进1
29. 帅四平五 卒5平6
30. 帅五平四[②] 卒6平7
31. 帅四平五 车9平3
32. 车四平二 卒7平6
33. 帅五平四 车3平6
34. 帅四平五 车6平7
35. 车二平四[③] 车7平3
36. 帅五平四 卒6平7
37. 车四退一 将5退1
38. 帅四平五 车3平5
39. 帅五平六 象5退3
40. 车四平六 车5进1
41. 帅六退一 卒7平6
42. 车六进一 将5进1
43. 兵七平六 将5平6
44. 帅六退一 卒6平5

45. 兵六平七　车5平9

黑胜

注释：

①图141-17形势，红方另有两种着法均负，变化如下：

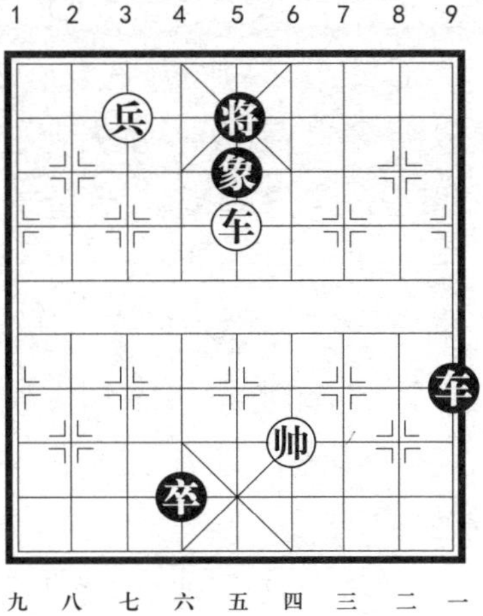

图141-17

甲：车五平六，卒4平5；车六进二，将5退1；帅四平五，车9平5；帅五平六，车5平3；帅六平五，卒5平6；帅五平四，象5进3；车六平四，卒6平5，黑胜。

乙：车五退一，卒4平5；帅四平五，卒5平6；以下红方有三种着法均负：第一种：车五进二，将5平6；车五进一，将6进1；帅五平六，车9平4；帅六平五，车4平3；帅五平六，卒6平5；帅六平五，卒5平4；帅五平六，卒4平3；帅六平五，车3进1；帅五退一，车3平4；帅五退一，卒3平4；车五进一，将6退1；车五退一，将6进1；车五进一，将6退1；车五退一，将6进1；车五进一，将6退1；车五退一，将6进1；兵七平六，车4平6，黑胜。第二种：帅五平四，车9平6；帅四平五，将5平6；帅五平六，车6平4；帅六平五，车4平3；车五平四，将6平5；帅五平四，卒6平7；车四进三，将5退1；帅四平五，车3平5；帅五平六，象5进7；车四平六，车5进1；帅六退一，卒7平6；车六进一，将5进1；车六退三，车5进2，黑胜。第三种：车五平四，车9平3；帅五平四，卒6平7；车四进三，将5退1；帅四平五，车3平5；帅五平六，象5进7；车四平六，车5进1；帅六退一，卒7平6；车六进一，将5进1；兵七平六，将5平6；帅六退一，卒6平5，黑胜。

②红方另有三种着法均负，变化如下：

甲：车四退八，车9平5；帅五平六，象5退7，黑巧胜。

乙：车四退二，车9平3；车四平五，将5平6；车五进一，将6进1；帅五平六，卒6平5；帅六平五，卒5平4；帅五平六，卒4平3；帅六平五，车3进1；帅五退一，车3平4；帅五退一，卒3平4，黑胜。

丙：帅五平六，车9平4；帅六平五，车4平3；帅五平四，卒6平7；车四退一，将5退1；帅四平五，车3平5；帅五平六，象5进7；车四平六，车5进1；帅六退一，卒7平6；车六进一，将5进1；车六退三，卒6平5；帅六退一，车5平3，黑胜。

③如改走帅五平四或帅五平六，则象5退7，黑胜。

第六分局

正编第一局第17回合走成图141–18的形势，红方接走车四平六“小开车”，结果和局，如改走车六平二“大开车”，结果亦是和局，变化比“小开车”简单许多。

着法：红先和（接图141–18）

17. 车六平二　车5平1①
18. 帅六平五②　卒3平4③
19. 车二平六④　车1平9
20. 车六平四⑤　车9退2
21. 车四退七　车9退1
22. 车四进七⑥　车9平4
23. 车四平二　车4平3⑦
24. 车二平六　将5平6
25. 车六退三　将6退1
26. 兵七平六　车3平6
27. 帅五平六　卒4平3
28. 帅六平五　车6平5

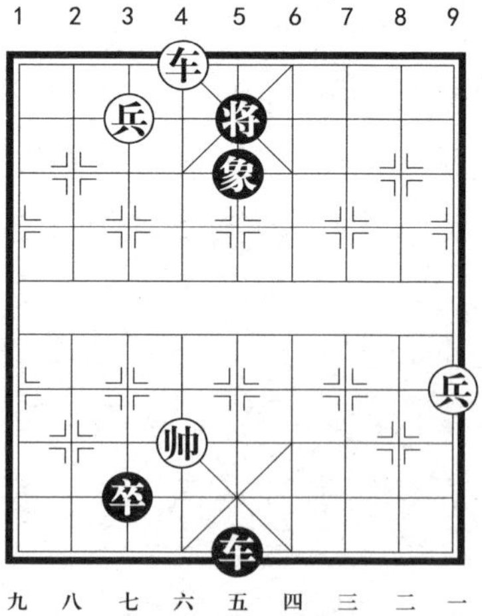

图141–18

29. 帅五平六　象5退7　　30. 车六平三　象7进9

31. 车三平七　车5平4　　32. 帅六平五　车4退5

33. 车七退五

低头卒红大开车，和局（正编第四局）

注释：

①如改走车5平9，则兵七平六，将5平6；车二退七，车9平6；兵一进一（如改走帅六平五，则车6平5；帅五平六，车5平6；帅六平五，车6平5；帅五平六，车5平6，和局），将6退1；车二进七（如改走兵六平五，则象5退7；车二平三，象7进9；车三平二，象9退7；兵五平六，车6平4；帅六平五，车4平5；帅五平六，将6平5，黑胜），将6进1；车二退七（如改走帅六平五，则车6退2；帅五退一，车6平4；车二退一，将6退1；兵六平五，卒3平4；帅五退一，车4平5，黑胜），将6退1；车二进七（如改走帅六平五，则车6平5；帅五平六，车5平2；车二进七，将6进1；帅六平五，车2退2；帅五退一，车2平4，黑胜），将6进1；车二退七，和局。

②如改走兵七平六，则将5平6；帅六平五，车1退2；帅五退一，车1平4；车二退三，卒3平4；帅五退一，车4平5，黑胜。

③黑方另有两种着法，结果不同，变化如下：

甲：车1平9；车二退一，将5退1；兵七平六，车9平5；帅五平四，象5退7；车二平五，车5退8；兵六平五，将5进1，和局。

乙：车1退2；帅五退一，车1退1；车二退一，将5退1；车二平四，车1进2（如改走卒3平4，则帅五平六，象5进3；车四退六，车1平9；车四平五，将5平6；帅六平五，红胜）；帅五进一，卒3平4；帅五平六，卒4平5；帅六平五，卒5平6；帅五平四，卒6平7；帅四平五，卒7平6；帅五平四，卒6平5；帅四平五，卒5平4；帅五平六，卒4平3；帅六平五，车1退1；帅五退一，车1进1；帅五进一，车1退1；帅五退一，黑方长打违规，红胜。

④可以走帅五平六（比车二平六简单），卒4平5；帅六平五，卒5平6；形成图141-19的局面，以下红方有两种着法均和，变化如下：

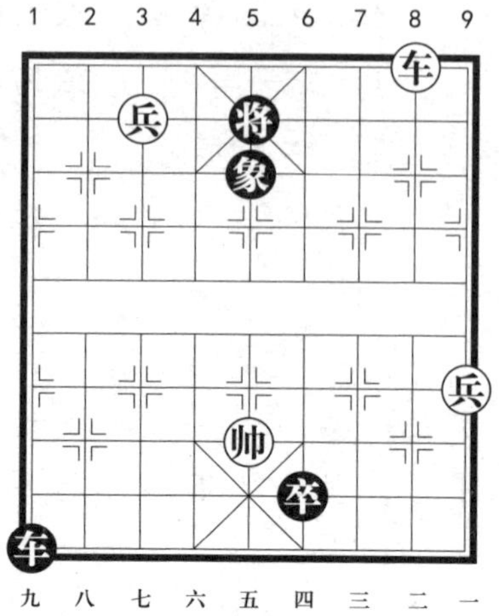

图141-19

甲：帅五平四，卒6平7；帅四平五，车1退2（如改走车1退3；则车二退一，将5退1；兵七平六，车1平5；帅五平四，象5退7；车二平五，车5退5；兵六平五，将5进1；兵一进一，和局）；帅五退一，车1退1；车二退七，车1平5；帅五平六，象5退7；兵七平六，将5退1；车二平八，车5平4；车八平六，车4平5（如改走车4平9；则车六平五，将5平6；兵六平五，车9平4；帅六平五，车4平6；车五平三，卒7平6；帅五退一，象7进9；车三进六，车6平5；帅五平六，车5平6；车三平二，卒6平5；车二进一，象9退7；车二平三，红胜）；车六平八，将5平6；车八进七，将6进1；车八平三，卒7平6；帅六进一，车5平2；车三退三，将6进1；车三平二，和局。

乙：车二平六，车1退2（如改走将5平6，则车六退八，车1平5；帅五平六，卒6平5；车六平七，车5平4；帅六平五，车4平6；车七进五，卒5平4；帅五平六，卒4平3；帅六平五，车6退2；帅五退一，车6退1；车七平五，车6平9；兵七平六，卒3平4；帅五平六，车9平4；帅六平五，车4退5，和局）；车六退七，车1退1；车六进四，车1平9；帅五平六，车9平6（如改走车9进1，则帅六退一，车9平5；兵七平六，将5退1；兵六进一连杀，红巧胜）；兵七平六，将5退1；车六平二，车6平4；帅六平五，车4平5；帅五平四，车5平6；帅四平五，将5平6；车二进三，将6进1；车二退七，将6退1；车二进七，将6进1；车二退七，和局。

⑤红方车六平四正确，另有两种着法均负，变化如下：

甲：帅五平四，车9平6；帅四平五，将5平6；帅五平六，卒4平3；帅六平五（如改走车六退一，则将6进1；帅六平五，车6平5；帅五平六，象5进3；车六退一，将6退1；车六平八，车5平8；帅六平五，车8退2；帅五退一，车8平4，黑胜），车6退2（可以走车6平5；帅五平六，车5平4；帅六平五，车4退9，黑胜）；原谱外编第四局变1着法至此结束，黑胜。以下应是帅五退一，车6退1；帅五进一，卒3平4；帅五平六，卒4平5；帅六平五，卒5平6；车六退一，将6进1；帅五平六，车6进1；帅六退一，车6平5；帅六退一，卒6平5，黑胜。

乙：帅五平六，卒4平3；帅六平五，将5平6；帅五退一（如改走兵七平六，则车9退2；帅五退一，车9退1；帅五进一，卒3平4；帅五平六，卒4平5；帅六平五，卒5平6；帅五平六，车9进1；帅六退一，车9平5，黑胜），车9退3；帅五进一，车9平5；帅五平六，车5平3；车六退一，将6进1；帅六平五，车3平5；帅五平六，车5平8；帅六平五，卒3平4；帅五平六，卒4平5；帅六平五，卒5平6；帅五平六，车8进1；帅六退一，车8平5，黑胜。

⑥如改走车四进五，则车9平5；帅五平六，象5退7；车四平六，卒4平3；车六进一，将5进1，黑胜。

⑦图141-20形势，黑方另有两种着法均和，变化如下：

甲：车4平6；车二退一，将5退1；兵七平六，将5平6；车二进一，将6进1；车二退七，和局（正编第四局变2着法）。

乙：将5平6；车二退三，车4平6；帅五平六，卒4平3；帅

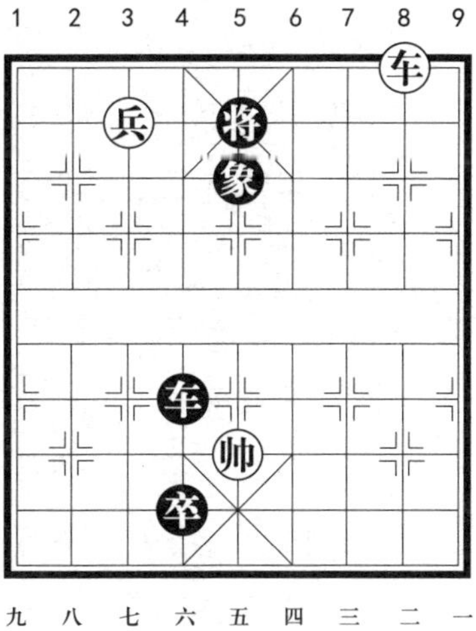

图141-20

六平五，以下黑方又有两种着法：第一种：车6进1；帅五退一，车6平4；车二平四，将6平5；帅五平四，象5退7；车四进二，将5进1；兵七平六，将5平4；兵六平五，车4平9；原谱正编第四局变1着法至此结束，误作和局。红方可接走车四退一，象7进5；车四进二，红方胜法请参见第二分局。黑方末着黑车4平9欠妥，应改走车4平5；车四退一，车5退5；车四退一，车5进4；兵五平四，卒3平4；帅四进一，和局。第二种：车6平5；帅五平六，象5进3（原谱外编第四局变3着法是车5平3；车二平四，将6平5；兵七平六，将5退1；帅六平五，红胜）；兵七平六，将6进1；车二进一，将6退1；车二退六，将6进1；车二进八，将6退1；车二退一，将6进1；车二退三，车5进2；车二平七，卒3平2；车七平二，卒2平3；车二进一，卒3平2，黑巧和。

第七分局

正编第一局第17回合红走车四平六“小开车”，结果和局，如改走车六退一再车六平三“中开车”，结果也是和局，变化比“小开车”简单得多。

着法：红先和（接图141－18）

17. 车六退一　将5退1
18. 车六平三　车5平1①
19. 帅六平五　卒3平4
20. 帅五平六　卒4平5
21. 帅六平五　卒5平6
22. 帅五平四　卒6平7
23. 帅四平五　将5平6
24. 车三退一②　将6进1③
25. 车三退四　车1退2

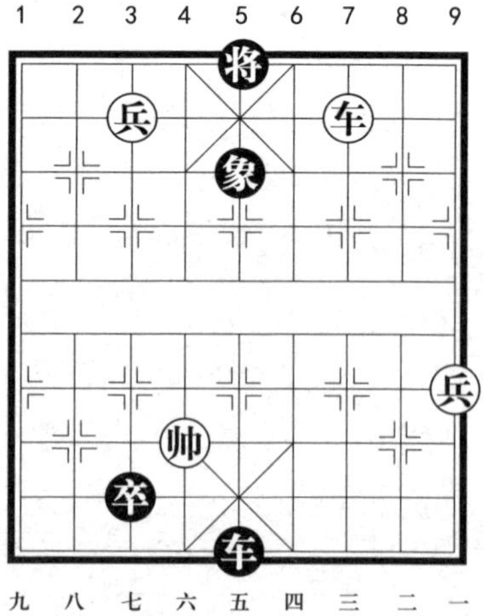

图141－21

26. 帅五退一	卒7平6		27. 帅五平六	车1退6
28. 车三平二[④]	将6退1		29. 车二进六	将6进1
30. 车二退六	象5进7		31. 车二进五[⑤]	将6进1
32. 兵七平六	车1进5		33. 帅六进一	车1平9
34. 车二退二	车9平2			

和局

注释：

①图141-21形势，黑方另有两种着法均和，变化如下：

甲：车5平9；帅六平五，将5平6（如改走车9退2，则帅五退一，车9退1；车三平四，车9进2；帅五进一，卒3平4；帅五平六，卒4平5；帅六平五，车9平6；车四退七兑车，和局）；车三退一，将6进1；车三退四，车9平5；帅五平六，车5平6；帅六平五，车6退4；兵七平六，卒3平4；帅五平六，卒4平5；车三平五，象5进3；帅六平五，卒5平6；帅五平六，将6进1；车五进六，车6平2；车五退六，和局。

乙：车5平6；帅六平五，将5平6；车三退一（如改走车三退二，则车6平5；帅五平六，车5平1；帅六平五，卒3平4；帅五平六，卒4平5；帅六平五，卒5平6；帅五平六，车1平4；帅六平五，车4平3；车三平四，将6平5；帅五平四，卒6平7；车四进三，将5进1；车四退一，将5退1；帅四平五，车3平5；帅五平六，象5进3；帅六退一，车5退1；帅六进一，卒7平6；车四平六，车5退1；帅六退一，卒6平5；帅六退一，车5平3，黑胜），将6进1；车三退三，车6退2；帅五退一，车6退1；车三平五，车6平9；兵七平六，卒3平4；帅五平六，车9平4；帅六平五，车4退5；车五进三，和局。

②红方车三退一正确，另有两种着法均负，变化如下：

甲：兵七平六，车1退2；帅五退一，卒7平6；帅五平六，车1平5，黑胜。

乙：车三退二，卒7平6；车三平四，将6平5；以下红方又有三种着法：第一种：车四平六，车1平5；帅五平四，卒6平7；车六平三，象5进7，黑胜。第二种：帅五平四，卒6平7；

车四进三，将5进1；车四退一，将5退1；帅四平五，车1平5；帅五平六，象5进3；帅六退一，车5退1；帅六进一，卒7平6；车四平六，车5退1；帅六退一，卒6平5；帅六退一，车5平3，黑胜。第三种：帅五平六，车1平4；帅六平五，车4平3；帅五平四，卒6平7；车四进三，将5进1；车四退一，将5退1；帅四平五，车3平5；帅五平六，象5进3；帅六退一，车5退1；帅六进一，卒7平6；车四平六，车5退1；帅六退一，卒6平5；帅六退一，车5平3，黑胜。

③如改走车1退2，则帅五退一，卒7平6；帅五平六，车1退5；帅六进一，车1平4；帅六平五，车4平3；车三平四，将6平5；帅五平四，卒6平7；帅四平五，将5进1；车四平三，卒7平6；帅五平四，卒6平5；帅四平五，卒5平4；车三进一，将5退1；车三进一，将5进1；车三平六，车3进5；车六退七，车3退6；车六退一，车3进5；车六进三，车3平9，和局。

④如改走兵一进一，则将6退1；车三平二，将6平5；兵一进一（如改走车二进六，则象5退7，黑胜），车1进7；帅六进一，车1退1；帅六退一，车1平5；车二退二，车5进1；帅六退一，象5退7，黑胜。

⑤如改走兵一进一，则将6平5；车二平五，象7退5；车五平二，将5退1；兵一进一（如改走车二平五，则车1平3；车五进四，将5平6；帅六进一，车3进6；帅六退一，车3退2，黑胜），车1进7；帅六进一，车1退1；帅六退一，车1平5；车二进六，象5退7，车二平三，将5进1；兵七平六，将5平6；车三退一，将6退1；兵六平五，卒6平5；帅六退一，车5平4，黑胜。

第八分局

正编第一局弈至第13回合时，黑方走车1退1，结果和局，如误走车1进2，形成图141-22的局面，红方胜法如下。

着法：红先胜（接图141-22）

14. 帅五退一　车1平7①
15. 车六进五　车7退1
16. 帅五进一　车7退6
17. 兵七平六　卒3平4
18. 帅五平六　卒4平5
19. 帅六平五　卒5平6
20. 帅五平四　车7平6
21. 帅四平五　将5平6
22. 帅五平六　卒6平5
23. 帅六平五　卒5平4
24. 帅五平六　卒4平3
25. 帅六平五　卒3平4
26. 帅五平六　卒4平5
27. 帅六平五　卒5平6
28. 帅五平六　将6进1
29. 车六退一　象5进7②
30. 兵一进一　车6进3
31. 兵一进一　将6进1
32. 兵一进一　红胜定

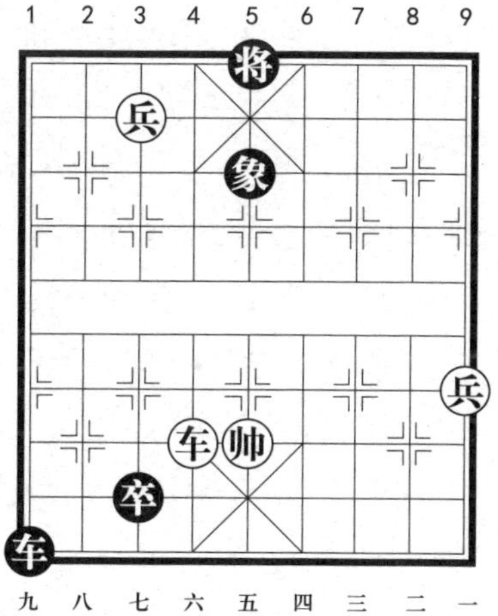

图141-22

注释：

①黑方另有两种着法均负，变化如下：

甲：车1退3；车六平五，车1平6；车五进五，将5平6；车五进二（可以走兵七平六，将6进1；车五进一，将6进1；车五进一，卒3平4；帅五平六，车6平4；帅六平五，车4退5；

车五退三，红胜），将6进1；车五退一（可以走兵七平六，卒3平4；帅五平六，车6平4；帅六平五，车4退5；车五退三，车4进1；车五平四，车4平6；车四进一，将6进1；兵一进一，红胜），将6进1；兵七平六，原谱外编第一局变8着法至此结束，红胜。黑方如接走车6进2，则帅五进一，卒3平4；车五退一，将6退1；兵六平五，将6退1；帅五平六，卒4平3；兵一进一，车6进1；车五退六，车6退3；车五进三，车6退2；兵一进一 车6进5；车五退三，车6退3；车五进三，车6进3；车五退三，车6退3；车五进三，黑方长抽犯规，不变作负，红胜。

乙：车1平6，以下红方有正误两种着法，变化如下：

第一种：兵七平六（正确），车6退3（如改走车6退7，则车六平二，将5平6；兵六平五，车6进6；帅五退一，象5退7；车二平六，红胜）；帅五退一，车6平9；车六平五，车9退4；车五平九，将5平6；兵六平五，红胜。

第二种：车六平五（错误），将5平6（可以走车6退7；兵七平六，将5平6；车五进一，车6进6；帅五进一，车6退1；帅五退一，车6退6；车五平二，卒3平4；帅五平六，车6平4；帅六平五，车4平9；车二平四，将6平5；车四平五，车9进1；兵一进一，将5进1；车五平一，将5平4；兵一进一，象5退7；车一平六，车9平4；车六平四，车4平5；帅五平四，车5进2；兵一进一，车5退1，和局）；车五进五，车6退1；帅五进一，卒3平4；车五进二，将6进1；帅五平六，卒4平3（如改走卒4平5，则兵七平六，原谱外编第一局变9着法至此结束，红胜。黑如接走车6退1，车五退七，车6退1；车五进六，将6进1；帅六平五，卒5平4；车五退一，将6退1；兵六平五，将6退1；帅五平六，卒4平3；兵一进一，车6进3；车五退六，车6退4；车五进四，红胜）；帅六平五，卒3平4；帅五平六，卒4平3；兵一进一（如改走兵七平六，则车6平4；帅六平五，车4退7；车五退三，车4进1，和局），车6进1；车五退八，将6退1；兵一进一，车6退8；车五进四，车6平3；帅六平五，车3进6；帅五退一，车3平6；兵一平二，车6进1；

帅五进一，车6退2；兵二平三，卒3平4；车五平四，车6退2；兵三平四，和局。

②如改走车6进5，则帅六退一，车6退2；兵一进一，将6进1；兵六平五，象5退7；车六进一，象7进5；车六进二，红胜。

正编第一局及第一分局至第八分局共9局，都是“低头卒”的变化，双方对攻，黑方虽多象易走但难以取胜，稍有不慎也将败阵（例如第二分局、第八分局等）。

第九分局

正编第一局弈至第12回合时（图141–23），黑方走卒3进1“低头卒”，双方经过激战成和，如果改走车1退1“高头卒”结果也是和局，变化比较简单。

着法：黑先和（接图141–23）

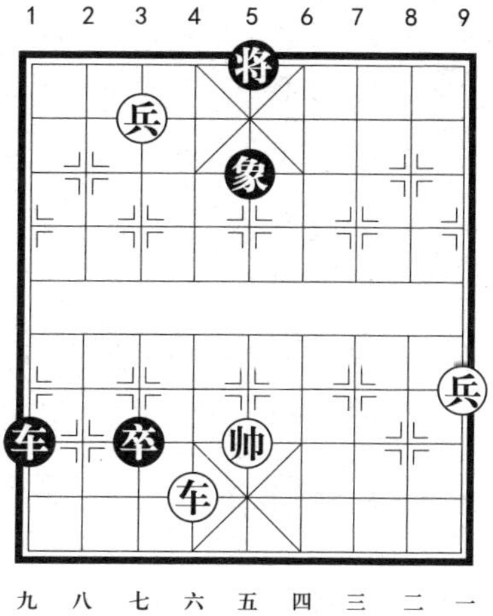

图141–23

12. ………… 车1退1
13. 车六进六① 车1平5
14. 帅五平四 象5进7②
15. 车六平四 将5进1
16. 车四进一 将5进1
17. 兵七平六 将5平4
18. 兵六平五 卒3平4③
19. 车四退一 象7退5
20. 帅四退一④ 卒4平5⑤
21. 兵一进一 车5退1⑥
22. 兵一进一 车5退1
23. 兵一进一 车5退1
24. 兵一进一 卒5进1
25. 帅四进一 卒5平4

26. 兵一平二	车5进6	27. 车四平三	车5平8
28. 车三退一	象5退7	29. 兵二平三	车8退2⑦
30. 帅四退一	车8平5	31. 车三平六	将4平5
32. 车六退五	车5退1	33. 车六进一	车5平6
34. 车六平四	车6进1	35. 帅四进一	将5退1

和局

注释：

①红方车六进六正确，另有两种着法均负，变化如下：

甲：车六进七，将5平6；帅五退一，车1平5；帅五平六，车5进1；车六平二，卒3进1；帅六退一，车5进1，黑胜。

乙：帅五退一，车1平5；帅五平四，象5退7（象5退3精确）；帅四退一，卒3平4；车六平八，将5进1（可以走车5进3；帅四进一，卒4平5，黑胜）；原谱外编第五局变5着法至此结束，黑胜。红方如接走兵一进一，则车5进3；帅四进一，卒4平5，黑胜。

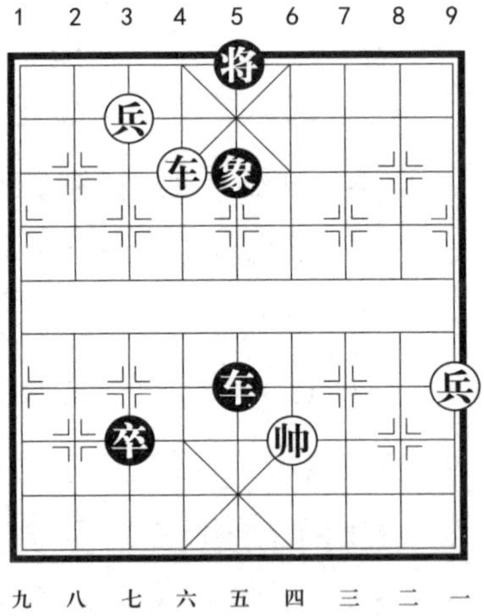

图141-24

②图141-24形势，黑如改走卒3进1，则兵七平六（原谱外编第六局变1着法是帅四退一，象5退7；车六平四，车5进2；帅四进一，车5进1，黑胜），卒3平4；兵一进一（如改走车六平七，则车5平6；帅四平五，将5平6；帅五平六，车6平4；帅六平五，车4平9；帅五平六，车9平4；帅六平五，车4退5；原谱外编第六局变2着法至此结束，黑胜。以下应是车七平五，车4平3；帅五平六，卒4平5；帅六平五，卒5平6；帅五平六，车3进6；帅六退一，车3进1；帅六进一，车3平5，黑胜），车5平6；帅四平五，将5平6；帅五平六，卒4平3；车六平五，车6平4；

帅六平五，车4退5；车五平四（如改走兵一进一，则卒3平4；兵一平二，将6进1；车五退二，车4进1；兵二平三，车4平6；车五平四，和局），车4平6；车四进一，将6进1；高头卒兑车，和局（正编第六局）。

③如改走车5平9，则车四退一，象7退5；帅四退一，车9进2；帅四退一，车9退1；车四退一，象5进3；车四平六，将4平5；车六平五，将5平4；帅四平五，车9平4；兵五平四，车4进2；帅五进一，卒3进1；车五进三，卒3平4；帅五平四，车4平8；车五退四，车8退3；帅四进一，和局。

④如改走兵一进一，则车5进1（应改走车5进2，红速胜）；帅四退一，卒4进1；原谱外编第五局变6着法至此结束，黑胜。红方如接走帅四退一，则卒4平5；车四进二，象5退3；车四退二，象3进5；车四进二，象5退3；车四退二，象3进5；红长打违规，黑胜。

⑤如改走卒4进1，则帅四进一，车5平9；原谱正编第五局着法至此结束，高头卒红车守中，和局。以下应是车四退一，象5退7；车四平五，车9平8；兵五平四，和局。

⑥如改走车5平9，则车四退一，车9平4；车四进三，红胜。

⑦如改走将4平5，则兵三平四，将5退1；兵四进一，将5平4；车三平六，红胜。

第十分局

正编第一局弈至第12回合时，黑方走卒3进1“低头卒”，双方激战成和，如果改走车1进2“高头卒”，原谱误作红胜，其实也是和局，变化简单。

着法：黑先和（接图141–23）

12. ………… 车1进2 13. 帅五退一 车1退3①

14. 帅五退一 车1平9 15. 车六平二 车9平5②

16. 车二平五　车5进2[③]　17. 帅五进一　和局

注释：

①黑方另有两种着法，结果不同，变化如下：

甲：车1平6；车六进六，车6退7；兵七平六，卒3进1；车六平八，将5平6；兵六平五，车6进6；帅五进一，象5退3；车八平二，红胜。

乙：车1退6；车六进六，车1平5（如改走将5平6，则车六平五，原谱外编第五局变4着法至此结束，红胜。黑方如接走将6进1，则兵七平六，车1平6；兵六平五，将6退1；车五平三，红胜）；帅五平四，象5进7；车六平四，将5进1；车四进一，将5进1；兵七平六，将5平4；车四平五，车5退2；兵六平五，将4平5；兵五平四，卒3平4；兵一进一，卒4平5；兵一进一，象7退9；黑卒能够限制住红帅使其无法助攻，黑象走闲着，和局。

②图141-25形势，黑方车9平5正确，另有三种着法均负，变化如下：

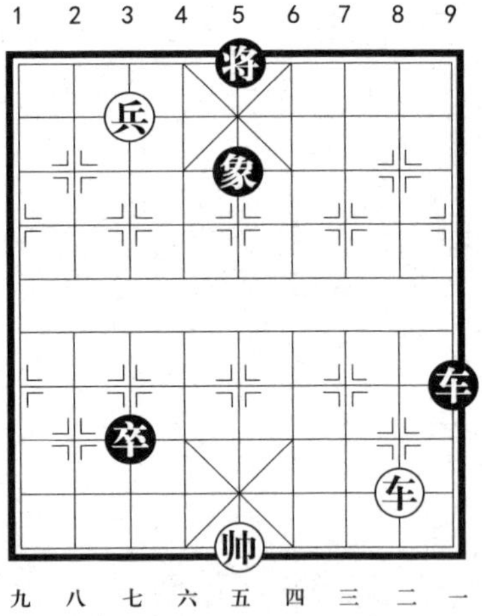

图141-25

甲：卒3平4；车二进八，将5进1；车二退一，将5退1；兵七平六，车9平5；帅五平四，车5平6；帅四平五，将5平6；兵六平五，象5退7；兵五进一，红胜。

乙：将5平6；车二平四，将6平5；车四进六，车9平5；帅五平四，红胜（原谱外编第五局变2着法）。

丙：车9平6，以下红有正误两种着法，变化如下：

第一种：兵七平六（错误），车6平5（原谱外编第五局变1着法是将5平6；车二进八，将6进1；车二退一，将6退1；兵六平五，红胜）；帅五平四，象5退7；车二平九，车5平6；车九平四，车6进2；帅四进一，和局。

第二种：车二进八（正确），将5进1（如改走车6退6，则车二退二，车6进7；车二平五，将5平6；车五进二，将6进1；兵七平六，卒3平4；兵六平五，将6进1；车五平四，红胜）；车二退一，将5退1；兵七平六，车6平5；帅五平四，象5退7；车二平四，红胜。

③如改走车5平6，则车五进六，原谱外编第五局变3着法至此结束，红胜。以下应是将5平6；车五进二，将6进1；兵七平六，红胜。

第九分局与第十分局是“高头卒”的变化，黑方多象的微弱优势没有得到发挥，黑方进攻乏力，简单成和。

第十一分局

正编第一局弈至第11回合时，形成图141–26的局面，黑方接走卒2平3，变化繁复，最终成和。如果改走车1进2“落底车”，红方可以选择兵七平六、车四平六与车四平二共三种应着，均是和局，其中车四平六变化较多，也是原谱认为唯一可以成和的着法。

着法：黑先和（接图141–26）

11. ………… 车1进2
12. 兵七平六① 卒2平3
13. 车四平八 车1平5②
14. 帅五平四 车5平6
15. 帅四平五③ 将5平6
16. 车八进八 将6进1
17. 帅五退一 车6退1④
18. 帅五退一 车6退1⑤
19. 车八平三⑥ 车6平5

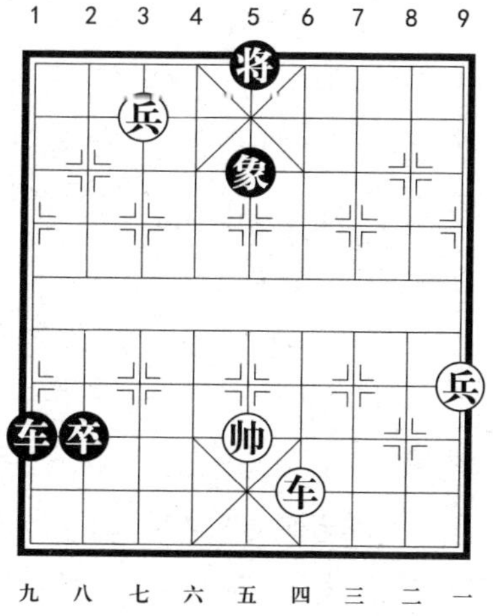

图141–26

20. 帅五平六　象5进3　　21. 车三退四　将6进1
22. 车三平七　卒3平4　　23. 车七进二　将6退1
24. 车七进一　将6进1[7]　25. 车七退一　将6退1
26. 车七进一　将6进1　　27. 车七退一　将6退1
28. 车七进一　将6进1

和局

注释：

①原谱误认为这样走是黑胜，其实是和局。红方除了平兵以外还有两种着法：

甲：车四平六，详见第十二分局。

乙：车四平二，请见第十六分局。

②如改走将5平6，则帅五退一，以下黑方有三种着法均负，变化如下：

甲：车1平6；车八进八，将6进1；车八平五，红胜。

乙：将6进1；车八进三，车1平6；车八平二，车6退1；帅五退一，车6退1；车二进四，将6进1；兵六平五，红胜。

丙：车1退3；兵六平五，车1平5；帅五平六，象5退3；车八进七，车5平6（伏卒3进1连杀）；帅六平五，车6平5；帅五平六，车5平6；帅六平五，车6平5（黑方"一将一杀"犯规，不变作负）；帅五平六，卒3进1；帅六进一，车5平6；帅六平五，车6平5；帅五平六，车5平6；帅六平五，卒3平4；兵五进一，红胜。

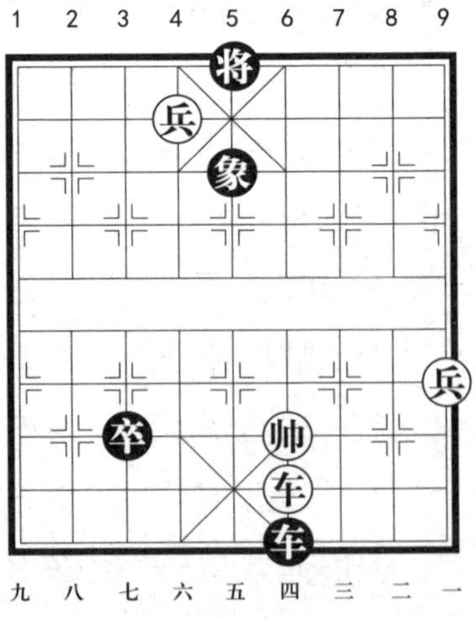
图146-27

③如改走车八平四（图141-27），车6平4；车四平五，车4退8；车五进六，将5平4；帅四退一，车4进7；帅四退一，卒3进1；原谱外编第七局变6着法至此结束，黑胜。以下应是帅四平五，

车4进1；帅五进一，卒3平4；帅五平四，车4平8；车五退四，车8平9；兵一进一，车9退4；帅四进一，车9进2；帅四退一，车9进1；帅四进一，车9平5，黑胜。

④如改走车6退3，则车八平五，车6平5；帅五平六，卒3进1（如改走车5平4，则帅六平五，车4退5；车五退二，车4进6；车五退五，车4平5；帅五进一，和局）；帅六退一，车5平4；帅六平五，车4退5；车五退二，车4进3；车五退三，车4平6；帅五进一，车6进4；帅五进一，卒3平4；帅五平六，卒4平3；帅六平五，卒3平4；帅五平六，和局。

⑤如改走车6退2，则车八平二，车6平5；帅五平六，象5进7；车二退七，红胜。

⑥图141－28形势，红方车八平三佳着！另有三种着法均负，变化如下：

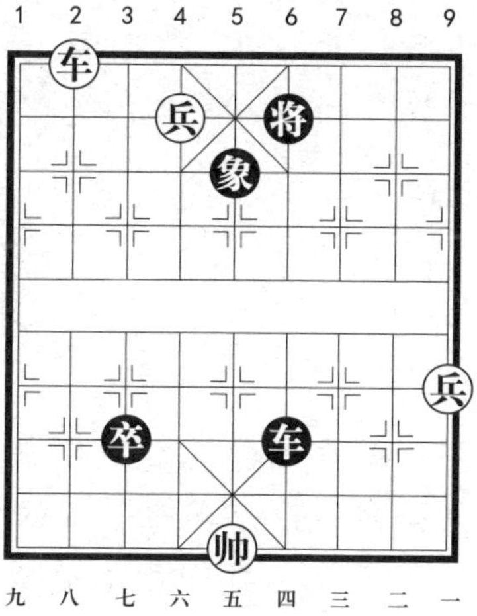

图146–28

甲：车八平五，车6平5；帅五平六，车5平4；帅六平五，车4退6；车五退二，车4进6；原谱外编第七局变5着法至此结束，黑胜。红方如接走车五退二，则车4平6；兵一进一，卒3平4；兵一平二，卒4进1；兵二平三，车6进2，黑胜。

乙：车八退一，车6平5；帅五平六，卒3平4；兵六平五，将6进1；车八进一，象5退3；车八退二，象3进5；车八退一，车5平6；帅六平五，卒4进1，黑胜。

丙：车八平二，车6平5；帅五平六，象5进7；车二退一，将6进1；车二退一（如改走车二平五，则车5平9；帅六平五，卒3平4；车五进一，卒4平5；原谱外编第七局变4着法至此结束，黑胜。以下应是帅五平六，车9进2；帅六进一，车9退1；帅六退一，卒5进1，黑胜），将6退1；车二退一，将6进1；车二进一（如改走车二平七，则卒3平4；车七进一，将6退1；

车七进一，车5平6；兵六平五，将6进1；车七退一，象7退5；帅六平五，卒4平5；帅五平六，卒5进1，黑胜），将6退1；车二退六，将6进1；兵一进一，卒3平4；车二进六，将6退1；车二进一，将6进1；车二退七，车5平9；帅六平五，卒4平5；帅五平六，车9进2；帅六进一，车9退3；帅六退一，车9平4；车二平六，车4平8；车六进六（如改走车六平四，则将6平5；兵一进一，车8平2，黑胜），象7退5；车六退二，车8平6；车六平五，车6进3；帅六进一，车6退1；帅六退一，卒5进1，黑胜。

⑦如改走车5进1，则兵六平五，车5退7；车七平五，将6平5；兵一进一，和局。

第十二分局

第十一分局红方以兵七平六应黑方的“落底车”，结果成和，下面介绍红方车四平六的变化。

着法：红先和（接图141-29）

12. 车四平六　车1平5①

13. 帅五平四②　卒2平3③

14. 帅四退一④　车5退3

15. 车六进六　象5进7⑤

16. 车六平四　将5进1

17. 车四进一　将5进1

18. 兵七平六　将5平4

19. 兵六平五　车5平9

20. 车四退一　象7退5

21. 车四退二　象5退3⑥

22. 车四进二　象3进5

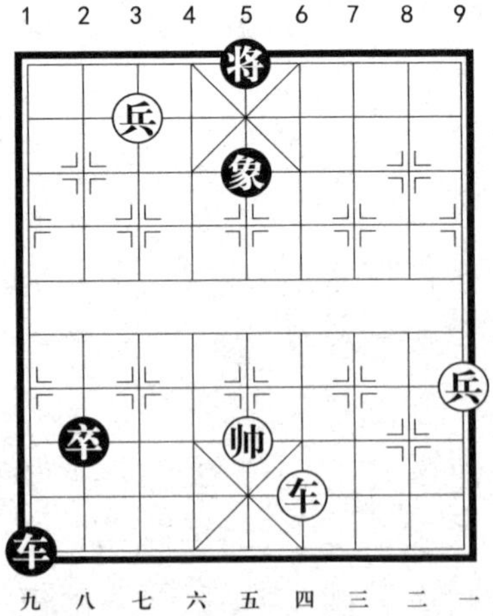

图141-29

23. 车四退五　象5进3　　24. 车四进五[7]　象3退5
25. 车四退一　象5退3　　26. 车四平六　将4平5
27. 车六平五　将5平4　　28. 帅四平五　车9平4
29. 兵五平四　车4进2　　30. 帅五退一　卒3进1
31. 车五平七　车4进1　　32. 帅五进一　卒3平4
33. 帅五平四　车4平8　　34. 车七进三　车8退3
35. 帅四进一　和局

注释：

①如改走车1平7，则车六进六，车7平5；帅五平四，象5退7；帅四退一，车5退1；帅四退一，车5退4；车六平四，将5进1；车四进一，将5进1；兵七平六，将5平4；兵六平七，将4平5；兵七平六，将5平4；兵六平七，和局。

②如改走车六平五，则车5平3；帅五平四，将5进1；形成图141-30的局面，以下红方有三种着法均负，变化如下：

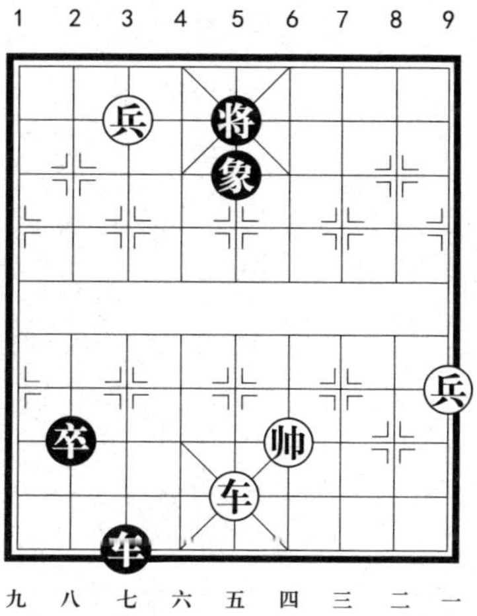

图141-30

甲：兵七平八，卒2平3；帅四退一，车3平9；车五进二（原谱外编第七局变7着法是车五进一，车9退1；帅四退一，卒3进1；黑胜），卒3平4；兵八平七，车9退1；帅四进一，车9退1；帅四退一，卒4平5；帅四退一，卒5进1，黑胜。

乙：兵一进一，卒2平3（可以走车3退8；车五进四，卒2平3；帅四平五，车3进4；车五进二，将5平4；车五进一，将4退1；帅五退一，卒3平4；帅五平四，车3平6；帅四平五，车6进4；车五平七，卒4进1；帅五进一，车6平5；帅五平四，将4平5，黑胜）；帅四退一（如改走车五平六，则车3平6；帅四平五，将5平6；车六进七，将6退1；帅五退一，车6退1；帅五退一，卒3进1，黑胜），卒3平4；车五进四，车3退8；兵一进一，车3进7；帅四退一，车3平9，黑胜（外编第七局变8着法）。

丙：帅四退一，车3退8；车五进四，车3进7；帅四退一（原谱外编第七局变9着法是帅四进一，卒2平3；兵一进一，车3平9，黑胜），卒2进1；帅四平五，车3平9（原谱外编第七局变10着法是车3平6，误作黑胜。其实红接走车五退四，和局）；车五进二，将5平6；车五进一，将6退1；车五退三，车9平6；兵一进一，卒2平3；兵一进一，卒3平4，黑胜。

③黑方另有三种着法均和，变化如下：

甲：象5退3；帅四退一，卒2平3；车六进七（伏兵七进一的妙着！如误走兵七平六，则车5退3；帅四退一，卒3平4；车六平七，象3进1；车七平八，象1退3；车八平七，象3进1；兵一进一，车5进3；帅四进一，卒4平5，黑胜），车5退1；帅四退一，车5退7；车六平五，将5进1；兵一进一，卒3平4；兵一进一，卒4平5，和局。

乙：象5退7；帅四退一，车5退3（原谱外编第七局变12着法是将5进1；车六进六，红胜）；车六进一，车5平6（原谱外编第七局变11着法是卒2进1；兵七平六，红胜），车六平四，车6进1；帅四进一，将5进1；兵一进一，卒2平3；兵一进一，卒3平4；兵一平二，卒4平5；帅四退一，将5进1，和局。

丙：车5平6，详见第十三分局。

④如改走车六进六，则车5平6（可以走象5退3；帅四退一，车5退1；帅四进一，车5退1；帅四退一，卒3平4；车六平四，车5进1；帅四退一，车5进1；帅四进一，卒4进1，黑胜），帅四平五，将5平6；帅五退一，车6退1；帅五进一，车6退1；原谱外编第七局变13着法至此结束，黑胜。以下应是帅五退一，卒3平4；车六平五，车6进1；帅五退一，卒4进1，黑胜。

⑤如改走卒3进1，则兵七平六，卒3平4（如改走车5退3，则帅四退一，车5进1；车六平八，车5平6；帅四平五，将5平6；车八平五，红胜)；车六退六（原谱正编第七局变1着法是

帅四进一，车5平6；帅四平五，将5平6；帅五平六，卒4平3；车六平五，和局。以下应是车6平4，帅六平五，车4退5；车五平四，车4平6；车四进一，将6进1，和局），车5平9；车六进一，红胜。

⑥如改走象5退7，则车四平六（原谱正编第七局着法是车四平七，车9平6；帅四平五，车6平5；帅五平四，将4平5；车七退三，将5退1；落底车泛高头卒，和局），将4平5；车六平五，将5平4；帅四平五，车9平4；兵五平四，车4进2；帅五退一，车4进1；帅五进一，卒3进1；车五进二，将4退1；兵四平五，将4退1；车五平四，红胜。

⑦如改走车四平七，则车9平6；帅四平五，车6平5；帅五平四，将4平5；兵五平四，车5平6；车七平四，车6进1；帅四进一，和局。

第十三分局

第十二分局弈至第13回合时，形成图141-31的局面，黑方走卒2平3结果和局，如改走车5平6，亦是和局。

着法：黑先和（接图141-31）

13. …………　车5平6

14. 帅四平五　将5平6①

15. 车六进八②　将6进1

16. 帅五退一③　车6退1④

17. 帅五退一⑤　车6退1⑥

18. 车六退一⑦　将6进1⑧

19. 车六平五　车6平5

20. 帅五平六　卒2平3

21. 兵七平六　卒3进1

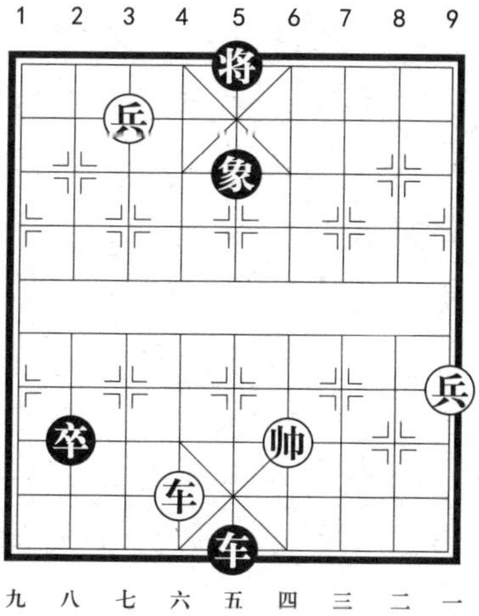

图141-31

22. 车五进一　车5平4　　23. 帅六平五　车4退6

24. 车五退二　将6退1　　25. 车五退六　车4进7

26. 车五平六　卒3平4

落底车兑车，和局（正编第八局）

注释：

①如改走卒2平3，则帅五退一，车6退3；车六进六，车6平5；帅五平四（如改走帅五平六，则象5进3；车六进二，将5进1；兵七平六，将5平6；车六平二，车5进1；车二退四，卒3平4；帅六退一，车5平6；帅六平五，卒4平5；帅五平六，车6进2；帅六进一，车6退1；帅六退一，卒5进1，黑胜），象5进7；车六平四，与前述第十二分局弈至第16回合时的形势完全相同，结果和局。

②如改走车六平二，则卒2平3；帅五退一，卒3平4；兵七平六，车6退2；车二进八，将6进1；车二退一，将6退1；兵六平五，车6平5，黑胜。

③红方帅五退一正确，另有两种着法均负，变化如下：

甲：车六平五，车6平5；帅五平六，车5退1，黑胜。

乙：兵七平六，车6平5；帅五平六，卒2平3；帅六退一，卒3进1；帅六进一，车5平9；帅六平五，卒3平4；帅五平六，卒4平5；帅六平五，卒5平6；帅五平六，车9退2；帅六退一，车9平5，黑胜。

④黑方另有两种着法，结果不同，变化如下：

甲：卒2平3；车六平五，车6退1；帅五退一，车6退1；车五退二，卒3平4；车五进一，将6进1；车五进一，原谱外编第八局变1着法至此结束，红胜。黑方如接走车6平5，则车五退七，卒4平5；兵一进一，红胜定。

乙：车6退3，可以弈和，请见第十四分局。

⑤如改走帅五进一，则卒2平3；车六平五，车6退1；帅五退一，卒3平4；车五退二，车6进1；帅五退一，卒4进1，黑胜。

⑥如改走车6退2，形成图141-32的局面，以下红方有正误两种着法，变化如下：

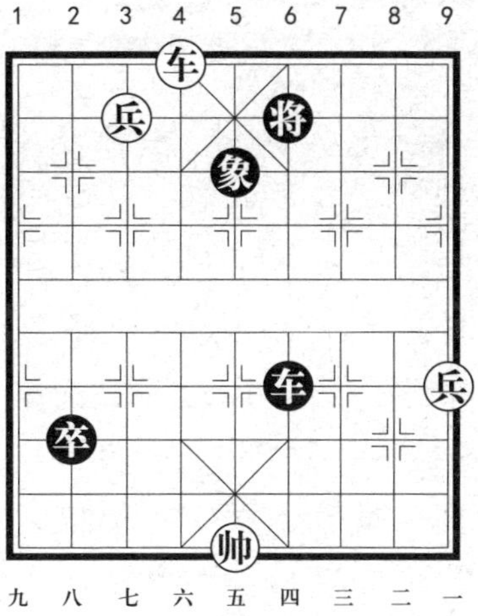

图141-32

甲：车六平二（错误），车6平5；帅五平六，车5进1（原谱外编第八局变2着法是卒2平3；兵七平六，象5进7；车二退七，红胜）；兵七平六，象5进7；车二退一，将6进1；车二平五，象7退5；车五进一，车5平4；帅六平五，车4退6；车五平四，车4平6；车四平八，车6平5；车八退七，象5退3；帅五平六，车5进3，和局。

乙：车六退一（正确），将6退1（如改走将6进1，则车六退六，卒2进1；车六平五，象5进3；车五进七，车6进3；帅五进一，车6退1；帅五退一，将6退1；兵七平六，红胜）；车六平三，车6平5；帅五平六，卒2平3；兵七平六，卒3进1；兵六平五，车5平6；兵五平四，车6退5；车三进一，红胜。

⑦红方另有两种着法亦和，变化如下：

甲：车六退三，卒2平3；车六进二（原谱外编第八局变3着法是车六平二，卒3平4；兵七平六，车6进2；帅五进一，车6退1；帅五退一，卒4进1，黑胜），将6退1；车六进 ，将6进1；车六平五，车6平5；帅五平六，卒3进1；兵七平六，车5平4；帅六平五，车4退6；车五退二，车4进5；车五退三，车4平6；帅五进一，车6进2；帅五进一，卒3平4；帅五平六，卒4平3；帅六平五，车6退4；帅五退一，和局。

乙：车六平三，车6平5；帅五平六，卒2平3；兵七平六，象5进3；车三退四，将6进1；车三平七，卒3平4；车七进二，将6退1；车七进一，将6进1；车七退一，将6退1；车七进一，将6进1；车七退一，将6退1；车七进一，车5进1；兵六平五，车5退7；车七平五，将6平5，和局。

⑧如改走将6退1（图141-33），则车六平二（速胜方法是车六平三，车6平5；帅五平六，卒2平3；兵七平六，卒3进1；兵六平五，车5平6；兵五平四，车6退5；车三进一，红胜），车6平5；帅五平六，象5退7（原谱外编第八局变4着法是将6平5；车二进一，将5进1；兵七平六，将5平6；车二退一，红胜）；车二平三（原谱正编第八局变1着法是兵七平六，将6平5；兵六平五，车5退6；车二平五，将5进1，和局），象7进9；车三平二，将6平5；车二进一，将5进1；兵七平六，将5平6；车二退一，将6进1；车二平五，车5退6；兵六平五，将6平5；兵五平六，卒2平3；帅六进一，红胜定。

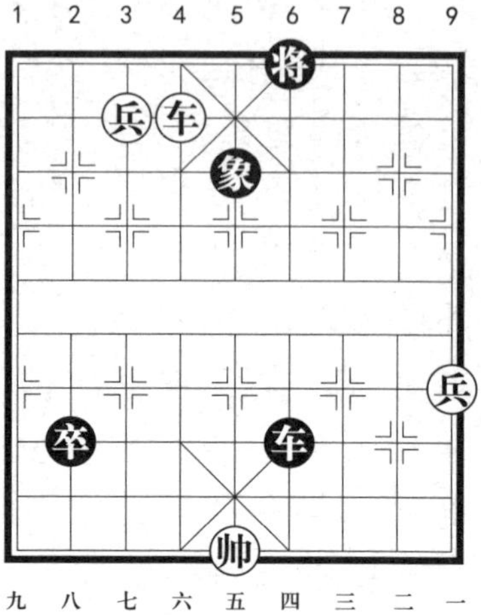

图141-33

第十四分局

第十三分局弈至第16回合时，黑方走车6退1结果和局，如改走车6退3，则形成图141-34的局面，红方有车六平五与车六退一两种应法，均是和局。

着法：红先和（接图141-34）

17. 车六平五① 车6平5　　18. 帅五平六　卒2平3
19. 兵七平六　卒3进1　　20. 帅六退一② 车5平4
21. 帅六平五　车4退5　　22. 车五退二　车4进3
23. 车五退一③ 车4平6　　24. 帅五进一　车6进4
25. 帅五进一　车6退4

26. 兵一进一[④] 卒3平4
27. 帅五平六　卒4平5
28. 兵一进一　车6进3
29. 车五退四　车6退4
30. 车五进三　卒5平6
31. 兵一平二　将6退1
32. 兵二平三　车6平3
33. 兵三平二

落底车红过兵，和局（正编第九局）

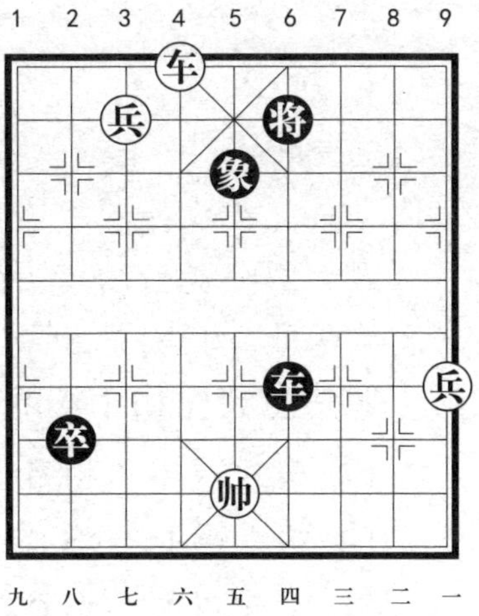

图141–34

注释：

①红方另有两种着法，结果不同，变化如下：

甲：车六平二，车6平5；帅五平六，卒2平3；兵七平六，卒3进1（可以走车5平4；帅六平五，卒3平4，黑胜），帅六进一，车5平1；帅六平五，车1进1；帅五退一，车1平4；黑胜（外编第九局变2着法）。

乙：车六退一，可以弈和，请见第十五分局。

②如改走帅六进一，则车5平4；帅六平五，车4退5；车五平七（如改走车五退二，则车4进8；车五平七，车4平5；帅五平六，将6平5，黑胜），象5进3；车七退四，车4平5；帅五平六，车5进7，黑胜。

③如改走车五退三，则车4平6；帅五进一，车6进4；帅五进一，车6退4；帅五退一（原谱外编第九局变3着法是兵一进一，卒3平4；帅五平六，卒4平5；兵一进一，卒5平6；兵一进一，车6进3；帅六退一，车6退4，黑胜），车6进4；帅五进一，卒3平4；帅五平六，卒4平5；帅六平五，卒5平4；帅五平六，卒4平3；帅六平五，车6退4；帅五退一，和局。

④勇敢进兵，如改走帅五退一，则和局。

第十五分局

第十四分局红方起手车六平五结果和局，如改走车六退一，原谱误作黑胜，其实是和局。

着法：红先和（接图141-34）

17. 车六退一　将6退1①　18. 车六退六②　卒2进1③
19. 车六进七④　将6进1　20. 车六退三　卒2平3⑤
21. 车六平五　车6平9　22. 兵七平六　卒3平4
23. 帅五平六　车9平4　24. 帅六平五　车4退5

和局

注释：

①如改走将6进1，以下红方有正误两种着法，变化如下：

甲：车六平五（错误），车6平5；帅五平六，卒2平3；兵七平六（如改走车五进一，则将6退1；兵七平六，卒3进1；帅六退一，车5平4；帅六平五，车4退5；车五退二，车4进5；车五退三，车4平6；帅五进一，车6进2；帅五进一，卒3平4；帅五平六，卒4平3；帅六平五，车6退2；帅五退一，和局），车5平9；帅六平五，车9平5；帅五平六，车5进1；原谱外编第九局变1着法至此结束，误作黑胜。其实红可接走车五进一，卒3进1（如改走卒3平4，则帅六退一，象5进7；车五退七，卒4平5，和局），帅六退一，车5平4；帅六平五，车4退6；车五平四，车4平6；车四平六，车6平5；车六平四，车5平6；车四平六，车6平9；车六平四，车9平6；车四平六，和局。

乙：车六退六（正确），卒2进1；车六平五，车6进2（如改走象5进3，则车五进七，将6退1；兵七平六，红胜）；帅五退一，将6退1；车五进五，卒2平3，车五进一，将6进1；车五进一，将6退1；兵七平六，红胜。

②如改走车六平五，则车6平5；帅五平六，卒2平3；兵七平六，卒3进1；帅六进一，车5平2；帅六平五，卒3平4；帅

五平六，卒4平5；帅六平五，卒5平6；帅五平六，车2进2；帅六退一，车2平5，黑胜。

③如改走车6进2，则帅五退一，卒2进1；兵七平六，将6进1；车六平三，卒2平3；车三进六，将6进1；兵六平五，红胜。

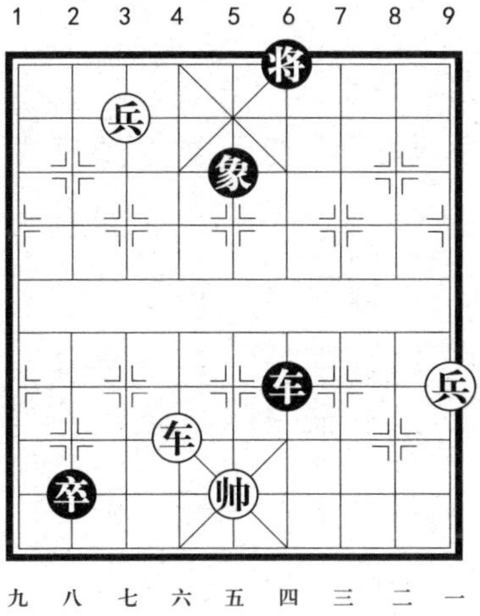

图141-35

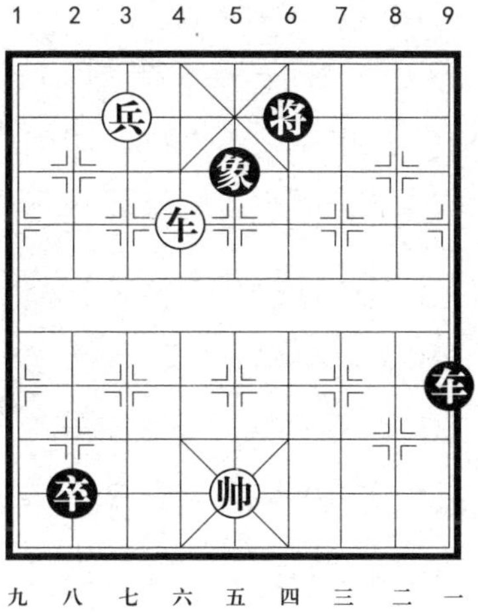

图141-36

④图141-35形势，红方车六进七正确，另有两种着法均负，变化如下：

甲：兵七平六，卒2平3；兵六平五，车6平5；车六平五，卒3平4；帅五平六，车5进1，黑胜。

乙：车六平二，卒2平3；帅五进一，车6平5；帅五平六，车5平3；车二进七，将6进1；帅六平五，车3进1；帅五退一，车3平4；兵七平六，卒3平4；帅五退一，车4平5，黑胜。

⑤如改走车6平9（图141-36），则车六平四，将6平5；车四平五，将5平6（如改走车9退4，则车五平二，车9退1；车二进一，车9进7；帅五退一，将5平6；兵七平六，卒2平3；车二进一，将6进1；兵六平五，红胜）；兵七平六，车9平6；车五进一，卒2平3；车五进一，将6进1；车五进一，卒3平4；帅五平六，车6平4；帅六平五，车4退5；车五退三，红巧胜。

第十六分局

最后介绍红方以车四平二应黑方“落底车”的变化，原谱误作黑胜，实际上是和局。

着法：红先和（接图141–29）

12. 车四平二　车1平5[①]　13. 帅五平四[②]　象5退7[③]
14. 车二平九　将5进1[④]　15. 帅四退一　车5退3
16. 帅四退一　卒2平3　17. 车九平六　将5进1[⑤]
18. 车六平九[⑥]　车5平9　19. 车九平五[⑦]　将5平4
20. 车五进八　卒3进1[⑧]　21. 车五平三　将4平5
22. 车三平五　将5平4　23. 车五平四　将4平5
24. 车四退二　将5退1　25. 车四退一　将5进1
26. 兵七平六　车9退4　27. 车四平五　将5平4
28. 兵六平五　卒3平4　29. 车五平八　车9进7
30. 帅四进一　将4平5　31. 车八平五　将5平4
32. 兵五平四　车9退3　33. 帅四进一　车9平8
34. 车五退一　车8平4　35. 车五进一　车4平8

和局

注释：

①如改走卒2平3，则车二进八，将5进1；车二退一，将5退1；兵七平六，车1平5；帅五平四，车5平6；帅四平五，将5平6；帅五退一，卒3平4；兵六平五，红胜。

②如改走车二平五，则车5平3；帅五平四，将5进1；黑方可胜，请见前述第十二分局中图141–30的变化。

③如改走象5进7，则车二进八，将5进1；帅四退一，车5退3；车二平四，卒2平3；车四退一，将5进1；车四退六，卒3进1；兵七平六，将5平4；兵六平五，车5平9；车四进五，象7退5；车四退一，象5退7；帅四平五，卒3平4；帅五平

四，将4平5；车四平五，将5平4；帅四进一，和局。

④图141-37形势，黑方另有两种着法均和，变化如下：

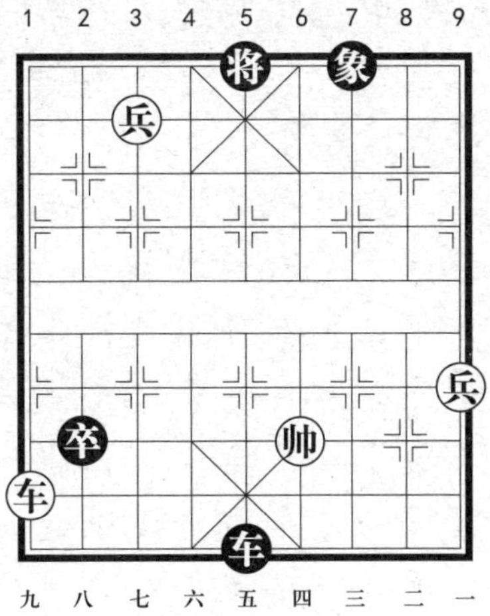

图141-37

甲：车5退3；车九进八，将5进1；车九平四，卒2平3；车四退一（如改走改走兵一进一，则卒3平4；车四退一，将5进1；兵七平六，将5平4；兵六平五，卒4平5；帅四退一，卒5进1；帅四进一，将4平5，黑胜），将5进1；兵七平六，将5平4；兵六平五，卒3平4；车四退一，象7进5；帅四退一，卒4进1；帅四进一，车5平9；车四退一，象5进3；车四平六，将4平5；车六平五，将5平4；兵五平四，和局。

乙：车5平6；车九平四，车6平7；车四平五，将5平4；车五平二，卒2平3；帅四退一（如改走车二进七，则车7平6；帅四平五，卒3平4；帅五退一，卒4进1；帅五进一，车6平5；帅五平四，将4平5，黑胜），车7退8；车二进三，车7平3；车二平六，将4平5；车六平五，将5平4；帅四平五，车3平7；车五平六，车7平4；车六进四，将4进1，和局。

⑤如改走卒3平4，则兵七平六，将5进1；车六平八，将5平4；兵六平五，将4平5；兵五平四，将5平4；车八进六，将4退1；车八进一，将4进1；车八退一（如改走车八平五，则车5平9；帅四平五，车9进3；帅五进一，车9退7；帅五平四，车9进6；帅四退一，卒4进1，黑胜），将4退1；车八退二，将4进1；车八平六，将4平5；车六平四，将5平4；兵四平五，将4平5；兵五平四，将5平4；兵四平五，卒4平5；车四进二，象7进5；帅四进一，卒5进1；帅四进一，车5平9；帅四平五，车9平5；帅五平四，卒5平4；车四退一，象5进3；兵五平四，车5进3；车四平八，和局。

⑥图141-38形势，红方车六平九正确，另有两种着法均负，变化如下：

甲：兵一进一，卒3平4；车六平八，车5进3；帅四进一，卒4平5，黑胜。

乙：兵七平六，车5平9；以下红方又有两种着法：第一种：车六平二，车9退4；车二平五（原谱外编第七局变1着法是车二平三，卒3平4，黑胜），将5平4；车五进一，卒3进1；兵六平五，卒3平4；车五平八，车9进7；帅四进一，车9退1；帅四退一，将4平5；车八平五，将5平4；车五平八，将4平5；车八平五，将5平4；车五平八，将4平5；车八平五，将5平4；兵五平四，卒4平5，黑胜。第二种：车六平五，将5平4；车五进七（原谱外编第七局变2着法是车五进一，卒3进1；车五平六，将4平5；车六平四，车9退4，黑胜），卒3平4；帅四进一，车9进2；帅四进一，车9退1；帅四退一，卒4平5；车五平四，车9进1；帅四退一，卒5进1，黑胜。

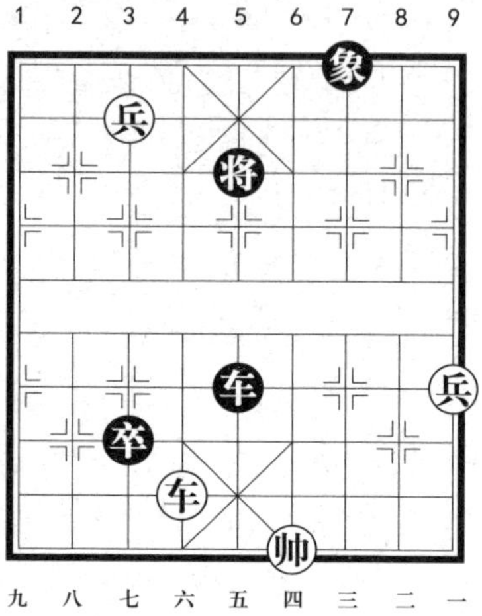

图141-38

⑦如改走车九进六，则将5退1；车九平四，卒3平4；原谱外编第七局变3着法至此结束，黑胜。红如接走车四进一，将5进1；车四进一（如改走兵七平六，则车9退4；帅四进一，将5平4；车四退五，车9进6；帅四进一，车9退1；帅四退一，卒4平5；兵六平七，车9进1；帅四退一，卒5进1，黑胜），车9进3；帅四进一，车9退1；帅四退一，卒4进1；车四平五，将5平4；车五平三，将4平5；车三平五，将5平4；车五平二，将4平5；车二平五，将5平4；车五退三，卒4平5，黑胜。

⑧如改走卒3平4，则车五平三，将4平5；车三平五，将5平4；车五平四，将4平5；车四退二，将5退1；车四退五，将5进1；车四进五（如改走兵七平六，则车9退4；兵六平七，车

9平8；兵七平六，卒4进1，黑胜），将5退1；车四退五，将5进1；车四进五，将5退1；车四退五，车9平4；车四进四，车4平5；车四进二，将5进1；兵七平六，将5平4；兵六平七，将4平5；兵七平六，将5平4；兵六平七，和局。

第十一分局至第十六分局共6局是“落底车”的变化，红方有三种应法均可成和，车四平六的走法比较复杂，双方对攻，车四平二与兵七平六两种走法不难成和。

纵观“七星聚会”，黑方退象反将的“陷阱”不深，红方很容易躲开，双方经过短暂的搏斗之后，迅速进入“车兵斗车卒”的残局。黑方多象稍微有利，不甘心轻易成和，在“低头卒”“高头卒”“落底车”三种变化中选择“低头卒”最佳；红方不惧简单的“高头卒”，对“落底车”，尤其是“低头卒”，必须抖擞精神，全力以赴应战。双方着法俱正，则化干戈为玉帛，握手言和。

车马炮类

第142局　管仲随马

《适情雅趣》第351局“管仲随马”（图142），是车马炮侧攻的方法之一，原着法第15回合是车六平三，红也胜，现改为简捷的车六进二。

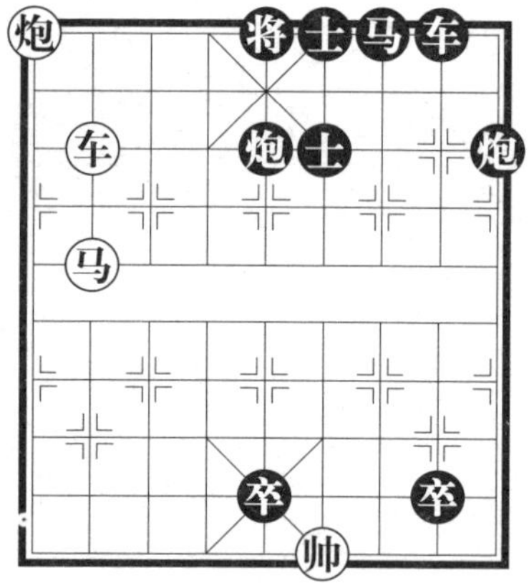

图142

着法：红先胜

1. 车八进二　将5进1
2. 车八退一　将5退1
3. 马八进七　炮5平4
4. 马七进八　炮4退2
5. 马八退六　将5进1
6. 马六退八　将5进1
7. 炮九退二　炮4进2
8. 马八退六　炮4退2　9. 车八退一　炮4进2
10. 车八平六　将5退1　11. 车六平四　将5平4
12. 车四平六　将4平5　13. 车六平一　将5平4
14. 车一平六　将4平5　15. 车六进二　将5进1
16. 马六进七　将5退1
17. 炮九进一　红胜

本局至第174局展现车马炮联合作战的巨大威力。

车马炮及前述马双炮、炮双马、双马双炮、双车兵、车双马、车双炮、双车马、双车炮、双车马炮、双车马炮兵等，因为攻击力太强，基本上没有残局定式，现代残局书谱中极少介绍，今按照《中国象棋词典》对“古谱残局”的定义（具体内容已在本书“编者的话”中引用），将古谱中这些棋势都作为象棋残局。现精选33局车马炮（包括车马炮兵、车马双炮、车炮双马、双车马炮、双车马炮兵等）巧杀妙和的棋势介绍如下，敬请读者学习、欣赏。

第143局　濡首龙潭

图143是《烂柯神机》第88局“濡首龙潭”，红弃车闷杀黑方。

着法：红先胜

1. 车七进二　将4退1
2. 车七平六　将4平5
3. 马三进一　车2平4
4. 马一进三　将5平4
5. 炮八进三

红胜（原谱着法）

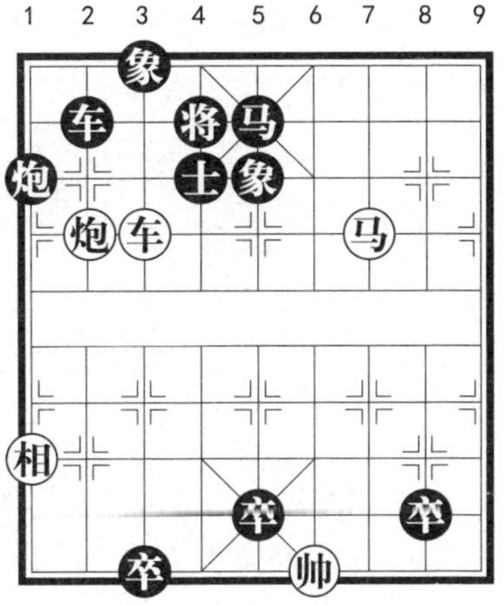

图143

第144局　勒马停骖

《适情雅趣》第236局“勒马停骖”（图144），红方退炮“勒马”叫杀，一举两得，黑如续走士5进6，则车九平四，士4进5；车四退三，红胜定。同型局有《百变象棋谱》第58局“五霸争雄”、《渊深海阔》第143局“调虎离山”及《棋谱秘录》和集第16局等。

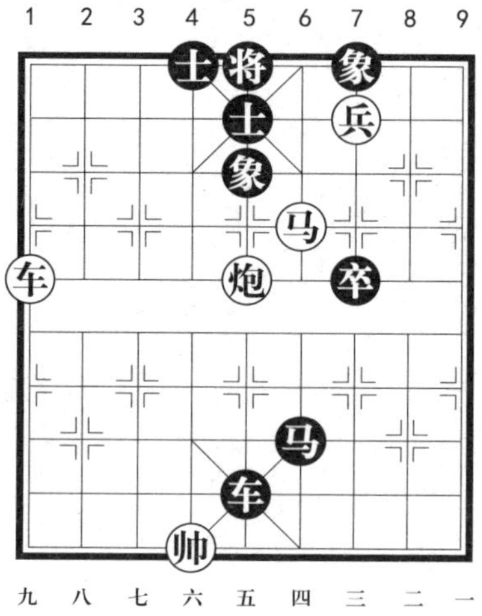

图144

着法：红先胜

1. 马四进六　将5平6

2. 炮五退三

红胜（原谱着法）

第145局　匹马征戍

图145是《烂柯神机》第38局“匹马征戍”，红方底线弃车妙杀。

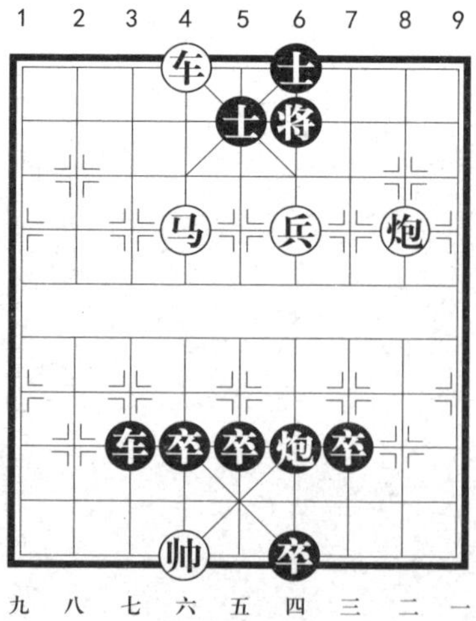

图145

着法：红先胜

1. 兵四进一　士5进6

2. 炮二平四　士6退5

3. 车六平四　士5退6

4. 炮四退六

红胜（原谱着法）

第146局　伏虎降龙

《适情雅趣》第247局“伏虎降龙”（图146），红方舍车换炮，马炮兵困住黑车与黑将，再过兵从容取胜。

着法：红先胜

1. 兵七进一　将4进1
2. 车四平六　炮1平4
3. 车六进四　士5进4
4. 炮九平六　车2平4
5. 炮六进三

红胜（原谱着法）

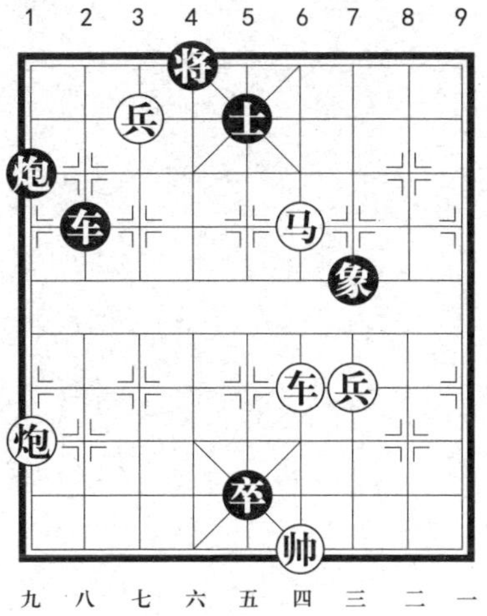

图146

第147局　参辰卯酉

《适情雅趣》第42局“参辰卯酉”（图147），红方付出车炮的代价，极其巧妙地困住黑方车马，多兵制胜。

着法：红先胜

1. 炮九进七　马3退1
2. 相七进九　车5平1
3. 相五退七

红胜（原谱着法）

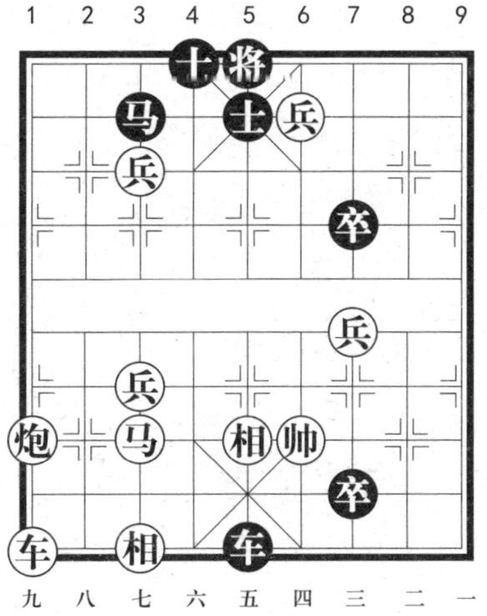

图147

第148局　小对楼

图148是《烂柯真机》第19局，红车马炮三子归边，侧攻获胜。

着法：红先胜

1. 马七进八　象5退3
2. 车七进三　士5退4
3. 车七平六　将5进1
4. 马八退七　将5平6
5. 车六平四　将6退1
6. 马七进六

红胜（原谱着法）

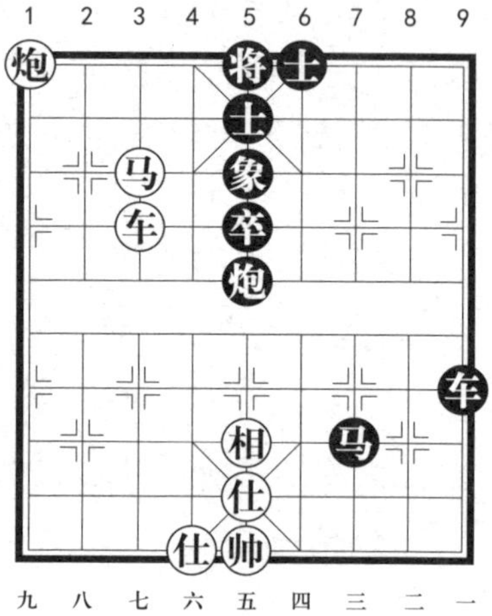

图148

第149局　活挟丕豹

图149是《梦入神机》中的“活挟丕豹”，第3回合红献车是“一着之师”，锁定胜局。

着法：红先胜

1. 车三进三　将6进1
2. 车三退一　将6退1
3. 车三平二　车8退7
4. 炮一进二　将6进1
5. 马一进二　炮9退8
6. 兵一进一　士6退5

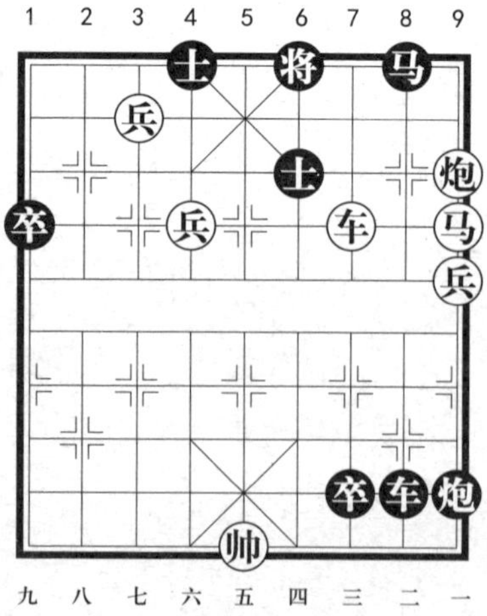

图149

7. 兵七平六　卒7平6　　8. 后兵平五　卒1进1
9. 兵五进一　卒1进1　　10. 兵六平五　士4进5
11. 兵五进一　红胜（原谱着法）

第150局　担雪填井

《适情雅趣》第52局“担雪填井”（图150），与《棋谱秘录》坤集第60局相同，红方连弃车马炮，最后形成极其巧妙的杀法。

着法：红先胜

1. 车三进一　车9平7
2. 炮七进二　象1退3
3. 马八进七　将5平6
4. 马一进三　车7进2
5. 炮五平四

红胜（原谱着法）

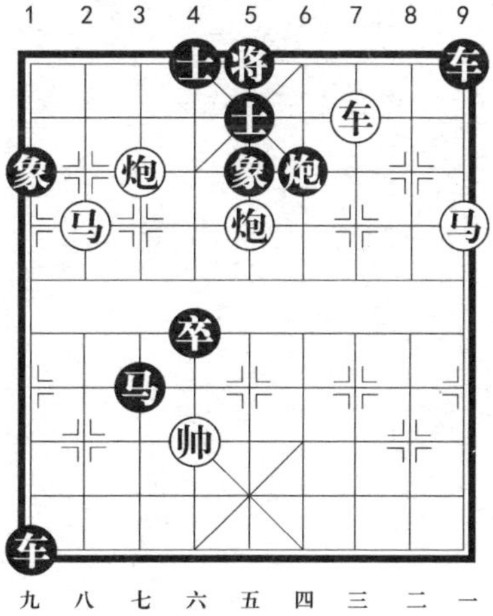

图150

第151局　驹役鸣雷

《韬略元机》卷四第52局“驹役鸣雷”（图151），与《渊深海阔》第209局“百炼金锤”及《棋谱秘录》坤集第51局相同，采自《梦入神机》中的“网漏吞舟”，红方弃炮弃车用“马后炮”取胜。

着法：红先胜

1.马六进五　象3退1

2.车七平四　将6退1

3.马五退三　将6退1

4.马三进二　将6进1

5.炮一进八

红胜（原谱着法）

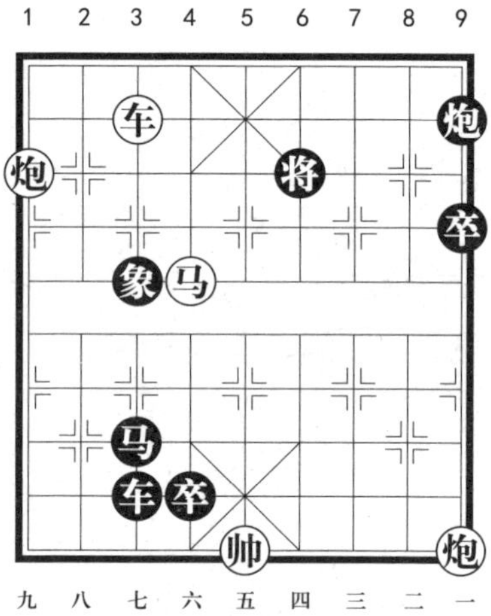

图151

第152局　变现出没

《适情雅趣》第59局“变现出没”（图152），红方弃车兵，结尾以“天地炮”杀法双照取胜。《适情雅趣》第28局“计罗并照”、《韬略玄机》卷四第53局“马踏平田”都有这种漂亮的杀法。

着法：红先胜

1. 炮九进八　象3进1

2. 兵六进一　将5平4

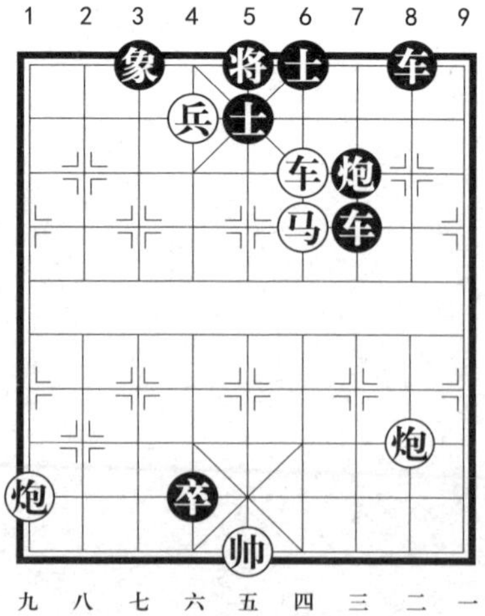

图152

3. 车四平六　士5进4　　4. 炮二平六　士4退5
5. 马四进六　车7平4　　6. 马六进七
红胜（原谱着法）

第153局　指鹿道马

《适情雅趣》第157局“指鹿道马”（图153），红方第4回合献车再马“卧槽”阻隔黑车，从容组成了“马后炮”绝杀。

着法：红先胜

1. 车一进三　士5退6
2. 炮四平五　象5退7
3. 马三进五　士4进5
4. 车一平三　车7退9
5. 马五进三　将5平4
6. 马九进八　将4进1
7. 炮五平九

红胜（原谱着法）

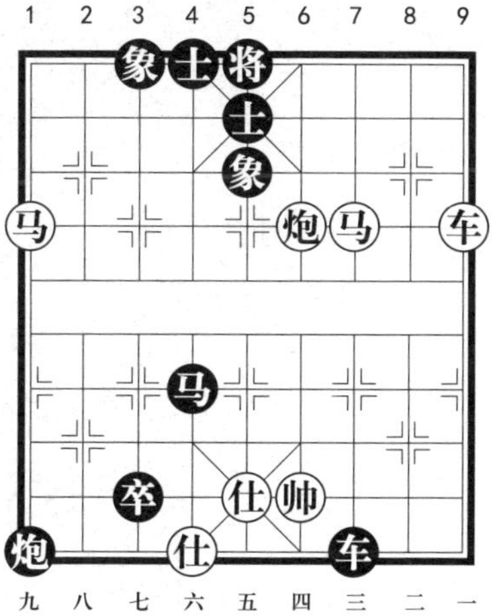

图153

第154局　悟入斗宫

图154是《梦入神机》中的“悟入斗宫”，红方车入大堂“想入非非”。

着法：红先胜

1. 车三进二　将6退1
2. 车三进一　将6进1
3. 车三平五　后车退3
4. 马四退六　将6平5
5. 马六进七　将5进1
6. 炮九退一

红胜（原谱着法）

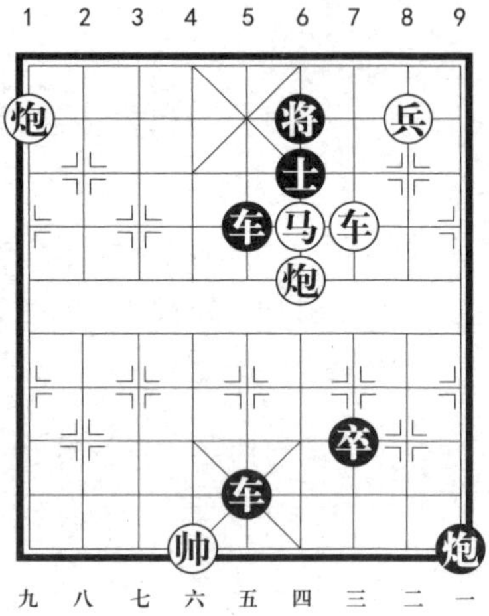

图154

第155局　双烟倚骑

《韬略元机》卷四第55局“双烟倚骑”（图155），与《渊深海阔》第216局“暗伏地雷”及《棋谱秘录》坤集第51局相近，源自《适情雅趣》第39局“博望烧屯”，红炮借助马力组成妙杀。

着法：红先胜

1.炮一进一　马9退8
2.车四进六　士5退6
3.炮一平三　士6进5
4.炮四进九

红胜（原谱着法）

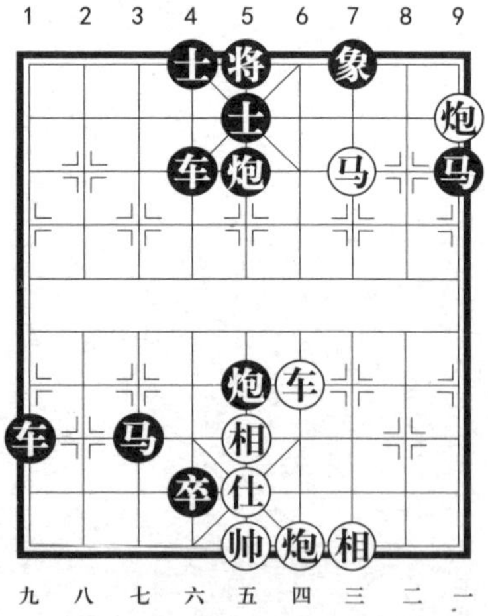

图155

第156局　声闻于天

《韬略元机》卷四第11局“声闻于天”（图156），与《渊深海阔》第214局“移星换斗”相同，是《适情雅趣》第250局“雁阵排空”的杀法。

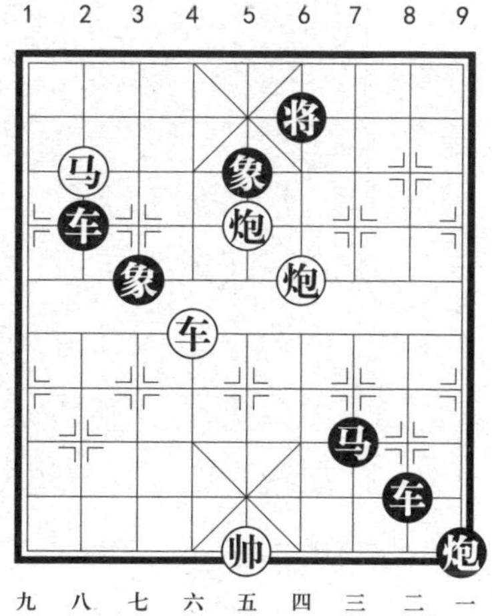

图156

着法：红先胜

1. 车六进四　将6退1
2. 车六进一　将6进1
3. 车六平四　将6退1
4. 马八进六　将6进1
5. 马六退四　将6进1
6. 炮五平四　红胜（原谱着法）

第157局　触目惊心

《适情雅趣》第71局“触目惊心”（图157），红方首着“大胆穿心”舍车换黑中士，以“卧槽马”杀法取胜。

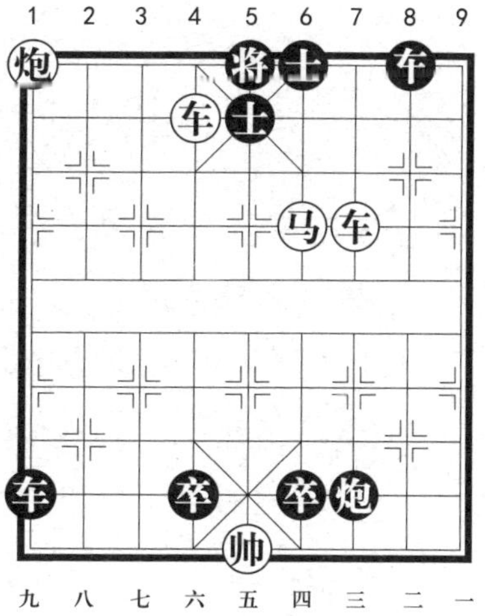

图157

着法：红先胜

1. 车六平五　士6进5
2. 马四进六　将5平4
3. 马六进七　车1退8
4. 车三平六　将4平5
5. 马七退六　将5平4
6. 马六退八　将4平5
7. 马八进七　红胜（原谱着法）

第158局　敢勇成勋

《韬略元机》卷四第49局“敢勇成勋”（图158），与《渊深海阔》第70局“三贤殉国”相同，红方弃车砍士打开了胜利之门。

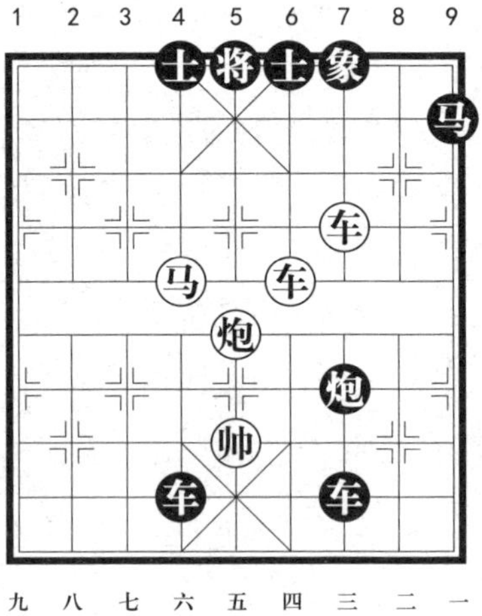

图158

着法：红先胜

1. 车四平五　士4进5
2. 车五进三　将5进1
3. 车三进二　将5退1
4. 马六进五　士6进5
5. 车三平五　将5平6
6. 车五进一　将6进1
7. 车五平六

红胜（原谱着法）

第159局　酸毒道路

《适情雅趣》第185局“酸毒道路”（图159），红方弃掉车马，最后以车炮双照闷杀黑方。

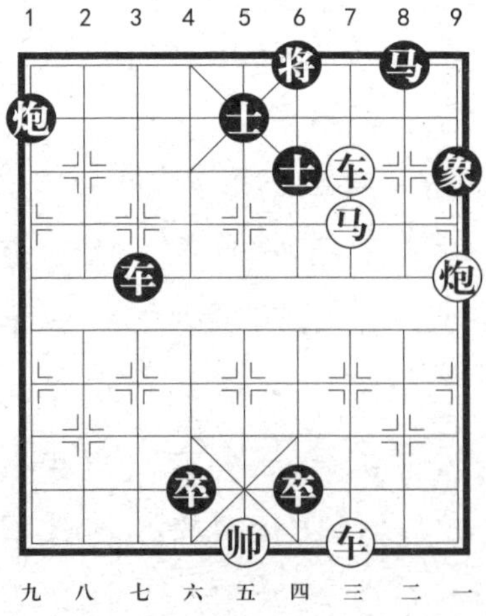

图159

着法：红先胜

1. 前车进二　象9退7
2. 马三进二　炮1平8
3. 车三进九　将6进1
4. 车三退一　将6退1
5. 炮一进四　马8进6
6. 车三进一　红胜（原谱着法）

第160局　贤才阻塞

《韬略元机》卷四第43局“贤才阻塞”（图160），与《渊深海阔》第71局“角端阻道”及《棋谱秘录》乾集第49局相同，红方连弃双车一马，使黑方子力拥塞，最后用炮闷杀取胜。

着法：红先胜

1.车六进五　前车平4

2.车八进九　炮8平2

3.马九进八　车1平2

4.炮九进四

红胜（原谱着法）

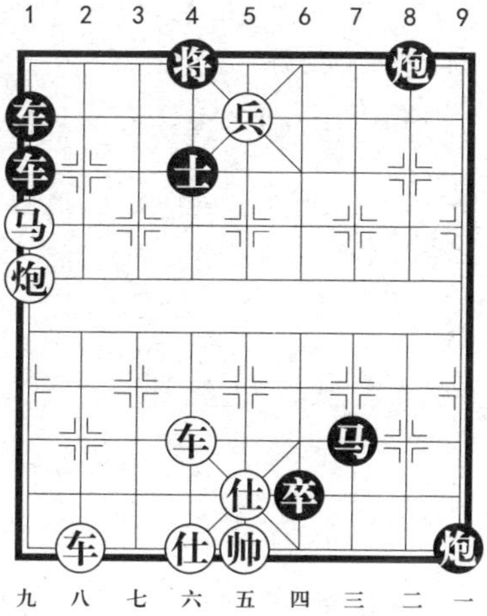

图160

第161局　舍身无二

图161是《梦入神机》中的“舍身无二”，红方弃双车后用“马后炮”杀法获胜。

着法：红先胜

1. 车九平六　马2进4

2. 车五平六　将4进1

3. 马六退八　将4退1

4. 炮九进八　红胜

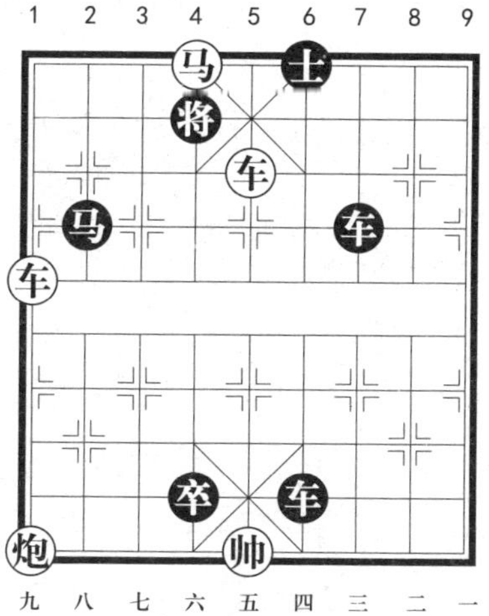

图161

第162局　外攘四夷

《适情雅趣》第154局“外攘四夷”（图162），黑方首着如象5退7，则前车平三，将6进1；车二进八，将6进1；车二退一，将6退1；马一进三，弃马连杀，红胜。

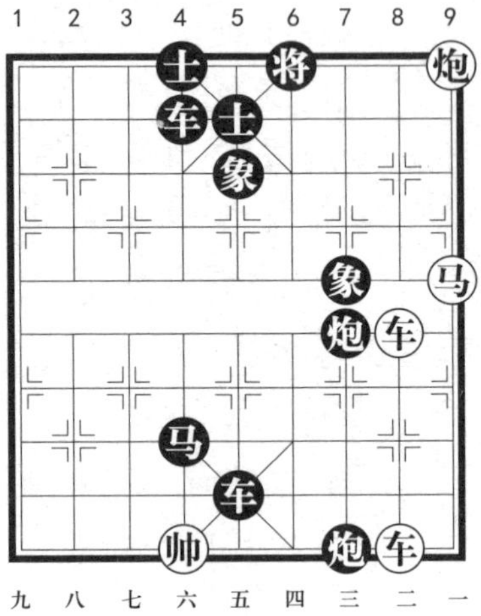

图162

着法：红先胜

1. 前车进五　将6进1
2. 后车进八　将6进1
3. 后车退一　将6退1
4. 前车退一　将6退1
5. 后车平四　士5进6　　6. 车二进一　将6进1
7. 马一进二　将6平5　　8. 车二平五　将5退1
9. 马二进三　红胜（原谱着法）

第163局　请君入瓮

图163是《烂柯神机》第106局“请君入瓮”，红方弃一车以车马炮攻杀得胜。

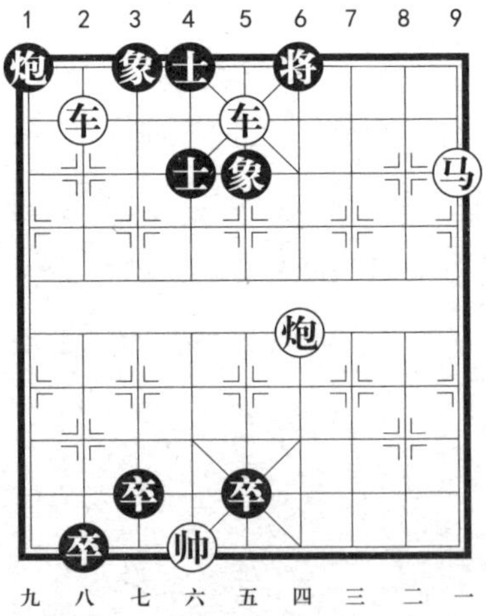

图163

着法：红先胜

1. 车五进一　将6平5
2. 马一进三　将5平6
3. 车八平四　将6平5
4. 车四退一　将5进1

5. 炮四平五　象5退7　　6. 马三退五　将5平4
7. 车四进一　士4进5　　8. 炮五平六
红胜（原谱着法）

第164局　停车绊马

《适情雅趣》第234局“停车绊马”（图164），红方首着弃车绊住黑6路马腿，使红马得以在第4回合“弯勾”。

着法：红先胜

1. 车一平四　炮6退3
2. 马七进五　士4退5
3. 车八进一　将6进1
4. 马五退三　将6进1
5. 马三退五　将6退1
6. 炮七进四　士5退4
7. 马五进六

红胜（原谱着法）

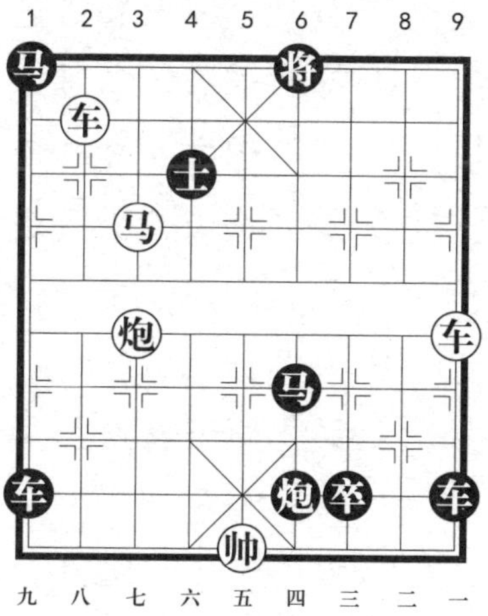

图164

第165局　逢山开路

《适情雅趣》第123局“逢山开路”（图165），红方首着弃车好像“盲棋”，此着似劣实佳，迫使黑车蹩住己方7路马腿与塞住象眼，从而有了第4回合车五退二的妙着。

着法：红先胜

1. 前车平四　后车退1
2. 车五进七　将6进1
3. 兵二平三　将6进1
4. 车五退二　象3进5
5. 马八退六　士4进5
6. 炮九进五　象5进3
7. 马六退八　象3退5[①]
8. 马八退六

红胜（原谱着法）

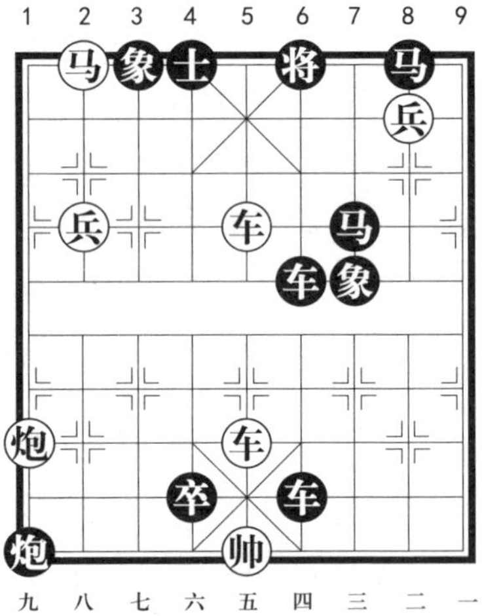

图165

注释：

①如改走士5进4，则马八退六，红胜（原谱变着）。

第166局　背水阵

《百变象棋谱》第15局“背水阵”（图166），与《棋谱秘录》坤集第6局及《神妙变化象棋谱》第13局完全相同，红方舍车换士，形成“马后炮”杀势。

着法：红先胜

1. 车六进五　炮6平4[①]

2. 车五进三　将5平6

3. 车五进一　将6进1

4. 车五平四　将6退1

5. 马七进六　将6进1

6. 炮八进三

红胜（原谱着法）

注释：

①如改走将5平4，则马七进八，将4平5；车五进三，红胜。

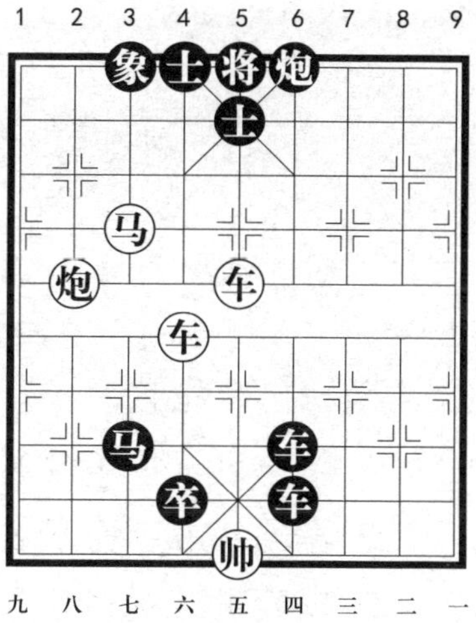

图166

第167局　江心下钓

《适情雅趣》第152局“江心下钓”（图167），红方先后以车兵至黑方“花心”下钓，第6回合退炮“宫顶线”而巧胜。

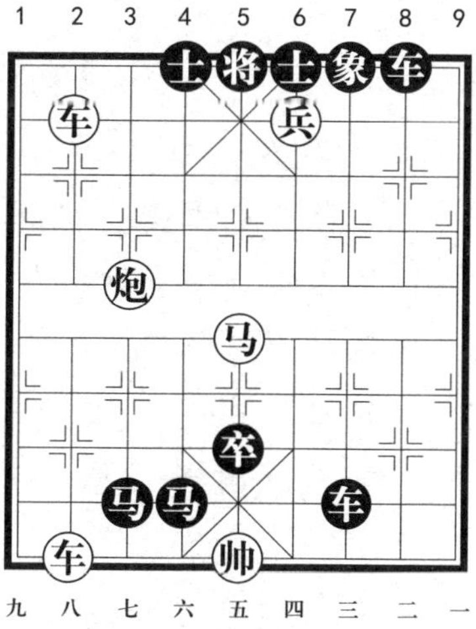

图167

着法：红先胜

1. 前车平五　士4进5

2. 车八进九　士5退4

3. 兵四平五　将5进1

4. 马五进四　将5退1

5. 炮七进四　士4进5

6. 炮七退二　士5退4

7. 马四进六

红胜（原谱着法）

第168局　功成略地

《适情雅趣》第167局“功成略地”（图168），红方第2回合车八平五“大胆穿心”，再用车“进洞出洞”杀。

着法：红先胜

1. 炮一进三　车8退8[①]
2. 车八平五　将5进1
3. 车四进二　将5退1
4. 车四进一　将5进1
5. 车四退一

红胜（原谱着法）

注释：

①如改走象5退7，则车四进三，士5退6；马五进四，将5平4；车八平六，红胜（原谱变着）。

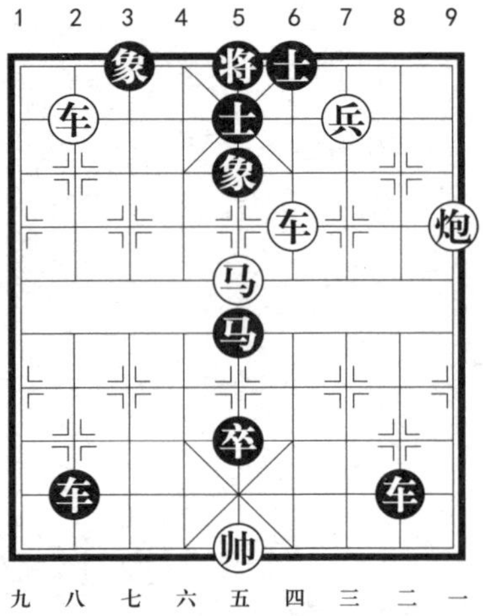

图168

第169局　完璧归赵

《百局象棋谱》第58局“完璧归赵”（图169），源自《适情雅趣》第20局“推强扶弱”，红方起手献车之着，精妙异常。

着法：红先胜

1. 车一进一　车8平9　　2. 车七平五　卒3进1[①]
3. 马八进六　车5平6　　4. 帅四进一　炮9平3
5. 车五平七　士5进4　　6. 车七平六　车9平8[②]
7. 车六平二[③]　车8平7[④]　　8. 车二平四　士4进5
9. 兵四平五　将5平4　　10. 车四平六　红胜（原谱着法）

注释:

①如改走象3进5，则马八进九绝杀，红胜(《适情雅趣》原谱变着)。

②黑方另有两种着法均负，变化如下:

甲：士4进5；兵四平五，将5进1；车六进二抽车，红胜。

乙：卒4平5；帅四进一，炮3平4(如改走车9进1，则兵四进一，将5进1；车六平一，红胜)；车六平四，士4进5；兵四平五，将5平4；马六退八，红胜。

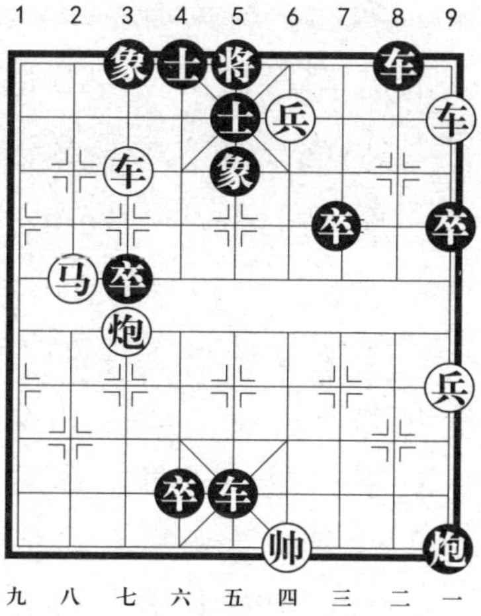

图169

③《适情雅趣》着法至此结束，红胜。

④《适情雅趣》“推强扶弱” 漏印黑方7·4位卒，《百局象棋谱》在棋图中增7路黑卒，使此卒阻挡己方7路车出击的路线，否则红方不能取胜。

第170局　诈败诱敌

《百变象棋谱》第16局“诈败诱敌”，与《韬略元机》卷四第33局“马前骁卒”、《渊深海阔》第266局“要离断臂”、《棋谱秘录》坤集第38局及《神妙变化象棋谱》第14局相同。现稍改成图170的形势，使原作的胜法具有唯一性，红方连弃双车双炮，最后仅以马兵擒将。

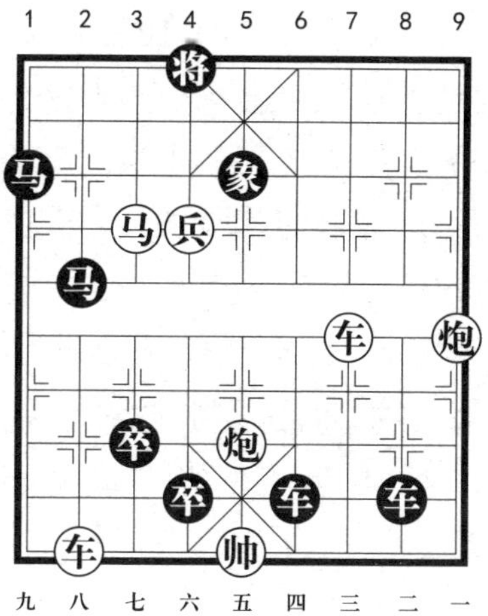

图170

着法：红先胜

1. 车三进五[①] 象5退7　　2. 炮五平六　卒3平4

3. 炮一平六　马2进4　　4. 车八进九　马1退2

5. 马七进八　将4进1　　6. 兵六进一　红胜（原谱着法）

注释：

①原棋图中有黑7·1象，黑6路车为黑卒，红方还有两种胜法，变化如下：

甲：炮一进五，车8退8；车八进五，车8平9；车八进四，马1退2；马七进八，将4进1；兵六进一，红胜。

乙：炮五平六，将4平5；车三进五，将5进1；车三退一，将5退1；炮一平五，象5进7；炮六平五，将5平6；马七进六，红胜。

第171局　二龙出海势

南宋陈元靓编著的《新编纂图增类群书类要事林广记》（简称《事林广记》），今存最早版本刊于元泰定二年（1325），书中象棋部分只刊载了一个棋局，即“二龙出海势”（图171），红方将计就计的着法非常巧妙。《适情雅趣》第280局“将机就机”、《韬略元机》卷三第33局“起死回生”、《渊深海阔》第262局“扫平铜马”都与《事林广记》的“二龙出海势”相近。

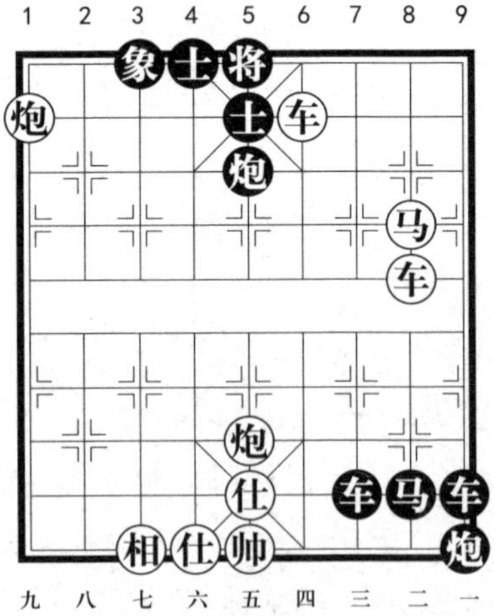

图171

着法：红先胜

1. 马二进三[①]　车7进1[②]　2. 车四退八[③]　车7退8
3. 车四进九[④]　将5平6　4. 车二进四　红胜

注释：

①进马卧槽，捷足先登。

②如改走炮9平8，则车四平五，将5平6；车二平四，红胜。

③解将还将！

④弃车是首着进马时伏下的“杀手锏”，妙！

第172局　天星过度

《韬略元机》卷二第23局“天星过度”（图172），与《心武残编》第135局“螳臂迎车”、《竹香斋象戏谱》二集第8局“清风四座”、《渊深海阔》第250局“三收袁达”相同，是根据《适情雅趣》第63局“头辆舆轮”加工所成的，红方首着车四平五绝妙。

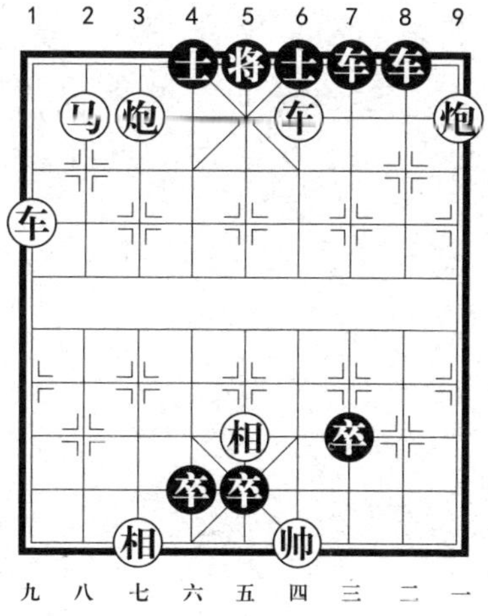

图172

着法：红先和

1. 车四平五[①]　士4进5[②]
2. 车九进三　士5退4
3. 炮七平二　卒5平6[③]
4. 帅四进一　卒7进1[④]
5. 帅四退一　卒7进1
6. 帅四进一[⑤]　车7进8
7. 帅四进一　车7退1

8. 帅四退一　卒4平5　　9. 帅四平五　车7进1

10. 帅五退一　车7平4　　11. 马八进六　车4退8

12. 车九平六　将5平4　　13. 相五退三　车8进1

14. 炮一退三　和局

注释：

①如改走炮七进一，则士4进5；车四平五，士6进5；炮七平三，卒7平6；车九进三，士5退4；马八退六，将5进1；马六退四，将5平6；马四进三（如改走炮三退一，则车8进1；马四进二，将6平5；红无杀，黑胜），车8进1；车九退一，士4进5；红无杀，黑胜。

②如改走将5进1，则车九平五，将5平4；马八退七，将4进1；车五进一，红胜。

③黑方弃卒正确，另有两种着法均负，变化如下：

甲：士6进5；车九平六，士5退4；马八退六，红胜。

乙：卒5进1；帅四平五，士6进5；相五进三，将5平6；马八进六，车8进1；马六退五，红胜。

④原谱着法是卒7平6；帅四进一，车7进7；帅四退一，卒4平5；帅四平五，车7进1；帅五退一，车7平4；车九平六，车4退8；马八进六，将5平4；炮二平九，车8进1；炮一进一，车8退1；炮一退七，将4平5；帅五平四，车8进1；炮九退六，车8平6；炮一平四，和局。

⑤如改走帅四平五，则士6进5；相五进三，将5平6；马八进六，卒7平6，黑胜。

第173局　并辔朝阙

图173是《梦入神机》中的“并辔朝阙”，红方弃双车一马，逼黑将上楼顶受杀。

着法：红先和

1. 车四进一　将5平6
2. 马一进二　将6进1
3. 车五平四　士5进6
4. 炮八平四　士6退5
5. 马七退五　象7退5
6. 马二退四　将6进1
7. 马五退四　红胜

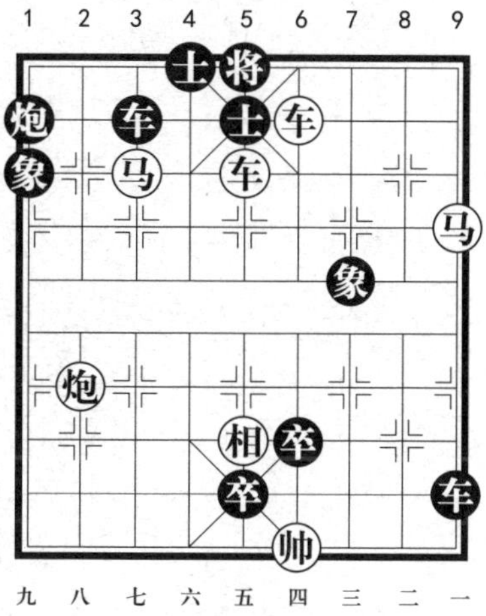

图173

第174局　孔明借箭

《蕉竹斋象棋谱》97局本第27局“孔明借箭”（图174），与《湖涯集》第51局“诸葛借箭”相同，江湖棋局，有红方起手走兵五进一照将、再车三平七吃掉黑车必胜的假象，具有惊人的诱惑力。

着法：红先和

1. 兵五平六① 车3平4②　　2. 车三进一③ 象5退7
3. 车九平七　车4平9　　4. 车七进四④ 将4进1
5. 车七退八　车9进6　　6. 车七平五　车9平6
7. 车五进五　车6退1⑤　　8. 车五平九　车6平4

9.帅六平五　　车4平5

10.帅五平六　　将4平5

11.车九平六　　车5平1

和局（原谱着法）

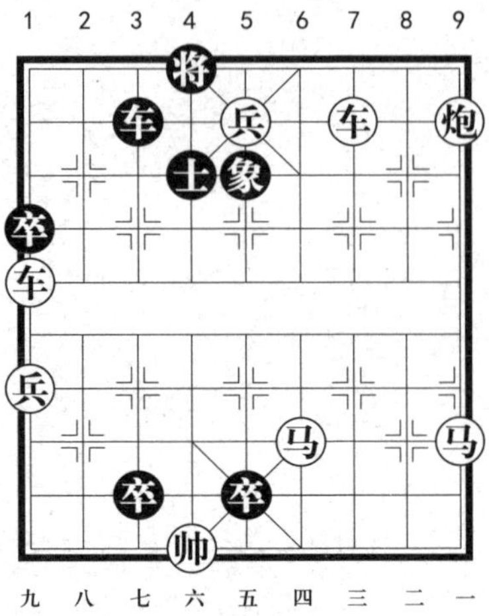

图174

注释：

①如改走兵五进一，则将4平5；车三平七，象5进3；车九平七，卒3平4；马四退六，卒5进1，黑巧胜（原谱变3着法）。

②如改走将4平5，则兵六进一，将5平4；车三平七，红胜。

③红车三进一弃车正确，另有两种着法均负，变化如下：

甲：车三平六，将4进1，黑胜。

乙：车九平七，士4退5连杀，黑胜。

④如改走车七退四，则车9平2；车七退一，车2进6；马四进五，车2平9；马五退四，车9进2；马四退五，车9平5，黑胜（原谱变2着法）。

⑤《湖涯集》原谱着法是车6平1；车五平九，和局。